青山学院大学総合研究所叢書

世界史のなかの近世

青木　敦——編

慶應義塾大学出版会

目次

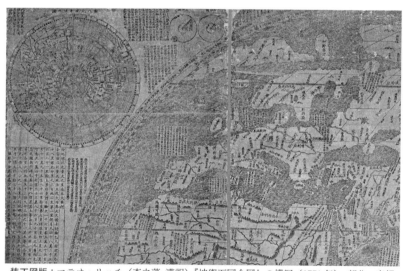

装丁図版：マテオ・リッチ（李之藻 漢訳）『坤輿万国全図』の模写（1771 年）。部分。京都大学附属図書館所蔵。

近世は、人の移動と交流、翻訳によって世界の地理的な認識が深まった時代であり、本図はそのことを象徴する貴重な史料である。北極点を中心に北半球を描いた円形の部分は、本書が取り上げる地理的な領域（イギリス、フランス、日本）をすべてカバーしている。

世界史のなかの近世

序章　「近世」と「アーリー・モダン」

青木　敦

一　用語法的な課題

「近世」とは何か。我々が住んでいる「近代」（modern）という時代については、歴史学、文学、政治思想史など人文科学・社会科学を問わず、かなり具体的な理解が共有されてきた。世界各地の人・物・資本・情報が加速度的に——それは昨今も続いている——相互関係を持ち、国民国家が至上の政治単位となるに至り、西欧の政治思想・人権思想が共通の価値となってゆく。我々歴史学者も、それまでの東洋の歴史学とはかなり違った、世界に広く共通した方法論を幾つも身につけた。そのような時代が近代である。これと比較すると、「近世」は若干分かりにくい。個別地域には、研究上の時代区分として比較的明確な近世が存在することがある。例えば、西欧と日本がその代表だろう。近世は英語では「アーリー・モダン」（初期近代、early modern）であって、概ね一四～

一八世紀の時期がそれに相当する。市民革命や本格的な工業化が始まる以前、例えば北イタリアにおけるルネサンス、各地の宗教革命、英国のチューダー朝やフランスのブルボン朝は、近世としてまず想起される事項であろう。また、日本史・日本文学では慣習的に、江戸時代あたりが近世とされる。細部において異論があるのは言うまでもないが、この二地域については、それぞれ近世という時代の時期的範囲にかなり共通理解が存在している。だが、これはむしろ例外であり、西欧と日本以外の大概の地域では、広く、そして長く共有されたこのような時代としての近世はなかなか存在しない。ムガル朝、オスマン朝、サファヴィー朝など、近世的とされる国家・時代は少なからずあるにせよ(1)、日欧ほど一般的ではなく、しかも主として後述の新たな世界史的近世論が広まった九〇年代以降のことである。

これは、西欧と日本以外で「古代」「中世」を指摘しにくいこととも関連する。西欧においては、様々な分野で古代後期と中世初期、あるいは中世後期と近世の境目といった細部にわたる議論が存在することは言うまでもないが、それは決して古代、中世、近世近代という時代そのものの不成立を意味するものではなく、むしろ、時代の三区分法(tripatite)つまり古典古代、中世、近代《モダン》という時代の存在が、近世や近代が認められる前提となっている。ことに、初期近代としての近世は、中世との対比から描き出されることも多いのである。本書の中では国制・経済を扱う渡辺論文、また『リチャード二世』をはじめとしたシェイクスピアの中世史劇を扱った狩野論文がこのように等しく西欧における中世との対比から「モダン」を見ている。また武内論文に述べられた中世主義は、近世そのものの誕生の重要な一側面とも言える。つまり「古代」としての古典時代、その文化の光が陰った「中世」と、その後の「近代」にわたる三区分法がチョーサーやペトラルカの時代以降(2)、成立したのが、そもそもの前提である。またそれを輸入した日本でも、自国史において近代的時代概念として古代・中世は殆ど抵抗感なく使われるようになった。さらに日本文学の佐伯論文・大屋論文では、中世的な忠義をめぐる考え方が近世に如何に変化したかに中世との対比を求め（佐伯）、記紀などの古来の題材が、改めて再解釈された点に一七～一八世紀の特質、すなわち近世性を見いだす（大屋）など、同時代人による古代・中世の再解釈に頼って、我々は近世を解釈せざるを得ない事例が指摘されている。イングランド以外をも含めるなら、本書では対象外ではあるが、欧州ではドイツ語でも近世は Frühe Neuzeit あるいは Frühmoderne、つまり初期近代である(3)。一方、フランス史にあっては、英国史・ドイツ史とは異なった用語法的伝統が存在し、一般的に近世と言った場合は、渡辺論文によく述べられているように、ほぼアンシャン・レジームと等値されるのが普通である。

ところで、西欧史と日本その他のアジア史との間にはその含意に差があり、前者では近世はあくまで近代の初期、後者、すなわち江戸時代や後述の中国・インドの近世は、前近代に属する。もうひとつ、後述の一九九〇年代前後からの「世界史的」近世（early modern）概念は、前者の「初期近代」とも異なる、独自の意味合いを持つ。近世と近代の関係とはまさに地域や分野によって根本的に異なることがある。なお、漢字の「近世」とは古来、「近ごろの世の中」といった程度の意味しかなく、また時代が意識されるにしても、「上古」（大昔）、「中古」（やや昔）に対する「下古」（最近）が「近代」「近世」と置き換えられもする。

一方、二〇世紀以降の日本語圏（日本）での日本史と中国史の時代区分論については、若干特殊な環境が存在した。ここでは立ち入らないが、一九五〇年代前後の日本においては、マルクス主義史観からした時代区分論争が熾烈を極め、ことに中国史では、学派に分かれ、宋代以降を「近世」とするか「中世」とするかをめぐり、大変な時間が費やされた。そこから特に社会経済史方面で実証的な論点が多く生み出された点は実り豊かだったが、論争によって近世概念が確立したわけではない。現在の書物タイトルなどでは当時の京都学派説、つまり宋代以降清朝末、ないし明清を近世ということが多数派となっているが、(4)また他方、日本史でもこのころ太閤検地論争などが盛んであった。それでも奈良平安を古代、武家政権を中世、織豊政権から幕藩体制を近世という区分はおおかたにおいて受け入れられている。中国史に話を戻すと、このような「近世論」と「中世論」との間の論争の一方で、皇帝が存在した時代、つまり秦から二〇世紀の清朝まで約二千二百年間を一つの時代と明確に位置づける考え方が存在した。滋賀秀三がかかる見解を直截に語っているが、(5)確かに、我々が今日「中国」なる語から思い浮かべる領域が多数の権力によって統治されていたそれまでの時代と、それが至上の権力を持った唯一の天子によって支配される皇帝制度が維持されたこの二千年以上にわたる時期とは区別すべきであることは言うまでもない。筆者自身、この点では滋賀の見解に理を見いだすものであるが、(6)しかし、だからといってこの長期間をひとつの地域の一時代として、世界の他地域の「近世」「中世」に比定したとしても理解は得がたい。中国では清朝以前をおしなべて、公式的に「封建時代」ということがしばしばだが、これも日本や英語圏の一般的な理解とは大きく異なる。また皇帝制度やそれを支える官僚制といった若干の側面、そしてなにより皇帝によって天下が統一されているという思想そのもののある程度の連続性以外に、当該領域における文化・社会的差異は大きく、それは斯波義信が、「性急にも中国社会は格別に一枚岩の統合体であったという概括を下している」研究者たちを批判し、中国の地形的与件はヨーロッパや北インドなど他の文化圏と比べても、相対的に統合性を欠いている、と指摘する通りである。(7)中国史においては、近代については――それがアヘン戦争と辛亥革命のどちらを契機とするかなどの立場の相違はあるにせよ――その存在は一般に認められているが、西欧や日本とは異なり、近世という時代について近代のような共通の理解が存在するわけではない。

繰り返すが、世界経済システムや文化の世界的拡大といった近代化は、もはや人文科学・社会科学において理解の大きな基礎となっている一方、その初期あるいは前段階としての近世に遡って行くと、世界全体の近代的変化と比較して、それまでの世界各地域個別の状況が強く反映されるから、共通理解が難しくなってくる。そもそもグローバル化された近代以外に、世界史に共通する「時代」を設定する必要はないという見方は十分に成立する。しかしながら、近代成立の議論にはそれなりの歴史がある。マックス・ヴェーバー、大塚久雄といった名を列挙してゆけば、近代がいかに生まれたか、二〇世紀前半に様々な分野ですでに古典的研究が展開されていたことを知る手がかりになるかも知れない。また、経済史においては、工業化の前提が何であったかを問う研究が盛んに行われた。本書は経済史を対象としていないが、一七～一八世紀はしばしば人口学を含みつつ、E・A・リグリィ、ヤン・ドフリース、ジョエル・モキアに代表される経済史的アプローチの中で集中的に議論され、(8)また ブルース・キャンベル、リチャード・ブリトネルなどによる、一〇～一四世紀初頭の市場拡大や賃金変化、一四六〇年代からの中欧での銀鉱採掘を契機とした交易ブームや賃金変動の諸研究も、中世的停滞の見直しとして注目されている。このような工業化以前の経済史もヨーロッパ近世を見直す上での重要課題であろう。しかもこの約二〇年ほど、分野横断的な世界的視野に立った新しい近世論が、後述のように主に非西欧の歴史を中心に形成されつつある。これについては本序章三「新たな世界史的近世論」でもう少し詳しく述べるが、それは貿易や技術交流、政治体制、社会変動にも着目するかなり包括的な議論である。ところがこれは従来近世が曖昧であったアジア諸地域から出発した議論であって、西欧・日本といった地域については、既に個別の近世概念が発展・定着していたからこそ、必ずしもその出発点にも中心にもなってはいない。またこの新しい近世論は、文化・文芸をも力強く包摂する概念とも言えない。

本書は、このやっかいな「近世」を扱うのだが、いまでもなく本書一冊で、世界史全体に適用できる全く新しい包括的議論を確立し、世に浸透させようという野望までは抱いていない。しかし、そうした新たな近世化論へ向けて、少なくとも何か小さな、だが確実な材料を提供することで議論を一歩でも進めるべく、能う限り離れた分野の研究者が行った共同研究の記録が、本書なのである。各論で俎上に乗せられるのは、日本と西欧という、グローバルな世界史よりはるか前から深い近世観がある地域であり、しかも、文学史にも力点を置いている。もっとも編者自身が本書の各論分野のいずれについても門外漢の宋代史研究者であるという残念な事情を含め、当然のこととして、議論の拡散が予想されるのではあるが、それでも遠く離れた分野の近世論は、いつかは本格的になされなければならない目標である。そこで本書が取った戦略とは、決して時代区分を確定しようとはせず、むしろ近世と称される時期における各地域・各分野での特色のうち共通する側面を可能な限り描き出すという方法である。無論、容易に確定的な結論が出るはずもない、しかし、敢えて統合しにくい分野間での議論を可能ならしめようと、各人中世的なるものの扱われ方を意識し、文学や芝居、大衆への広まりを比較し、古来の伝統文化の扱われ方を考え、可能であれば政治体制を考慮に入れ、できるだけ共通の基盤をもって各章を書き起こしていった。そこで本序章では以下、各章について述べられていることとの重複を恐れずに、近世概念の誕生等の諸論点において、最低限の学説的事実と各論の関係を確認しておきたい。

二　概念の誕生

繰り返すが、近世や近代はその前時代である中世を意識するところから始まり、中世つまり中間の時代とは、古典古代と当代（当時の現在）の中間を意味した。ルネサンスというフランス語の広まりは後世であるが、一三世紀より北イタリアで始まった古典古代文化の復興運動、特に一五世紀のフィレンツェにおいてこの当時の運動を半ば政治的に称揚する目的でこの「中世」が形作られてゆき、さらにその古典古代との対比は後のフランス啓蒙思想家たちに受け継がれた。そして中世は、必ずしもルネサンスに多く見られたネガティヴな含意のみならず、ことに真摯な信仰、美しい建築、それなりの社会秩序といったプラスの側面も強調されるようにもなった[9]。イングランドにおけるそれは本書武内論文に触れられている所ではあるが、いずれにしても、古代の復興運動キャンペーンが新たに展開された当時の「現代」「いま」としての近代、その中で意識された古代と、それに挟まれた中世という、五百年の伝統を持つ区分が、ヨーロッパにおいてこの頃成立した。

　だがこれに対して、近世概念の歴史は短く、おおよそ百年ほどである。一時期、体系的な時代呼称としての近世の初出が、二〇世紀の米国にあると考えられていたことがあった。例えば世界の各地域で同時的に様々な経済的発展が見られた時期を近世と位置づけたF・L・ナスボームの一九四一年の著作で初めて近世概念が成立したとするランドルフ・スターン[10]、あるいはルネサンスを近世とするソーンダイクの著作[11]に近世概念の淵源があり、さらにその後の人口回復、主権国家成立と海洋交易とに着眼しこれを近世と称したトマス・ブラディ・ジュニアらの一九九四年の研究[12]が近世の語を一般化させたとするジェリー・H・ベントレーらの見解があった[13]。だがその後の研究によって、歴史学的な時代区分として近世という語が初めて用いられたのはもう少し早いことが分かっている。フィル・ウィジントンのよく知られた研究[14]によれば、一八六九年に、英ケンブリッジ大学キングス・カレッジのフェロー、ウイリアム・ジョンソンが、同大で行った講演にもとづいて著し同年出版された『近世ヨーロッパ[15]』という人文学史に関する書物がその嚆矢であった。つまりウィジントンによる発見は、時代概念としての近世がこのような二〇世紀北米の経済史的研究にではなく、ジョンソンの人文学的研究にこそ求められることを明らかにしたとも言える。ウィジントンの見方はその後肯定的に評価されてきたが、それでも、一九世紀以来の欧州における人文学的な近世概念に加えて――スターンやベントレーをして誤解せしめたほどに――、二〇世紀中葉以降の米国の経済史的・世界史的近世論の影響が強かったことは、今日の近世概念を考える上で看過できない事実であろう。

ところで近世とルネサンスの関係は若干ややこしく、まず第一に、ルネサンスとはフランス語表現だが、上記のようにフランス史において歴史的時代としての近世は、ほぼ近代に先立つアンシャン・レジームに相当する。第二に、それ以外の分野では、例えばジョンソンにおいては、ルネサンスを相対化し、中世の伝統を見直すというヴィクトリア朝のロマン主義的な文脈の中で主として意識的に近世が用いられているのに対し、その後はむしろ、ヤーコプ・ブルクハルトやジュール・ミシュレらに代表されるように、近世は明らかに――しばしば無批判に――近代イタリア精神つまりルネサンスの代替語となっていく。(16)

さてこのように米国で社会経済史的な時代用語として近世は広汎に用いるようになったのであるが、ベントレーによれば、それは欧州における近世時期がおおよそアメリカ大陸入植時期とかさなるため、彼等米国の歴史家たちが同時期の歴史を、大西洋を挟んだ英米両岸の関係史をも盛り込む形で構想したからだとされる。(17) おそらくはこれが今日のグローバル・ヒストリーでの近世論の淵源の一つになったのであろう。なおベントレーの所見によれば、その背景として一九五〇～六〇年代に北米で人口増にともなって歴史学ポストが急増した時期に、学位論文においてさかんに政治史的に近世論が扱われたという。(18) ベントレーにせよスターンにせよ、(19) ジョンソンのヴィクトリア朝の中世主義的文脈での近世論を無視して歴史的な近世概念が北米産であるというが、それはウィジントンが誤りを厳しく批判する通りであって、全体としてはルネサンスから始まる英欧の文化史的な時代の呼称としての近世があり、その後、二一世紀中葉に北米で政治経済史的に近世概念が活発に用いられたという流れである。

三　新たな世界史的近世論

さて、明らかに新しい潮流として、一九八〇～九〇年代から改めて近世に着目する動きが、世界史的視野から急速に勃興してきた。[20]これを受けて日本でも二〇〇〇年代にある種の「近世化論」ブームが起こり、『思想』『歴史学研究』『東洋史研究』などで近世論に関する特集が組まれた。そこでは日本史・朝鮮史・中国史を含む様々な分野で議論が展開されているが、八〇～九〇年代に世界的に見直されてきた近世とは、ジャック・ゴールドストーン、アンソニー・リード、ジョセフ・フレッチャー、サンジェイ・スブラマニヤム、ヴィクター・リーバマンに代表される歴史研究者たちによるものであり、彼等は等しく非西欧に重点を置いた研究をしてきた。例えば大体の所リードは一六～一七世紀、スブラマニヤムは一四〇〇～一八〇〇年を近世と呼称し、またリーバマンのそれは場合によっては一二世紀からとかなり広いが、いずれにしても、西欧における初期近代としての近世とは対照的に、開港・革命や植民地化など、アジアでの明確な近代化より前の時期が近世なのである。ことに、リーバマンにおいては、東南アジア交易にイベリア人が進出して以降、近代植民地化までを近世の中心としており、またスブラマニヤムの近世もムガル朝末期に相当する。リードらはビルマのバインナウン、ジャワのスルタン・アグンなど、同時期に「パーソナルな力量」を持った指導者の出現を指摘し、また岸本美緒も同様に、ヌルハチ、鄭成功、織豊政権を海洋交易に支えられた力量のある指導者として、この時期のアジアでの近世開始時期と見る。

ところで筆者がもっとも多く用いるのは宋代史料であるが、宋代史研究者の間では、宋代以降を中国史の近世とする見解が、むしろ一七世紀開始論よりも主流と言える。少なくとも、宋~清、あるいは明清を慣習的に「近世中国」と称することは、日本のみならず一般的だ。岸本は宋代ではなく近世開始を一六、一七世紀と見るが、世界史的な視野で近世を論ずるのであれば、この方がはるかに自然である。もっとも筆者は、近世を論ずるにおいて、徳川体制、清朝、ヨーロッパの絶対王政諸国家などに見られる一六~一七世紀の各地の国家に共通する独自の個性としての「近世国家・社会体制の普遍的特徴」を完全に否定し去り、当該時期の政治状況を貿易の活発化の完全な従属変数と見る岸本の見解には[21]、これまでの歴史学の分厚い議論を前にしたとき、必ずしもにわかには同意はできない。岸本の断定的な見解を受け入れようとすると、経済発展や、例えば官僚制に関するヴェーバー的議論、印刷等の技術革新など、社会変化の何らかの平行性への着目を難しくしてしまう点に留意しておきたいのである。とは言ってもこれは論争的課題というより注意事項と考えるべきことであり、近世を題材に、演繹的で非生産的な時代区分論争を復活させてはならないという点では岸本も我々もおそらく意見を同じくしている。

いずれにせよ、本書がその課題としている西欧や日本の文学・国家体制をも含めた議論が発展途上である以上、グローバルな視野にもとづいた近世論のほうが説得性が高く、逆に宋代を近世と断じるメリットはそれほど大きくない。そもそも古代・中世・近世近代を確定しようとする三区分法的中国史の時代区分という議論自体に半世紀前程の重要性が失われている点は、おそらく中国史研究者の間で広く共有されているのであって、であればこそ例えば宋~清であれ明清であれ一七世紀以降であれ、慣習的な用法を力尽くで否定しようとする必要性もないのかも知れない。一方漢字の近世とは「近き世」「このごろ」であるが、これも、他世界に共通する時代概念としての近世を意識したものではない。本書は各章において中国史が中心となるわけではないので、これ以上の中国関係の議論は措いておく。

四　平行性の問題

このように、世界史として見たときに、新石器時代を迎え各地に文明が発生して以降、人類に共通した時代があるとすれば、それは世界が初めて迎えた近代であって、世界史全体にそのような一体性をもって存在する古代・中世を指摘するのは不可能に近い。しかし、近世性として一六・一七世紀の海洋貿易を中心とした広域的な変動とそれへの対応のみに着目すると、たとえそれが中国や東南アジアについては有用であっても、世界史的にはこれまで近世としてほぼ揺るぎなく定着してきた西欧の一四〜一五世紀に関する目配りが抜け落ちてしまう。それは西欧の人文学に定着してきた主流的な考えの否定へとつながる危険性を持つ。グローバルな関係性の進展は、確かに近世と近代において変化の直接的な要因のひとつであることは否定できないが、やはりそこには、人類が紀元千年紀後半に各地で独自に経験したいくつかの変化をも考慮せざるを得ないのである。英国や日本で定着した近世概念を否定しきることなしに近世という語を使い続けるのであれば、グローバリゼーションを発生原因とした説明原理のみならず、世界各地で相当程度孤立的に発生した、技術的・経済的変化をも含めて、改めて考えるべきことであろう。そしてそれが何であるかは、本書の各論を通じ、さらには将来の議論に待たねばならないにせよ、少なくとも武内論文で扱われる印刷技術が寄与したであろうことは指摘され得る。西欧の活字印刷と、東アジアの木版印刷は、近世社会・政治全体に劇的な変化をもたらしたが、それはなんら直接的交流によって開発されたのではなく、たまたま紀元千年紀の初期においてユーラシアの東と西の端で同時に普及したに過ぎない。些細と言えば些細だが、筆者の専門に引きつけて言うなら、中国同様イングランドでも、近世に入って、一般民の訴訟が激化した。(22) 印刷術はあくまで一側面であっても、西欧における大学の成立など学校の発達も含めた知識の拡播・大衆化は、各地に見いだされる平行的現象の一つである。

より根本的には、農業開始後の人間社会の普遍的な方向性について、まず第一に、取引・交換の拡大が人間の本質的な性向であるというアダム・スミスの思想を考えに入れなければならない。原始時代から行われたであろう交換と分業の先にこそ、現在のグローバリゼーションがあることは言を俟たない。そして一方人類は、新石器革命以後、農耕経済の時代に入ると、人口は気候変動に左右される程度の定常状態から、増加方向の路線に入る。狩猟採集社会における生存は、賦存資源ベースに規定されていたが、農耕経済においては労働に見合った収穫が得られるようになり、労働力の増加は生産の増加につながった。人口増加というこのマルサス的発展も、世界の一体化が始まるはるか以前から各地に存在した経済トレンドである。(23) 交換や分業の進行や人口増は、都市を生み出し、土地の逼迫とともに労働の相対価格を下げた。世界の各地で、近代的な相互関係や世界市場とは別の次元において、労働力獲得が重視された社会から、土地所有が重要な社会へと徐々に変化し、権力者は、奴隷主から地主へとシフトした。このように農耕社会における人口圧の上昇、市場圏の拡大という一般的、漸進的な経済変化が、前近代の基礎的なトレンドとして存在したことも重要である。(24)

ただこれが古代や中世といった「段階」を常に意味するのかと言えばそうではなく、三区分法が世界史記述について避けられていることは、二〇一五年刊の『ケンブリッジ世界史』第四巻に、同書各章が地域、特定の課題、比較史からなり、「古典時代や近世」などの「伝統的な時代呼称」を意識的に避ける編集方針が宣言されていることにも象徴される。(25) またポストモダニズム以降、英文学の分野においても、演繹的な「時代区分」自体が、

「時代区分の禍（perils of periodization）」として極めて慎重に取り扱われている。これについて、たまたま目についた一例であるが、ルネサンス、王政復古期という伝統的な英文学の呼称を用いずより歴史学に近い「近世」を積極的に用いたシェイクスピア学者フランセス・ドーランらは、近世概念を「定義づけられたカテゴリー」ではなく、あくまで「ヒューリスティックな（＝発見のための）デバイス」として用いるべきだ、と強調している。(26) 本書で我々が、「世界史のなかの近世」というタイトルを掲げた背後には、ドーランの立場と同様、決して世界史として統一的な近世の基準を設ける、あるいは近世を定義づけることではなく、あくまで所与の時代呼称としての近世を受け入れつつ、各分野の実証研究を進展させた上で、可能な限りそこに何かの傾向性を見いだそうという共通した姿勢がある。結論的に言うなら、文化の世俗化や大衆化、伝統の創成、絶対王政的な政治体制の安定化が、分野横断的な本書の議論から浮かび上がって来たのであるが、これら諸事象が現れた過程を説明するのは、本書の目的ではなく、あくまで今後の歴史学者の課題である。以下、本書各章の内容を簡単に紹介しつつ、そこにどういった近世観を見いだすことができるのか、見てゆきたい。

五　各章の意義

まず、本書で扱う近世概念が発生したイングランドを扱ったのが、武内・狩野両論文である。トマス・マロリーによって一五世紀後半に集大成されたアーサー王伝説の出版は、一六三四年の版から一九世紀初頭までの約二百年間、姿を消す。武内論文は、アーサー王伝説のこの数奇な受容史を格好の題材として、チューダー、スチュアート朝時代での政治宗教的中世文学利用から、出版再開が見られる一九世紀以降への変化を跡づける。そこでは、ブリテン王アーサーに正統性主張の根拠を有したチューダー家が、エリザベスの時代に、ローマ・カトリックに対する英国教会の正統性をアングロ・サクソン教会に求めるようになると、アーサー王の実在性が微妙になってくる点が明示される。そして九世紀アングロサクソン時代のアルフレッド王が理想化されるに至り、一七世紀には政治的宗教的にアーサー王伝説が取り扱われる余地がなくなってくる。最終的には、一九世紀のいわば近代的な学問的・客観的態度からのアーサー王伝説復活を待たなければならない、とする。まさに近世に相当する一五〜一八世紀において、中世が強く政治的に、しかし一九世紀以降の批判精神に基づく学問的態度とは異なった形で用いられてきたとしている。時代としての近世・近代が、中世主義と表裏しつつ漸進的に形成されてきたことを、本論文は十分に実証している。

シェイクスピアの様々な作品の中に「近世的なるもの」を探るのが狩野論文である。シェイクスピアの十数本の悲劇・喜劇・歴史劇を、イングランドの政治的背景と対照させ、理解するものであり、その詳細は本文に譲るが、以下の二つの指摘はことに本書全体において重要である。つまり、シェイクスピア劇の内容に、大航海時代や世界の一体化の影響は、『テンペスト』というごく一部を除いて、見られないこと。そして、彼自身出版にほとんど関心を示さなかったという点である。このことは、近代に先んずる諸変化が、決してゴールドストーンやリーバーマンらに代表されるグローバル・ヒストリー的な枠組みから直接理解することができず、また出版というイノベーションとも短絡できないという事実を示しているのであり、これは本序章の議論を今後、より妥当な方向に導いてくれるものであろう。

近世近代を語るにおいて、中世との比較が決定的に重要になることを歴史学分野から論じたのが渡辺論文である。ここでは暫時一五〇〇〜一八〇〇年頃を近世と考え、その前の一四・一五世紀が重要な転換期として捉えられる。一四七四年のブルゴーニュにおけるM・T・カロンによる調査を元にまとめられた四つの表から、受封者と収入ランクの詳細な分析がなされ、そこから導き出される中小貴族層の階層分解と全般的窮乏やラント制の展開の再検討が試みられる。その上で一四・一五世紀に見られる王権の拡大、公権力の集積、王権への従属のもとでの「諸侯国家」の形成、教会の王権への従属（国家教会主義）、ブルゴーニュに見られる中小貴族層の衰退、第三身分（富裕商人層、富農層）の台頭といった近世への助走が明らかにされている。本論文はフランスを対象としており、イングランドとは舞台を異にするものの、西欧における中世と近世の重要な差の一つはやはり王権の性格なのであり、その変化の過程が描かれている。

以下は、日本学にかかわる部分である。佐伯論文は、武内論文のように、中世またはそれ以前の題材が如何に受容され、語られるかを、『平家物語』中の熊谷・敦盛説話について検証する。中世の御伽草子『小敦盛』においては、父を訪ねて来た子に膝枕をしてやる父敦盛の霊を描くなど、子を愛する父の物語という同説話の性格に変化はないが、近世では、主君への忠誠が意識として共有されてゆくなかで、子殺しの物語へと変化してゆく。その変化は、近世芸能の世界における主従道徳の一般化、武士的主従道徳の確立と社会への浸透として把握できるが、主従関係・身分関係の再編という側面は実は、ブルゴーニュについて渡辺論文でもすでに論じられているところであり、それこそが中世と近世を隔てる重要なファクターであることが、渡辺論文とこの佐伯論文を併せ読むことで一層明らかになるであろう。

佐伯論文がその主題・子殺しについてその研究を参照する大屋は、本書においては曲亭馬琴の『燕石雑志』『烹雑の記』『玄同放言』における記紀神話の考証という形で、伝統的題材の近世的受容を具体的に示している。馬琴に特徴的であるのは、国学者が捨て去って顧みなかった昔話を取り上げていることである。そして昔話にも根拠があるはずだとして、その詳細な検討を試みている。そしてこれらの考証が読本執筆においても活かされているという。例えば『椿説弓張月』においては、日本武尊のモチーフが看取でき、主人公為朝の子が琉球を支配することについては、琉球国と日本の神話を付会することで、琉球国が日本の国土たる名分を説明しようとする。また昔話の考証を踏まえ、『弓張月』には桃太郎のモチーフも確認できる。大屋論文は、古典の見直しと再解釈という、本書を通じて見いだされる世界的な近世の文芸的側面を馬琴を用いて鮮やかに描き出している。

市民革命や宗教革命には文化・政治の大衆化という側面があり、またブリテンの王たるアーサー王の伝説が事実でないことが社会的に広まる（武内論文）といった、「大衆化」「世俗化」が近代に先立つ近世の顕著な特徴であることは、本書を通じて浮き上がってきた事実であるが、それと交流の活発化との関連づけに成功しているのが、日本近世史分野の岩田論文である。現静岡県の戸田村という湊の人々に少なからぬ影響を与えた人形浄瑠璃・芝居・三味線浄瑠璃・噺家・軍談師・相撲などの来訪状況と人々によるその受容を、勝呂家日記の綿密な分析によって明らかにしている。本書では他に、一九九〇年代からの世界史的近世論を正面から扱った議論を見いだしづらいのではあるが、岩田論文こそは、交流から社会変化へという過程を史料読解から扱った本書随一の一編である。

岩田論文で扱われた諸芸能の中でも、文楽は、時として古典にその題材を求めつつ、さらに歌舞伎に移植されるなど、そもそも近世発の文化として広く受け入れられる性格を有していた。現在、東京大学教養学部・大学院総合文化研究科でフランス語を担当するフランソワ・ビゼ教授は、二〇〇四年の来日以来、文楽を研究している。秋山論文は、フランスの詩人アンリ・ミショーが『アジアにおける一野蛮人』（一九三三年）の中で、女太夫の語りと三味線を動物の比喩で貶めているのに対し、ビゼが自ら義太夫節を実践するなど文楽の世界を受け入れている事実を述べ、二〇世紀前半の在東京フランス大使の文楽に対する否定的な評価とも対比させつつ、フランスに受容される文楽の一般性を描く。

序章での御託は、以上で十分であろう。以下、各論へと進んでゆきたい。

注

（1）近年の例として近藤信彰編『近世イスラーム国家史研究の現在』東京外国語大学アジア・アフリカ言語文化研究所、二〇一五は、総論として一六〜一九世紀を近世と称しているものの、同書への寄稿者の間が系統的な近世観を共有しているとは見受けられない。リーバーマン等一九九〇年代頃からの近世論については後述。

（2）ジャック・ル＝ゴフ（菅沼潤訳）『時代区分は本当に必要か？——連続性と不連続性を再考する』藤原書店、二〇一六、三〇〜三二頁。

（3）一般には、Frühe Neuzeit と Frühmoderne それほど意識的に使い分けられていない。例えばミヒャエル・エルベは、一四世紀イタリアにおける古典受容が中世から Frühmoderne への分水嶺であったと述べているものの（Michael Erbe. *Die Frühe Neuzeit*. Stuttgart, Kohlhammer Verlag, 2007, p. 31）、全体として見るとき、Frühmoderne は封建制に対する絶対主義の成立期という国制史的観点から論じられることが若干多いかと見受けられるが、筆者の専門ではないので、今後の課題としたい。なお、独仏の歴史家が第二次大戦後、近世論を受容していった過程は、J. H. Elliott. “Revolution and Continuity in Early Modern Europe”. *Past & Present*, 42, 1969, Randolph Starn. “The Early Modern Muddle”. *Journal of Early Modern History*, 6: 3, 2002, Theodore K. Rabb. *The Struggle for Stability in Early Modern Europe*, Oxford University Press, 1975, pp. 7–11, 14 などに詳述されている。それによれば、一九七〇年代に英仏などで一七世紀危機論を含めた一七世紀論が展開され、その後に米国から近世概念が入ってきた（Jonathan Dewald. “Crisis, Chronology, and the Shape of European Social History. *American Historical Review*, Vol.113, No.4, 2008, p. 1043 に詳しい）。

（4）筆者自身は主として宋代史を研究しているが、便宜上の都合を除き、宋代を近世ということはほとんどないし、まただからといって積極的に宋代を中世と位置づけても来なかった。

（5） 滋賀秀三『清代中国の法と裁判』創文社、一九八四、四頁。

（6） こうした考えを拙稿「回顧と展望　五代・宋・元」『史学雑誌』一〇三―五、一九九四において述べたことがある。

（7） 斯波義信『宋代江南経済史の研究』汲古書院、二〇〇一、一六八頁。

（8） いずれも一九六〇～七〇年代以降、近代工業化の経済学的前提について革新的な議論を行ってきた研究者たちで、日本語による学説史的整理だけでも枚挙に暇がないのだが、とりあえず大島真理夫編「序章」大島編『土地希少化と勤勉革命の比較史』ミネルヴァ書房、二〇〇九、一八～二〇頁などを参照されたい。リグリィ、ドフリースについては前出 Dewald. “Crisis” 論文も参照。

（9） 最近のものとして Ronald Hutton ed., *Medieval or Early Modern*. Cambridge Scholars Publishing, 2015, pp. 2–3.

（10） Starn. “The Early Modern Muddle”, Jerry H. Bentley. “Early Modern Europe and the Early Modern World” in Charles H. Parker and Bentley eds., *Between the Middle Ages and Modernity: Individual and Community in the Early Modern World*. Lanham: 2007.

（11） Lynn Thorndike. *A Short History of Civilization*. New York: F. S. Crofts, 1926.

（12） Thomas A. Brady, Heiko A. Oberman, James D. Tracy eds., *Handbook of European History 1400–1600 : Late Middle Ages, Renaissance, and Reformation*. Leiden: Brill, 1994.

（13） Withington. *Society in Early Modern England: the Vernacular Origins of Some Powerful Ideas*. Cambridge: Polity Press, 2010.

（14） Phil Withington. *Society in Early Modern England*, pp. 19–20.

（15） William Johnson. *Early Modern Europe: an Introduction to a Course of Lectures on the Sixteenth Century*. Cambridge: E. Johson, 1869. 現在はケンブリッジ大学中央図書館に所蔵されている。

（16） Withington *Early Modern England*, pp. 20–21, 26–42, また狩野論文でも扱われるブルクハルトについては Burckhardt. *The Civilization of the Renaissance in Italy*,. London: Penguin, 1990（邦訳：ヤーコプ・ブルクハルト（新井靖一訳）『イタリア・ルネサンスの文化』筑摩書房、二〇〇七）.

（17） Jerry H. Bentley. “Early Modern Europe and the Early Modern World” in Charles H. Parker and Jerry H. Bentley eds., *Between the Middle Ages and Modernity : Individual and Community in the Early Modern World*. Plymouth, England : Rowman & Littlefield, 2007.

（18） Bentley . “Early Modern Europe and the Early Modern World”, p. 15.

（19）スターンは、一九三〇年代に欧州から「新大陸」に渡った学者たちがコスモポリタンな観点からこうした概念を持つに至ったが、初出としてはワイオミング大学のナスボーム F.L. Nussbaum の論考がルネサンスの代替語として使ったのがはじめで、ブルクハルトの概念がほぼ同時に知られた、などとしている（Starn, "The Early Modern Muddle"）。

（20）この動向については、拙著『宋代民事法の世界』（慶應義塾大学出版会、二〇一四）の「第一二章　宋朝の定位二――近世論と唐宋変革論」において詳しく論じた所であり、本節では引用文献も含めて同書を参照されたいが、ただその中でも重要な文献は、その都度本節で改めて紹介しておく。また以下の三編を加えておきたい。Jack A. Goldstone. *Revolution and Rebellion in the Early Modern World*, University of California Press, 1991. Goldstone. "The Problem of the 'Early Modern' World", *Journal of the Economic and Social History of the Orient*, 41:3, 1998, Sanjay Subrahmanyam "On Early Modern Historiography" in Jerry H. Bentley, Sanjay Subrahmanyam, Merry E. Wiesner-Hanks eds., *The Construction of a Global World, 1400–1800 CE*, Cambridge: 2015, pp. 426–429.

（21）岸本美緒「東アジア・東南アジア伝統社会の形成」『東アジア・東南アジア伝統社会の形成』（岩波講座世界歴史一三）岩波書店、一九九八。

（22）Whithington. "Intoxicants and the Early Modern City" in *Remaking English Society : Social Relations and Social Change in Early Modern England*, Boydell Press, 2015.

（23）青木敦「第四章　中国経済史研究に見る土地希少化論の伝統」大島編『土地希少化と勤勉革命の比較史』。拙論も含め同書では、土地稀少化という資源の賦存状況の変化に対応し、生産要素の投入パタンが労働集約的になってゆく時期を、農業社会における近世と理解する大島の見解が共有されている。

（24）これに関連し、前々注の Withington. "Intoxicants and the Early Modern City" は、一七世紀ヨークで飲酒が否定的に捉えられるようになった過程を、ヨークの人口増と都市構造変化から捉えている。

（25）Craig Benjamin ed., *The Cambridge World History, vol. 4* Cambridge University Press, 2015, p.xviii および各章。

（26）Heather Dubrow and Frances E. Dolan. "The Term Early Modern" *PMLA*, 109:5, 1994.

第一章　イギリス近代における中世観の変容

――アーサー王伝説受容史を手掛かりとして――

武内信一

はじめに

イギリスにおいて「近代」が始まるのは一般的に西暦一五〇〇年とされているが、それは写本文化の終焉と本格的な印刷文化の始まりとされるのがおよそ一五〇〇年とする認識があるからである。また、この時期には中世を通じて絶対的な立場にあったローマ・カトリック教会に対する「異議」が次第に高まりを見せ、宗教改革が始まったことも中世と一線を画するという時代認識があるからでもある。もちろん時代区分はあくまで恣意的、便宜的なものであり、現実的に明確に区分できるものではない。しかし、一般に近代といわれる時代には明らかに中世的メンタリティを色濃く残す部分と現代的メンタリティの萌芽を示す意識との混在が見られることも事実である。イギリス史やイギリス文化史においては「近世」という術語はあまり使われず、代わりに初期近代と呼び後期近代と区別する。しかし中世と近代の区別同様、初期近代と後期近代の定義上の区別も恣意的なものである。色彩環（colour wheel）のように、気が付くと時代もいつの間にか全く異なる性格に変化しており、どこが変化の境目か特定できない。

それにも拘らず、いつ頃どのように近代に移り変わったのか、この摑みどころのないテーマにあえて挑戦しようというのがまさに本章のねらいである。そのための一つの視点として、中世の主要な作家、作品が一六世紀以降のイギリスにおいてどのように受容されてきたかをまず概観する。さらに近代イギリスにおいて特異な立場を示す「アーサー王伝説」の受容史とその背景としての社会状況を中心に辿ることにより、イギリス近代において「中世」に対する意識がいつ頃どのように質的に変容したのかという問題を具体的に検証し、初期近代期と後期近代期との分水嶺を特定してみたい。

一　チョーサー受容史

一五世紀後半に発明・実用化された活字印刷術を受けて、イギリス中世における最大の作家であるジェフリー・チョーサー（Geoffrey Chaucer）の作品は一四七〇年代以降盛んに出版されるようになる。イギリス最初の印刷業者であるウィリアム・カクストン（William Caxton）は一四七六年にロンドン近郊に印刷工房を設立するとすぐにチョーサーの『カンタベリー物語（*The Canterbury Tales*）』（一四七八年）を印刷し、一四八三年にも改訂版を出版している。カクストンが一四九一年に亡くなると、弟子のリチャード・ピンソン（Richard Pynson）とウィンキン・デ・ウォルド（Wynkyn de Worde）がそれぞれ『カンタベリー物語』を一四九二年、一四九八年に出版する。

ピンソンは一五二六年にも再版しており、揺籃期本時代にチョーサーがいかに人気を博していたかが理解できる。

この時期のチョーサー出版はカクストン一流のビジネス哲学を踏襲する出版であり、売るための方便として様々な工夫が凝らされていた。冒頭に序文がつけられ、出版に至る経緯と読むに値する内容であることを説く文言が配される。印刷業にとって致命的と思われる言語（英語）の乱れと不安定さに対する懸念を示すかのように、カクストンの序文（一四八三年出版の第二版）には、「チョーサーが英語の質的向上に多大な寄与をし、桂冠詩人にも値する詩人」であることを讃える一文を付し(1)、ラテン語、フランス語などのステータスの高い言語と比べても認知度の低い英語がチョーサーの格調高い英語で良化されたことを説く。ピンソン、デ・ウォルドに至ってもカクストンの書いた全く同じ文面の序文が使われており、読者を摑もうとするカクストンの流れを汲む初期印刷業者の出版戦略の一端をうかがい知ることができる。このようにカクストンに代表される揺籃期本時代の出版行為には特に政治的・宗教的イデオロギーを示す意識は感じられない。

図１　Thomas Speght のチョーサー全集（1687 年版の口絵）

しかし、ヘンリー八世以後の時代になると、チョーサー出版に変化が現れる。きっかけは一五三二年にヘンリー八世の宮廷人であるウィリアム・シン（William Thynne）がチョーサーの作品を一冊にまとめて出版した全集 *The Works of Geffray Chaucer* である。序文ではチョーサーこそイギリスが誇る作家であり、英語の品格を高めた最大の貢献者であると称賛することで、大陸の列強諸王国に対する言語的、文化的ナショナリズムをより鮮明に表現している。一五四二年にはリチャード・グラフトン（Richard Grafton）がこのエディションに「農夫の話（*The Plowman's Tale*）」を加えて再出版する。「農夫の話」は本来チョーサーの『カンタベリー物語』には含まれていないが、このエディションにはチョーサーの正統な話として加えられているのである。「農夫の話」はもともと反教父的プロパガンダとして一四〇〇年ごろに書かれ、ロラード派の間で読まれていた話とされるが、グラフトンが政治的意図をもって組み込んだものである。急進的なプロテスタンティズムが進行したエドワード六世、反動的カトリック政策を進めたメアリー一世の後、エリザベスの時代になると、一五六一年にはジョン・ストウ（John Stow）が *The Woorkes of Geffrey Chaucer* を出版する。内容はほぼすべてが一五四二年のエディションと同じであるが、「農夫の話」は最後を締めくくる「学僧の話」の直前の位置に移されている。(2) さらに一五九八年にはトマス・スピート（Thomas Speght）が *The Works of Our Antient and Lerned Englishe Poet, Gefrey Chaucer* を出版するが、これはストウのエディションとほぼ同じである。一六〇二年に第二版が出版され、しばらく間をおいて一六八七年にも再版されるが、(3) ヘンリー八世に対する献辞を含む「まえがき」は一五三二年のシンのエディション以来まったく同じものが使われている。

名誉革命以後になると、チョーサー出版に再度新たな変化が現れる。一七二一年にジョン・アリー（John Urry）が *The Works of Geoffrey Chaucer, compared with the former Editions and many valuable MSS. Out of which, Three Tales are added which were never before Printed* を出版する。この全集では、綴り字の変更、語の書き換え、新たな表現の付加など何の断りもなくチョーサーのオリジナルに加筆変更が行われており、内容的には過去に出版されたチョーサー全集の中では最悪のエディションである。アリーのエディションは、シンのエディションからスピートのエディションまで延々と踏襲されてきた政治・宗教的イデオロギーから脱皮した形ではあるが、必ずしも学問的な意識に基づいたエディションともいえない。しかし、このエディションは、チョーサーに対する社会の認識が変わったことを示すという意味では有意義である。アリーの後、学問的な視点からチョーサーを編集したのはトマス・ティリット（Thoms Tyrwhitt）である。ティリットは一七七五年に *The Canterbury Tales of Chaucer* を出版し、それまで好古家的関心事にとどまっていた中世作家研究を学問的に大きく推し進める貢献をした。それまで出版されていたチョーサー・エディションを踏襲するという姿勢ではなく、全く新たな視点や研究態度でエディションを編集したのである。この態度はその後踏襲され、中世作家の作品研究およびそのエディション出版は政治的・イデオロギー的色眼鏡や好古家的・個人的趣味の視点から抜け出し、学問的な意識を獲得することになる。その仕上げともいうべきエディションが一九〇一年に出版されたウォルター・スキート（Walter Skeat）の *The Complete Works of Geoffrey Chaucer* である。以上のように、チョーサーの作品は言語ナショナリズム、政治・宗教的イデオロギーそして中世作家に対する学問的関心という過程を経て今日まで出版され、研究の対象となってきたと言うことができる。

二　アーサー王伝説受容史

アーサーという名前はウェールズ人歴史家ネンニウス（Nennius）(4) が書いた『ブリトン人の歴史（*Historia britton-um*）』に初めて登場する。アーサーがブリトン軍を指揮し、侵攻するサクソン軍と勇敢に戦う様子が描かれているが、その記述は二〇行にも満たない。一二世紀になり、ネンニウスが記述したアーサーの話はジェフリー・オブ・モンマス（Geoffrey of Monmouth）の『ブリテン王列伝（*Historia ecclesiastica gentum Anglorum*）』に受け継がれ、大幅に拡大敷衍された結果、四一章にもわたる記述に発展することになる。ネンニウスにはなかったアーサーの出生の秘密や結婚などのストーリーが加えられたほか、戦いのときに使うアーサーの刀や槍にはそれぞれ「キャリバーン」、「ロン」という名がつけられる。その後、ジェフリーの話はアングロ・ノルマンの詩人ロベール・ワース（Robert Wace）によりフランス語の韻文に翻訳され、さらに拡大・発展する。(5) この段階になり初めて「円卓の騎士」の記述が現れることになる。一三世紀初頭にはイングランドのラハモン（Laȝamon）がワースに基づいて英語の韻文作品『ブルート（*The Brut*）』を著す。一方、フランスではクレティアン・ド・トロワ（Chrétien de Troyes）が一二世紀後半にジェフリーやワースなどを基にしてもう一つのアーサー王伝説を作り上げている。アーサー王の円卓の騎士と宮廷風恋愛の物語である。こうしてアーサー王の活躍の物語と円卓の騎士にまつわる宮廷風恋愛の物語の二つの流れがアーサー王伝説として形を成すことになる。一五世紀後半に、この二つの流れを『アーサー王の死（*Le Morte DArthur*）』として最終的に集大成したのがトマス・マロリー（Thomas Malory）である。中世においては写本の形でこれらのアーサー王伝説が伝えられていたが、活字印刷の時代になり、マロリーの作品をカクストンが印刷出版することになる。

ヘンリー七世がボズワースの戦いに勝利して王位に就いた一四八五年、カクストンは早速 *Le Morte Darthur* を出版する。マロリーの写本と比較すると、カクストン版はかなり簡略化されて短くなっている。以後このカクストン版が様々なエディションにベーステクストとして用いられ出版されることになる。(6)

カクストンが亡くなると弟子のデ・ウォルドがカクストン版に基づいて *The Boke of the Noble Kyng. Kyng Arthur* (7) を一四九八年に出版する。さらにヘンリー八世の治世、一五二九年にもウォルドは一四九八年版を若干改訂して出版する。この版ではタイトルが改変され、アーサーの肩書が 'Kyng Arthur Somtyme Kyng of Grete Brytayne Now Called Englande' となっているが、これは当時の王室事情を反映したものであろう。急進的なプロテスタント改革が進められたエドワード六世の時代にはアーサー王のエディションは出版されていない。エドワード六世が夭折すると、反動的カトリック政策に回帰したメアリー一世の治世一五五七年に、ウィリアム・コップランド（William Copland）がデ・ウォルドの版に基づいて *The Story of the Most Noble and Worthy Kynge Arthur* を出版する。[8] さらに、エリザベス一世の治下一五七八年にもトマス・イースト（Thomas East）がデ・ウォルドとコップランドの版に基づいてエディションを出版している。ほかにもアーサー王をテーマにした野外劇や文学作品がつくられたのもこの時代である。[9] エリザベスが後継を残さず亡くなり、テューダー家の血縁にあたるスチュアート家に王権が引き継がれた一七世紀に至っても、一六三四年にはウィリアム・スタンズビー（William Stansby）がイーストの版にもとづいて *The Most Ancient and Famous History of the Renowned Prince Arthur King of Britaine* を出版する。[10]

このようにテューダー朝からピューリタン革命までの時代においてはアーサー王伝説が盛んに出版されていたのであるが、一六三四年のスタンズビーのエディションを最後に、アーサー王は表舞台から姿を消すことになる。改めてアーサー王伝説が印刷出版されるのはおよそ二〇〇年後の一八一六年である。先に見たようにチョーサーの全集がほぼ全時代を通じて途切れることなく出版されたのに対して、アーサー王伝説に関するエディションはピューリタン革命以降出版されなくなるのである。なぜアーサー王は姿を消すことになるのか。チョーサーとマロリーの違いは何か。それぞれの作品のストーリーやテーマと時代背景とのかかわりに違いはあるのか。以下マロリーのエディションが途絶えた一七世紀、一八世紀の社会とその宗教背景を検討してみたい。

三　一七、一八世紀と国教会問題

これまで見てきたように、アーサー王伝説に対するテューダー朝の関心は王家の正統性を主張し、それを揺るぎないものにするための政治的道具として利用することであった。アーサー王伝説にはアーサー王個人の出自や事績だけではなく、円卓の騎士、宮廷風恋愛、聖杯探究などの話がその発達過程で加えられ、最終的にマロリーによって集大成されるが、テューダー朝にあっては王権に対する正統性を保証し、王家にたいして有利に作用するアーサーの出自と事績のみがフォーカスされていた。(11)ストーリーの様々な空想的内容は問題ではなく、(12)ブリテン王アーサーがテューダー家の先祖であり、予言にある「過去の王にして未来の王」(13)として復活するという点だけが重要だったのである。

この意識はジェームズ一世（スコットランド王ジェームズ六世）にも引き継がれることになる。(14)ジェームズ一世は王権神授説（the Divine Right of Kings）を唱えた。国王は神の意思により選ばれる存在であるから、民の意思で左右されるものではないとして王権の絶対性を主張した。さらに、スコットランド王ジェームズ六世が同時にイングランド王ジェームズ一世として即位することはスコットランドとイングランドの連合を生み出すことになる。同君連合（the Union 1603）である。ヘンリー八世以来宗教問題で社会不安を抱え、信仰のあり方を巡って様々な会派が割拠対立する状況になっていたイングランドでは、例えば、長老会制をとるスコットランドの王がビショップ制のイングランドの王を兼任することはピューリタンにとって願ってもないチャンスであった。千人請願によって開催が約束されたハンプトン・コート会談が一六〇四年に開かれるが、ジェームズはピューリタン側の思惑とは裏腹に、国教会維持を表明する。[15] さらに一六一〇年にはスコットランドに主教制を導入し、ピューリタンの思いとは真逆の状況が出現することになる。一方、このような政治・宗教的状況の中、一六一二年には聖書主義や個別教会の自治を信仰の柱とするバプティスト教会が新たに生まれ、国教会を取り巻く環境は複雑化していった。[16]

一六二五年にジェームズ一世が他界し、チャールズ一世が即位する。父王ジェームズ一世と同様に王権神授説を唱え絶対王政を信奉するチャールズは当然議会やピューリタンと対立することになる。議会が国王の求める王室予算に厳しい制限を課したことに反発したチャールズは議会を解散しようとするが、逆に議会から出された「権利の請願（The Petition of Rights）」で反撃を受けることになる。彼は請願を受け入れたものの、その後一一年間議会を開かなかった。また、国教会の統一を図ろうと重臣の一人カンタベリー大主教ウィリアム・ロードの助言に従いピューリタンや主教制反対論者の弾圧に乗り出すが、様々な地域で反乱を招く結果となってしまう。[17] いわゆるロード体制は議会の反発を招き、ロード自身が一六四五年に処刑されるに及んで終焉を迎える。その直前の一六四三年に主教制廃止法が成立することになる。

一六四六年ごろにはピューリタンから派生した独立派、分離派、さらにバプティスト派の分派が国教会に対する反対勢力を形成するが、一六四八年には独立派が議会で権力を掌握する。こうして国王側の王党軍と議会が対立する内戦へと発展するが、オリヴァー・クロムウェル（Oliver Cromwell）の登場によりピューリタン側の革命が成功し、一六四九年にチャールズ一世の処刑をもって共和制が成立する。[18]

しかしクロムウェルが一六五八年に亡くなると、共和制は一一年という短命で終わりを迎え、一六六〇年にはチャールズ二世を迎えて王政が復活することになる。民の期待を受けて復活した王政であるが、チャールズ二世は政務を担当するクラレンドン伯エドワード・ハイド（Edward Hyde）とともに非国教徒の弾圧に乗り出し、一六四二年以降の条例を無効にする法律を成立させる。これにより、一六四三年の「主教制廃止法」は無効となり、主教制が国教会に復活することになる。また、カトリックの復権を前提とした「信教自由宣言」を一六七二年に発布するが議会と世論の反発を受けて撤回することも起きている。これなどは弟ジェームズ（次王ジェームズ二世）と同様、本質においてはカトリック信徒であったことの証といえよう。事実、チャールズ一世は死の床にあってカトリック信者であることを告白したという。(19)

一六八七年には、彼の後を継いだジェームズ二世がカトリック信徒に対する法的制限の解除を目的として「信教自由令」を発布するが、このことが後に「名誉革命」の引き金になる。ジェームズ二世がチャールズ二世の影響を受けたカトリック信徒であり、カトリックに寛容な態度を示す一方で、二度目の結婚相手にカトリック信徒であるイタリアのアルフォンソ公の娘メアリーを選んだことが国教会にとって危険極まりない存在と認識されることになるからである。最終的にジェームズ二世はフランスに亡命し、オランダのオラニエ公ウィリアムとジェームズ二世の娘メアリーが共同で王位につくという結果で動乱は終わりを告げる。(20)そして、無血でジェームズ二世を追放した「名誉革命」の翌一六八九年、国教会制を維持しながらも複数教会をも容認する「宗教寛容法（Toleration Act）」が成立することになる。

ここまでイギリス国教会の歴史を国体との関連で見てきたが、結論として一六世紀、一七世紀のイギリスは宗教の対立から信仰の自由の原則へと移行する時代ととらえることができよう。ヘンリー八世がローマ・カトリック教会と断絶し、国教会を設立して以来、一六世紀はプロテスタンティズムとカトリシズムが対立する時代となる。その後エリザベスの中道政策に至るが、新たに非国教徒問題（特にピューリタン問題）が出現し、様々な弾圧が行われる時代が続く。一七世紀には、様々な分離派セクトが出現する中、主教制をめぐって国王側と議会側が対立し、ピューリタン革命を経て共和制の時代を迎える。しかし、すぐに共和制に対する反動をうけて王政に戻り、再び主教制が復活することになるが、一七世紀末には国王のカトリック信仰の問題が明らかとなり、国王追放に至る名誉革命へと突き進むことになる。革命直後に「宗教寛容法」が成立したことは先に見たとおりである。

このような時代風潮をうけて、一八世紀前半は国教会、非国教会ともに活動が衰退する。イギリスを捨て、新たに宗教の新天地を求めてアメリカに渡る動きが現れる一方、国内では国教会は二つの流れに分かれる。上位聖職者やホイッグ党などのリベラル派を中心とする低教会派と国教会でありながらカトリック的伝統も尊重しようとする下級聖職者やトーリー党などの厳格派を中心とする高教会派である。(21)

一八世紀後半になると再び宗教活動が活発になり、低教会派の流れをくむメソジスト派が現れ、一七九五年には正式に国教会から分離独立することになる。一八二八年には「審査法」が廃止され、非国教徒プロテスタントに対する差別が撤廃される。一八二九年には「カトリック解放法（Roman Catholic Relief Act）」も廃止され、イギリスにおけるカトリック教徒に対する差別が撤廃される。さらに一八三三年、一八三六年にはそれぞれ奴隷制および「十分の一税」が廃止され、一八五八年には、ユダヤ人に対する差別法が廃止されて、一二九〇年以来続いていたユダヤ人国内居住禁止措置が撤廃されることになる。一七世紀から一八世紀にかけて、時代の意識は弾圧から受容へと変容するのである。

四　一六、一七世紀とナショナル・アイデンティティー

ヘンリー八世はローマ・カトリックと断絶して国教会を設立したが、その信仰態度は基本的にカトリックであった。後を襲ったエドワード六世は急進的プロテスタント政策を進めるが短命に終わり、メアリー一世の反動的カトリック回帰政策が王国を再び大混迷に陥れることになる。テューダー朝最後の王となるエリザベス一世は一五五八年に即位すると、過去の混乱を収拾すべく中道路線を歩む決意をする。そして、時のカンタベリー大主教マシュー・パーカー（Matthew Parker）がエリザベスの意を受けて、国教会の正統性を証明するため、ノルマン・コンクェスト以前の時代の文献研究を開始し、ローマとは決定的に異なる教義解釈をアングロ・サクソンの説教集に見出すことになる。(22)

こうしてテューダー朝においてアングロ・サクソン研究が始まることになるが、学問としての関心からというよりは国体に対する証拠集めの観があった。(23) パーカーのもとで古英語を研究したジョン・ジョスリン（John Jocelin）は古英語の語彙を収集し辞書の編纂を試みている。ウィリアム・カムデン（William Camden）は一六〇三年に『史料集（*The Collections of Histories*）』を著し、アルフレッド大王がラテン語から古英語に翻訳したとされる『牧者の慰め（*Cura pastoralis*）』の「まえがき」を印刷している。また一六〇五年にはリチャード・ヴァーステイガン（Richard Verstigan）が『衰退した知性の回復（*A Restitution of Decayed Intelligence*）』を著すが、これはアングロ・サクソンの言語、慣習、法律を詳しく論ずることで王国の起源がアングロ・サクソンにあることを証明しようとしたものである。

五　ブリテン起源 vs. サクソン起源

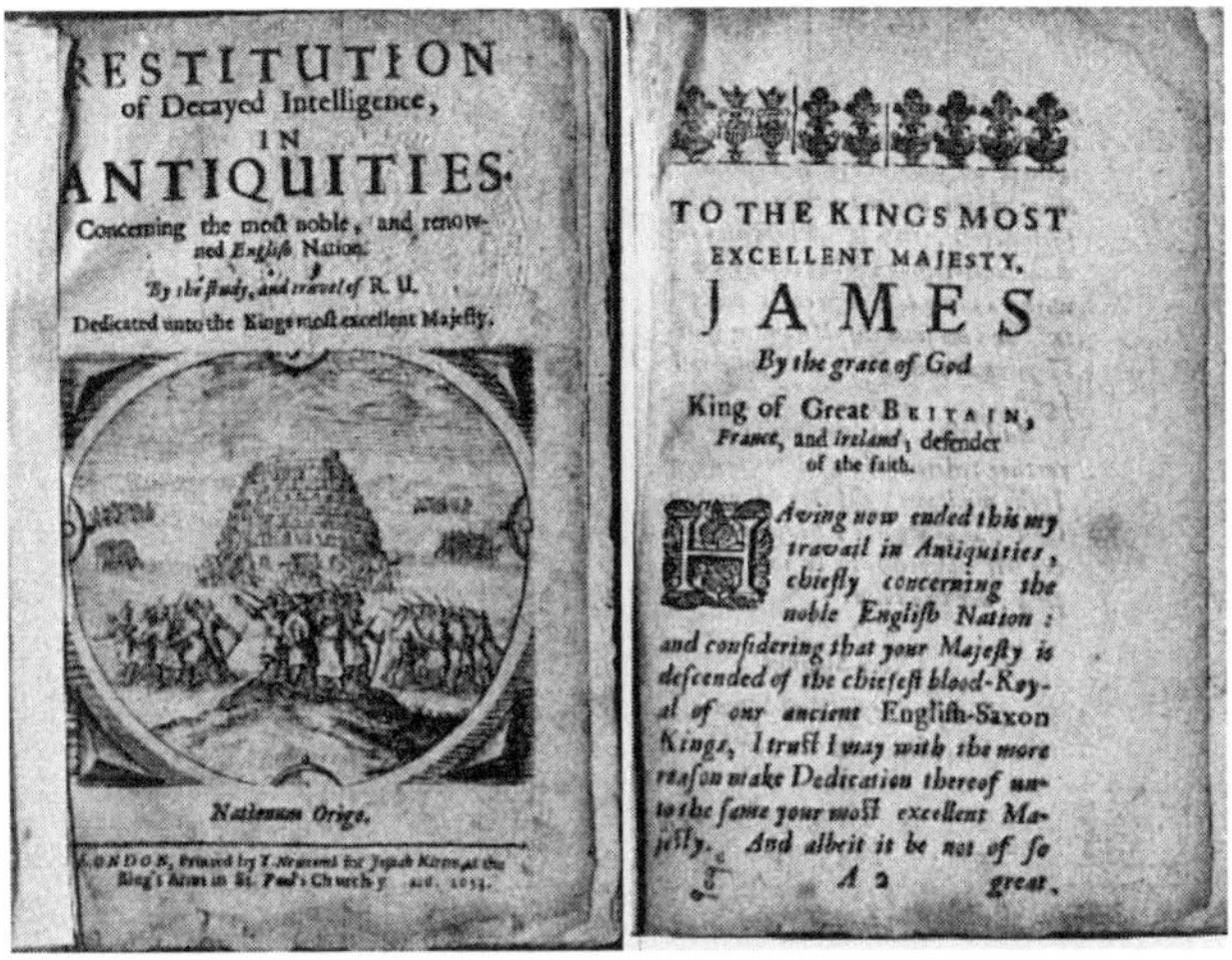
RESTITUTION of Decayed Intelligence, IN ANTIQUITIES. Concerning the most noble, and renowned English Nation. By the study, and travel of R. V. Dedicated unto the Kings most excellent Majesty.

Nationum Origo.

LONDON, Printed by T. Newcomb for Joseph Kirton at the Kings Arms in St. Pauls Church-yard. 1653.

TO THE KINGS MOST EXCELLENT MAJESTY, JAMES By the grace of God King of Great BRITAIN, France, and Ireland; defender of the faith.

HAving now ended this my travail in Antiquities, chiefly concerning the noble English Nation: and considering that your Majesty is descended of the chiefest blood-Royal of our ancient English-Saxon Kings, I trust I may with the more reason make Dedication thereof unto the same your most excellent Majesty. And albeit it be not of so

A 2 great,

図２　Richard Verstegan, *A Restitution of Decayed Intelligence* のタイトルページ（1653 年版）

テューダー王家はヘンリー七世以来一貫してその正統性をアーサー王伝説に求めたが、他方ではエリザベス一世の時代になって国教会の正統性をアングロ・サクソン教会に求めたことが逆にアーサー王の実在性そのものが疑われる結果を招くことになる。この矛盾が一七世紀のステュアート朝において王党派と議会派の対立という新たな問題の火種となるのである。

エリザベスの後、スコットランド王ジェームズ六世がイングランド王ジェームズ一世として王位を継承するが、彼はピューリタンの期待に反して主教制（ビショップ制）を踏襲し、王権神授説を唱えることになることは先に述べたとおりである。次王チャールズ一世も王権神授説を踏襲し、主教制反対派の弾圧に乗り出したことで、王党派と議会派が決定的な対立を迎える。こうしてアーサー王信奉に象徴される王党派のブリテン起源論とアングロ・サクソン起源論の対立が明らかとなり、エリザベスの時代に宗教の正統性を証明するために始められたアングロ・サクソン研究が、民族の起源に対する新たな関心として真逆の目的に向かって再燃することになるのである。リチャード・ヴァーステイガンはアングロ・サクソン人、デーン人、ノルマン人がもともとは同じ民族であることを調べ上げ、アングロ・サクソン起源説を主張する。そしてテューダー朝以来ブリテン起源説を信奉するあまり民族の真の起源を見失っていることに注意を促そうとするのである。[24] また、「国王を縛る唯一の存在は神であり、いかなる法律も国王を縛ることはできない」とするジェームズ一世の主張に対して、ジョン・セルデン（John Selden）は一六一六年にフォーテスキューの *De Laudibus Legum Angliae* を翻訳出版し、アングロ・サクソン時代の法制に関して法律は国王と臣民との合意により形成されたものであるから、国王も臣民もすべて法律を遵守しなければならないと主張して、王権神授説を否定する。

このようなアングロ・サクソン研究を促す転機になったのはウィリアム・キャムデン（William Camden）である。ジェームズ一世即位後、様々な議論が噴出し、民族や法制の真の起源に対する主張が対立するようになっていた。キャムデンはこの時代のこのような歴史認識に一石を投ずる。アーサー王伝説を根拠とするテューダー王家の正統性の主張およびその血縁に連なるとするジェームズ一世の国王としての正統性の主張に対して、王家の正統性や民族の起源問題を含めて過去の歴史の真実を知るためにはブリティッシュとサクソンの両方の言語を学び、残されたさまざまな種類の史料（original sources）を精査研究する必要があるとキャムデンは説くのである。[25]

六　スペンサーからミルトンへ

王党派はブリテン起源説を支持し、当然のことながらアーサー王の実在性とその偉大さを王室と重ね合わせようとする。これに対して議会派はノルマン・コンクェスト以前のブリテン島の歴史、すなわちアングロ・サクソンの歴史、特に法制を精査し、ジェームズ一世、チャールズ一世の王権神授説に基づく絶対王政を否定しようする。また、国教会問題に関しては、先に見たように、ピューリタンをはじめとする分離派、独立派の主教制廃止論と王党派の主教制維持論の対立がこの時代に激化する。このような王党派と議会派との対立構造と共和制移行のプロセスを何よりも明確に示しているのがジョン・ミルトン（John Milton）である。

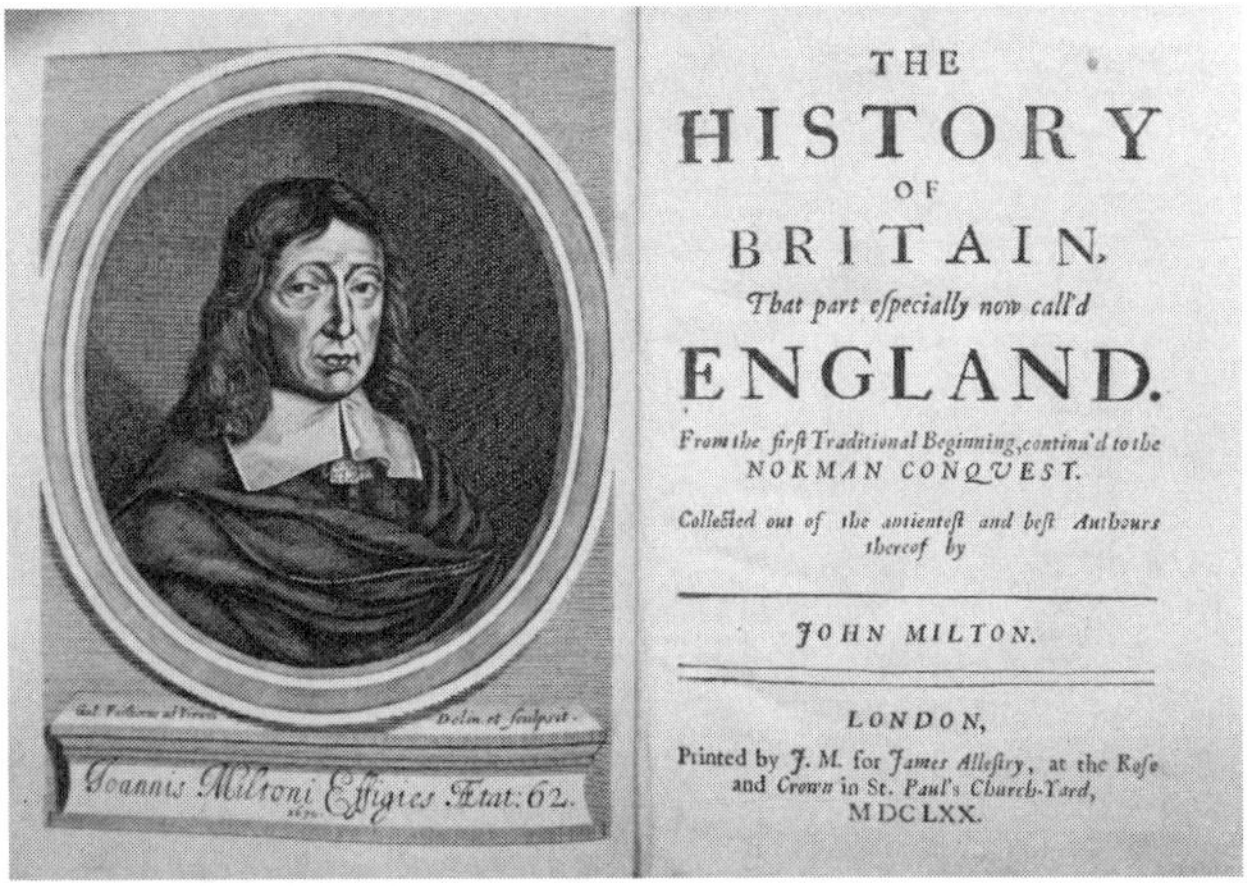

図３　『英国史』の初版本（1670年）（青山学院大学所蔵）

　ミルトンはマロリーの『アーサー王の死』やスペンサーの『妖精の女王（*Faerie Queene*）』などのロマンスに触発され、自らもアーサー王をテーマとした叙事詩の執筆を考えていた。伝説的ブルート（Brute）の流れをくむ「三人のキリスト教賢人（Three Christian Worthies）」[26]の一人であるブリトン王アーサーが叙事詩の対象として相応しいと判断したためである。しかし、ブリテン起源論とアングロ・サクソン起源論が渦巻く時代にあって、アーサー王伝説の歴史性を調査するうちにアーサー王の話はフィクションであることをミルトンは強く意識するようになる。一六三九年ごろはまだアーサー王をテーマとして執筆する考えを抱いていたようであるが、その後『英国史（*The History of Britain*）』（一六七〇年）の執筆を始めるようになると意識の変化が現れ始める。[27] 実務家であり、散文作家として様々な政治的パンフレットを書いてきたミルトンにとって、歴史を調べれば調べるほど、アーサー王の実在性は疑わざるを得なくなり、否定するようになるからである。反対に彼はアングロ・サクソンの歴史に関心を抱くようになる。アーサーに関する記述が初めて登場するネンニウスの『ブリトン人の歴史（*Historia brittonum*）』もジェフリー・オブ・モンマスも信頼に値しないと考えるようになる。こうして、これまでテューダー、ステュアート王家を支えてきたアーサー王伝説はミルトンにとっては使うことができないフィクションという結論に至るのである。

時代の流れに影響を受け、アングロ・サクソン時代の歴史に関心を抱くようになったミルトンは、特にその法制が国王と臣民が平和に暮らすための理想的な状態にあったことを確認し、アーサー王ではなくアルフレッド王こそが国王として理想的な支配者であると認識するようになる。これはミルトンが王党派的な意識から議会派意識にすでに変節していることを示すものである。宗教的にも権威主義的で抑圧的な国教会やチャールズ一世の悪政には与することはなかった。彼が理想と考えたのは共和制であった。

こうして議会派に与し、ピューリタン革命を経て共和制を実現したものの、[28] 共和制になってからも違った形で悪政や腐敗は続いた。しかし、彼は失明状態にありながらも王政復古まで共和政府の職務を続けるのである。テューダー、ステュアートの王政に失望し、共和制を志向したが新たな形の悪政に再び失望することになったのである。国家に失望し、人民に幻滅したミルトンが最終的に書き上げることになったのは『失楽園（*Paradise Lost*）』であり『復楽園（*Paradise Regained*）』であった。

以上みてきたように、一七世紀にはアーサー王伝説が否定的に扱われるようになる政治・社会的背景が厳然として存在し、アングロ・サクソンに民族の起源があることを示そうとする意識が顕在化していた。政治的イデオロギーの後ろ盾としての虚像ブリテン王アーサーは知と力を臣民と共有した実像としてのアングロ・サクソン王アルフレッドに敗北することになるのが一七世紀である。(29)

七　イデオロギーとしてのアーサー王伝説から中世文学としてのアーサー王伝説

一六三四年に出版されたスタンズビーのエディションを最後に、アーサー王伝説の出版は途絶えることになるが、それまで出版されていたアーサー王伝説はテューダー、ステュアート王家の正統性や王権神授説を裏打ちするための政治的道具として利用するためのものであった。ネンニウスの記述に始まり、延々と拡大を続けたアーサー王伝説には単に歴史記述的内容だけではなく、中世ロマンス的ストーリーが付加され、マロリーが集大成する頃には一大ロマンスを形成していた。しかし、テューダー、ステュアート朝が関心を抱いていたのはロマンスとしてのアーサー王伝説ではなく、王家を代弁する歴史としてのアーサー王伝説であった。円卓の騎士団、宮廷風恋愛、聖杯探求などのストーリーは重要ではなく、アーサー王が系譜的に王家と関わりのあることや、アングロ・サクソン支配の後に神託によりブリテン王が復活するという点だけが重要だったのである。アーサーがブリトン王ウーサー・ペンドラゴンの子として生まれ、超人的な力を持つ王として王国を治め、世界制覇を目指して遠征するが、最後はローマ遠征に際して銃後を託されたモードレッドの背信行為がもとで両者の一騎打ちとなる。両軍ともほぼ壊滅し、両武将は死を迎える。マロリーはアーサー王の死に関して次のような解釈をする。

som men say in many p[art] ys of Inglonde that kynge Arthur ys not dede but h[idden] by the wyll of oure lorde Ihu in to a nother place and men say that he shall com agayne and he shall wynne the holy crosse. Yet I woll nat say that hit shall be so. But rather I wolde sey here in thys worlde he changed hys lyff. And many men say that there ys written vppon the tumbe thys *Hic iacet Arthurus rex quondam rex que futurus.*

イングランドのいろいろなところで「アーサー王は死んでおらず、主イエス・キリストのご意志で場所を移されただけだ」と言う者がいる。また「アーサー王は再び戻ってきて、すべてのキリスト教圏を支配する」と言う者もいる。しかし私はアーサーはこの世で自分の命を変えたのだといいたい。彼の墓石には「過去の王にして未来の王アーサーここに眠る」という墓碑銘が刻まれていると多くの人が語っているのだから。

テューダー王家、ステュアート王家が王家の正統性を主張する根拠はここにある。ブリテン王の時代が終わり、アングロ・サクソンが支配する世になっても再びブリテン王の時代が到来する。それがテューダー家、ステュアート家の統治する時代なのである。

アーサー亡き後、アングロ・サクソンの侵攻が激化し、ついにブリテン王の統治は終焉を迎える。その最後の王となったのがカドワラダー（Cadwallader）である。アングロ・サクソンの侵攻に対して戦いの準備をしているカドワラダーに対して天使が神の啓示を告げる場面をジェフリー・オブ・モンマスは次のように記述している。[30]

just as Cadwallader was preparing his fleet an Angelic Voice spoke to him in a peal of thunder and told him to stop. God did not wish the British to rule in Britain any more, until the moment should come which Merlin had prophesied to Arthur.

カドワラダー王が出陣の準備をしていると、天使の声が雷鳴とともに彼に話しかけ、出陣をとりやめるようにと告げたのである。マーリンがアーサーに予言した時が来るまで、神はブリトン人がブリテン島を支配することをもはや好まれなかったからである。

アングロ・サクソンの支配を経て、ノルマン王朝、プランタジネット王朝と続き、ついにヘンリー七世に至ってブリテンに起源をもつ王朝が誕生する。まさにアーサー王伝説の記述通りになったと解釈できよう。さらに重要なのは、上の例が示すように、カドワラダーが神から啓示を受けたという点である。このことは、マーリンの予言通りに、神は「しかるべき時」に再びブリテン王の支配を命ずるというメッセージとして解釈することができる。国王は法律によって縛られるという臣民との契約関係の上に選ばれるのではなく、絶対的存在の神によって選ばれると解釈できる文言が真偽はともかく存在していた。ジェームズ一世が王権神授説を唱え、神によって選ばれた王であると主張する根拠がここに存在していたのである。

このように一六世紀、一七世紀のイギリスにおいては中世作家の作品が、史料の信憑性を無視するかのように、政治的・宗教的イデオロギーの道具として使われ、作品自体の文学性や歴史記述の信憑性にかかわる学問的意識が欠如していたと言える。

自らの正統化のみに奔走していた王党派に対して、真実を見極めようとする流れがアングロ・サクソン研究の動きを活性化させ、民族の歴史や起源を精査しようとする流れを作り出した。その結果、アーサー王のストーリーは史実ではなく、王党派の唱える正統性に根拠がないことが社会に浸透するようになる。ステュアート朝が倒れ、政体は共和制となるが本質的に社会の不安は収まらず短命に終わる。再び王政に戻ることになるが、国教会問題や国王のカトリック信仰問題を受けて再び名誉革命に至ることになる。

一八世紀になり、政治的イデオロギーに距離を置いた中世作家の研究が現れるようになる。特にチョーサーの作品は学問的な視点から再検討され出版されるようになる。先に見たように、ジョン・アリーやトマス・ティリットなどのエディションに革命以前とは異なる研究意識を見ることができる。また、中世に対する好古家的（antiquarian）関心が芽生え、中世に関する史料や文学作品を収集し研究する意識が生まれてくるのもこの時代である。ジョージ・ヒックス（George Hickes）は一七一一年にアングロ・サクソンの文法書をラテン語で出版する。彼の姪で女性初のアングロ・サクソン研究者であるエリザベス・エルストッブ（Elizabeth Elstob）も一七一五年に古英語の文法書を英語で出版している。[31] 他にも英語の歴史やルーツに関する研究書や語学書が多数出版されるようになるのもこの時代である。一方、中世の文学・歴史に関してはトマス・グレイ（Thomas Gray）が『墓畔の哀歌（*An Elegy Written in a Country Churchyard*）』（一七五一年）や『詩仙（*The Bard*）』（一七五七年）を出版するが、これらは中世文化、生活慣習などに対する純粋な関心が高まってきたことを示すものであり、近代中世主義（Medieval Revival）の先駆と見做すことができる。さらに、ケンブリッジ大学時代からの彼の友人であるホレス・ウォルポール（Horace Walpole）も中世をテーマとした小説『オトラント城（*The Castle of Otranto*）』を一七六四年に出版し、いわゆるゴシック小説の先駆けとなる。中世ロマンスに関してはトマス・パーシー（Thomas Percy）が、偶然見つけ出したいわゆるパーシー・マニュスクリプトに基づいて *The Reliques of Ancient English Poetry* を一七六五年に出版する。[32] こうして一八世紀後半になると中世の文物に対する好古家的な関心は徐々により専門的で学問的かつ客観的な関心へと変化することになる。一八〇二年にジョーゼフ・リットソン（Joseph Ritson）は *Metrical Romancës* を出版し、パーシーの *Reliques* がオリジナルに対して不誠実なエディションであるとして過激な批判をすることになるが、これなどはまさに中世に対する学問的態度の誕生とみることができよう。

むすび

王室の正統性、国教会の正統性を中世の作家・作品の中に追求することから始まった近代中世主義は、主にテューダー、ステュアート王朝絡みで政治的・宗教的に利用された。また、王党派と議会派の対立から民族の起源に対する関心が高まり、アングロ・サクソン研究が促される結果となった。こうして一六世紀、一七世紀は様々な歴史観が交錯する中で王政が倒れ、共和制の出現を見ることになるが、この歴史劇の根底にあるのは政治的イデオロギーから中世を見ていたということである。それをもっとも如実に物語るのがアーサー王伝説のエディション出版史である。

以上アーサー王というフィルターを通して、近代イギリスにおける中世観の変容プロセスを考察してきたが、変節の契機となったのは明らかに名誉革命である。革命以前の中世観は政治的に偏向しており、イデオロギーに利する要素のみが中世の真実として認識され利用されていた。ところが革命後になると、社会は脱力し、冷めた目で現実社会の実態を認識するようになる。同時に、「中世から学ぶ」という意識が現れてくるようになる。名誉革命後一八世紀前半になると、その意識の芽生え方が好古家的、個人趣味的ではあっても、中世という時代の必要なところだけをつまみ食いするのではなく、総体として社会、生活、文化、歴史を見つめるという態度に徐々に変容してくるのである。その一つの兆をジョン・アリーのチョーサー・エディションやトマス・グレイの『墓畔の哀歌（*An Elegy*）』『詩仙（*The Bard*）』に観取することができる。トマス・パーシーの *The Reliques of Ancient English Poetry* やジョーゼフ・リットソンの *Ancient Engleish Metrical Romanceës* に見る中世に対する態度は明らかに革命以前の政治的・宗教的偏向とは無縁であり、過ぎ去った過去を客観的な憧れとしてみる恋々の態度である。

仮に一四八五年のテューダー朝成立から一六八八年の名誉革命までの時代を中世と近現代をつなぐ準備の時代とするならば、この時代には中世そのものと近現代そのものが共存し、互いに生存を賭けて競い合っていた時代であると捉えることができよう。テューダー、ステュアート両王朝は近・現代を迎えたイギリスに生きる中世びとだったのである。

注

（1）原文は次の通り。‘inespecial to fore alle other we ought to gyue a synguler laude vnto that noble 7 grete philosopher Gefferey chaucer the whiche for his ornate wrytyng in our tongue may wel haue the name of a laureate poete’

（2）「総序」で紹介される農夫と学僧は兄弟であるが、「農夫の話」はチョーサーには存在していない。

（3）スピートの全集が一六八七年にも再版されているが、一般に言及されることは少ない。

（4）西暦八〇〇年ごろの歴史家。アーサーは王ではなく武将として登場し、サクソン軍との一二回の戦いにすべて勝利したことが書かれている。

（5）Robert Wace, *Roman de Brut*（1155）

（6）カクストンが依拠した写本は現存していないが、ウィンチェスター写本と比較するとかなり簡略化していることがわかる。

（7）正式タイトルは *The Boke of the Noble Kyng. Kyng Arthur Somtyme Kynge of of Englonde and of His Noble Actes and Feates of Armes of Chyvalrye, and His Noble Knyghtes and Table Rounde and is Deuyded in to .XXI. Bookes*

（8）正式タイトルは *The Story of the Most Noble and Worthy Kynge Arthur, The Whiche was the first of the Worthyest Chrysten, and also of his Noble and Valiaunte Knyghtes of the Rounde Table*

（9）エドマンド・スペンサー（Edmund Spenser）の『妖精の女王（*The Faerie Queene*）』など。

（10）正式タイトルは *The Most Ancient and Famous History of the Renowned Prince Arthur King of Britaine, Wherein is Declared his Life and Death, with all his Glorious Battailes against the Saxons, Saracens, and Pagans, which*（*for the Honour of his Country*）*He Most Worthily Atchieved. As Also, All the Noble Acts, and Heroicke Deeds of his Valiant Knights of the Round Table. 'Newly refined, and published for the delight, and profit of the Reader'*

（11）エリザベスの教師であった Roger Ascham は *The Schole Master*（1570）で *Morte DArthure* の反宗教性、俗物性を指摘し、不埒な修道士たちによって書かれた暇つぶしの書を宮廷人は老いも若きもこぞって読んでいると糾弾している。

（12）中世ロマンスでは「あり得ること」と「あり得ないこと」が一体となっており、アーサー王伝説はその典型といえる。アスカムは宮廷人はこのようなファンタジーを楽しんでいいと批判する。王家にとってはアーサーの実在を示す証拠としての伝説が重要であり、ストーリーの細部、いわゆるロマンスには無関心であったと言える。

（13）マロリーのテクストには Hic jacet Arthurus rex quondam rexque futurus とある。

（14）ジェームズ六世はテューダー朝始祖ヘンリー七世の妹マーガレット・テューダー（Margaret Tudor）のひ孫にあたり、イングランドの王位継承権がある。

（15）ピューリタン側は国王、国教会代表との三者による会談を提案したが、国王の翻意により三者会談は開かれず、ピューリタンの請願も「No bishop, no king!」の言葉とともに受け入れられることはなかった。

（16）もともとピューリタンから分離した教会から生まれたと言われ、聖書主義、個別教会の自主自立、および政教分離を信仰の柱とする会派である。一六六〇年ごろにはその数二九七にまで増えていたといわれる。

（17）森護『英国王室史話』大修館書店（1986）, pp. 408–410.

（18）共和制の期間には「真の平等派」「ランター」「マグルトン派」など多数の少数宗教セクトが出現した。クウェーカーが現われるのも一七世紀末である。

（19）森護『英国王室史』大修館書店（1986）, p. 424.

（20）いわゆる「二人統治」である。

（21）カトリックの流れを尊重しようとする高教会（High Church）の流れはやがてオックスフォード運動へと発展し、福音主義的傾向の低教会（Low Church）はメソジスト運動へとつながる。

（22） パーカーは研究成果を *A Testimonie of Antiqvitie*（『古代の証言』）として一五六六年に出版するが、その最大の争点は「聖餐の秘跡」に関わる解釈であり、ローマの実体変化説に対して象徴説を証明しようとする点である。

（23） アングロ・サクソンおよび英語の歴史に関して本格的に学問的意識が現れるのは一八世紀になってからである。

（24） Richard Verstegan, *A Restitution of Decayed Intelligence*（1605）.

（25） Gerry Knowls, *A Cultural History of the English Language*, Arnold（1997）, p. 93. Roberta Florence Brinkley, *Arthurian Legend in the Seventeenth Century*, Baltimore: The Johns Hopkins Press（1932）, p. 41.

（26） Arthur, Godfrey, Charlemagne を指す。

（27） Roberta Florence Brinkley, *Arthurian Legend in the Seventeenth Century*, Baltimore: The Johns Hopkins Press（1932）, p. 129.

（28） ミルトンは共和政府の外国語秘書官を務めている。

（29） アルフレッド大王はヴァイキング侵攻を最終的にくい止め、壊滅的打撃を受けた教会、学問の復興に尽力した。自らボエシウスの『牧者の慰め（*Cura pastoralis*）』をラテン語から英語に翻訳し、王国の歴史（年代記）の編纂を命ずるなど、文武両面にわたる活躍をした。

（30） ベーダ（Bede）にはキリスト教の洗礼を受けるためにローマに向かうカドワラダーのことが記述されているが、神からの啓示のことはベーダにも『アングロ・サクソン年代記』にも言及がない。おそらくジェフリーの創作であろう。

（31） Elizabeth Elstob, *The Rudiments of Grammar for the English-Saxon Tongue*（1715）.

（32） 写本の欠落部分を自分の創作で埋めて編集したことから、のちにリットソンから痛烈な批判を受けた。Joseph Ritson, *Ancient Engleish Metrical Romancë*, London: W. Bulmer and Company（1802）.

参考文献

Alexander, Michael, *Medievalism: The Middle Ages in Modern England*, Yale University Press（2007）.

Barczewski, Stephanie L., *Myth and National Identity in the Nineteenth-Century Britain: The Legends of King Arthur and Robin Hood*, Oxford University Press（2000）.

Brindley, Roberta Florence, *Arthurian Legend in the Seventeenth Century*, Octagon Books. Inc.（1967）, originally published by The Johns

Hopkins Press（1932）.

Burke, Edmund, *Reflections on the Revolution in France*, Oxford World's Classics, Oxford University Press（2009）.

Cantor, Norman F., *Inventing the Middle Ages: The Lives, works, and Ideas of the Great Medievalists of the Twentieth Century*, The Lutterworth Press Cambridge（1991）.

Chambers, E. K., *Malory and Fifteenth-Century Drama, Lyrics, and Ballads*, Clarendon Press・Oxford（1945）.

Chandler, Alice, *A Dream of Order*, The University of Nebraska Press（1970）.

Colly, Linda, *Britons: Forging the Nation 1707–1837*, Yale University Press（1992）.

D'Arcens, Louise（ed.）, *The Cambridge Companion to Medievalism*, Cambridge University Press（2016）.

Frantzen, Allen J., *Desire for Origins: New Language, Old English, and Teaching the Tradition*, Rutgers University Press（1990）.

Geoffrey of Monmouth, *The History of the Kings of Britain*, Lewis Thorpe（transl.）, Penguin Books（1996）.

———*Historia regum Britanniae*, Acton Griscom（ed.）, Longmans（1929）.

Gray, Thomas, *Elegy Written in a Country Church Yard*, John Martin（ed.）, London: John van Voorst（1834）.

Highley, Christopher, *Catholics Writing the Nation in Early Modern Britain and Ireland*, Oxford University Press（2008）.

Johnston, Arthur, *Enchanted Ground: The Study of Medieval Romance in the Eighteenth Century*, Bloomsbury（2013）.

King, John, *English Reformation Literature: The Tudor Origins of the Protestant Tradition*, Princeton University Press（1982）.

———（ed.）, *Tudor Books and Readers: Materiality and the Construction of Meaning*, Cambridge University Press（2010）.

MacCarthy, Fiona, *The Last Pre-Raphaelite: Edward Burne-Jones and the Victorian Imagination*, Harvard University Press（2012）.

Mack, Robert L., *Thomas Gray: A life*, Yale University Press（2000）.

Matthews, David, *The Making of Middle English, 1765–1910*, University of Minnesota Press（1999）.

———*Medievalism: A Critical History*, D. S. Brewer（2015）.

McMullan , Gordon and David Matthews（eds.）, *Reading the Medieval in Early Modern England*, Cambridge University Press（2007）.

Milton, John, *The History of Britain, That part especially now call'd England from the first Traditional Beginning, continu'd to Norman Conqvest*, London（1670）.

Morris, John, *Nennius: British History and the Welsh Annals*, Arthurian Period Sources Vol. 8, Philmore（1980）.
Parisot, Eric, *Graveyard Poetry: Religion, Aesthetics and the Mid-Eighteenth-Century Poetic Condition*, Ashgate（2013）.
Percy, Thomas, *The Reliques of Ancient English Poetry*（1765）.
Pugh, Tison & Angela Jane Weisl, *Medievalisms: Making the Past in the Present*, Routledge（2013）.
Ritson, Joseph, *Ancient Engleish Metrical Romanceës*, London: W. Bulmer and Company（1802）.
Ruggiers, Paul G., *Editing Chaucer: The Great Tradition*, Pilgrim Books（1984）.
Ruskin, John, *Selections and Essays*, Frederick William Roe（ed.）, Dover Publications Inc.（2013）.
Scott, Walter, *The Lay of the Last Minstrel*,（1805）.
――――*Ivanhoe*, Oxford World's Classics, Oxford University Press（1996）.
Simmons, Clare A.（ed.）, *Medievalism and the Quest for the 'Real' Middle Ages*, Frank Cass（2001）.
Stock, Brian, *Listening for the Text: On the Uses of the Past*, University of Pennsylvania Press（1990）.
Speght, Thomas, *The Workes of our Antient and lerned English Poet, Geffrey Chaucer, newly Printed*, London（1598）.
Verstegan, Richard, *A Restitution of Decayed Intelligence in Antiquities Concerning the most noble, and renowned English Nation*, London（1605）.
Vinaver, Eugène（ed.）, The Works of Sir Thomas Malory,（3 Vols.）, Oxford University Press（1947）.
Walpole, Horace, 'The Castle of Otranto', in *Four Gothic Novels*, Oxford University Press（1994）.
Williams, Deanne, 'Medievalism in English Renaissance Literature', in *A Companion to Tudor Literature*, edited by Kent Cartwright, Wiley-Blackwell（2010）.
Yamamoto-Wilson, John, *Pain, Pleasure and Perversity: Discourses of Suffering in Seventeenth-Century England*, Ashgate（2013）.
Zacchi, Romana and Massimiliano Morini（eds.）, *Richard Rowlands Verstegan: A Versatile Man in an Age of Turmoil*, Brepols（2012）.
井上章一『日本に古代はあったのか』角川選書 426′ 角川学芸出版（2008）
武内信一『英語文化史を知るための15章』研究社（2009）
武内信一 他『イギリス・ルネサンス期の言語と文化』英宝社（2010）

浜林正夫『イギリス宗教史』大月書店（1987）
森護『英国王室史話』大修館書店（1986）

第二章　シェイクスピア劇にみる「近世」

狩野良規

はじめに

本章では、シェイクスピア（一五六四～一六一六年）のさまざまな作品の中に「近世的なるもの」を探ってみる。絶対王政、常備軍、世論、言論と検閲、王位継承権、君主政と共和政、議会、カトリックとプロテスタント、さらにピューリタン、ルネサンス、ラテン語と英語、先進国イタリア、アイルランドとスコットランド、大航海時代など――高校の世界史の教科書に記されている「近世」が、シェイクスピア劇ではどのように扱われているかを検討する。

シェイクスピアは日本史でいえば、安土桃山時代から江戸時代初期に生きた作家である。三浦按針（英人ウィリアム・アダムズ、一五六四～一六二〇年）と同年生まれ、そのアダムズの乗ったリーフデ号は「大航海時代」の大海原へと出帆し、しかし関ヶ原の戦い（一六〇〇年一〇月）の約半年前、日本に漂着した。一方、極東の島国で天下分け目の合戦が行なわれていたころ、ロンドンでは沙翁《シェイクスピア》が円熟期を迎え、不朽の、ないしは謎の名作『ハムレット』を書いていた。作者三十六歳、エリザベス一世（在位一五五八～一六〇三年）の治世晩年である。

また、シェイクスピアの「正典《カノン》」に数えられる戯曲は三十七作、それらは一般に「悲劇」、「喜劇」、「史劇」に分類される。(1) 悲劇は人生の深き闇を探究したといわれる「四大悲劇」――『ハムレット』、『オセロー』、『リア王』、『マクベス』――あたりが最も有名であろう。そして、喜劇は十七篇、悲劇・史劇の各十篇に比べて数も多いし、内容も多岐にわたる。だが、シェイクスピアが最初に筆を染めたのは、中世イングランドの動乱の時代を描いた歴史劇だったことをご存じか。

そこで、まずは沙翁の史劇の中に、かの国の中世から近世に至る政治史を捉えるところからスタートしたい。

一　近世ないしは絶対王政の始まり

イングランドの場合、政治的な意味での中世と近世との境目はわりと簡単に説明がつく。中世で最も残酷だったといわれる内乱、バラ戦争（一四五五～八五年）によって封建諸侯が相次いで没落し、一四八五年にテューダー家のヘンリー七世が即位して絶対王政への道が切り開かれたからである。

シェイクスピアはそのテューダー絶対王政の第五代国王、エリザベス一世が六十歳になんなんとするころ、バラ戦争を扱った『ヘンリー六世』三部作を書いてデビューする。折しも老いた女王の後継者問題は宮中から巷の庶民階級に至るまで、イングランド国民の一大関心事であった。〝処女王〟エリザベスには、嫡子はおろか兄弟

表 1　シェイクスピア創作年代表

初演	歴史劇（10 篇）	喜劇（17 篇）	悲劇（10 篇）
1590–1	『ヘンリー六世・第 2 部』		
	『ヘンリー六世・第 3 部』		
1591–2	『ヘンリー六世・第 1 部』		
1592–3	『リチャード三世』		
		『間違いの喜劇』	
1593–4			『タイタス・アンドロニカス』
		『じゃじゃ馬ならし』	
1594–5		『ヴェローナの二紳士』	
		『恋の骨折り損』	
			『ロミオとジュリエット』
1595–6	『リチャード二世』		
		『夏の夜の夢』	
1596–7	『ジョン王』		
		『ヴェニスの商人』	
1597–8	『ヘンリー四世・第 1 部』		
	『ヘンリー四世・第 2 部』		
1598–9		『から騒ぎ』	
	『ヘンリー五世』		
1599–1600			『ジュリアス・シーザー』
		『お気に召すまま』	
		『十二夜』	
1600–1			『ハムレット』
		『ウィンザーの陽気な女房たち』	
1601–2		『トロイラスとクレシダ』	
1602–3		『終わりよければすべてよし』	
1604–5		『尺には尺を』	
			『オセロー』
1605–6			『リア王』
			『マクベス』
1606–7			『アントニーとクレオパトラ』
1607–8			『コリオレーナス』
			『アテネのタイモン』
1608–9		『ペリクリーズ』	
1609–10		『シンベリン』	
1610–11		『冬物語』	
1611–12		『テンペスト』	
1612–13	『ヘンリー八世』		

初演は E. K. チェインバーズの推定

姉妹もいなかった。次の国王には誰がなるのか？

ランカスター家のヘンリー六世は、王位継承をめぐる内乱たるバラ戦争が開始された時の国王である。生後わずか九ヵ月で即位し、それがために王権は脆弱、有力貴族が跋扈して国内は不統一、大陸に遠征したイングランド軍も互いに対立する有様で、ジャンヌ・ダルクが現われたフランス軍に破れ、やがて百年戦争は一四五三年に終結する。その二年後、ランカスター派とヨーク派に分かれてバラ戦争が始まる。

王位をめぐって繰り広げられた仁義なき内乱は、ヘンリー六世が倒され、ヨーク家のエドワード四世が即位してからは、ヨーク派内部の内輪もめの様相を呈する。その最後は、独裁者リチャード三世がボズワースの戦いでリッチモンド伯に打倒され、伯はヘンリー七世として王座に就いて、テューダー王朝が開かれる。

シェイクスピアの描く『リチャード三世』は、醜い容姿の悪王が一気に権力の座に駆け上がり、真っ逆様に転落する悪党一代記である。リチャードはテューダー朝の世にあっては、安心して悪党扱いできる敵役であった。

つまり、バラ戦争はテューダー政権にとっては王朝叙事詩にあたる。『ヘンリー六世』三部作と『リチャード三世』――シェイクスピア史劇の「第一・四部作」と呼ばれる――は、時間的な距離からいえば、現代の日本人が見る幕末の動乱と重なるところがある。近代日本の曙として、社会全体が大きく揺れ動いた激動の時代というイメージ。

だが、沙翁の史劇をよく読めば、それが悠々たる叙事詩の筆遣いではないことが実感される。むしろ、百数十年前の自国の歴史を取り上げて、自分たちの時代の内乱を戒める教訓にしようとする危機感さえ漂っている。

また史実を確かめれば、今日よく知られているようにランカスター家が赤バラを、ヨーク家が白バラを掲げて戦ったとする逸話はフィクションで、実はランカスター家の紋章は白鳥であった。そして、テューダー家が紅白のバラを統合したというのは、十六世紀の年代記作者の創作。(2) さらに、バラ戦争なる名称は、十九世紀の人気作家サー・ウォルター・スコットの小説で一般化した呼称である。

加えて、テューダー朝の開祖ヘンリー七世はたいへん評判の悪い国王で、陰気にして残忍、その治世はバラ戦争を治めて平和が訪れたというにはほど遠く、ヨーク派の残党による反乱にずっと悩まされた。

シェイクスピアは『リチャード三世』の中で、王朝叙事詩ならば正義の使者となるはずのヘンリーをできるだけ影の薄い、個性のない端役にとどめている。また、沙翁は彼のイングランド史劇群の中で、ヘンリー七世の治世はついに取り上げなかった。

と、少し細かく当時の歴史を検討してみれば、一四八五年のボズワースの戦いをして中世と近世の境目とする考え方も、軽々に断言できなくなってくるのである。(3)

二　絶対王政と常備軍

絶対王政と呼ばれる体制の時代、王権は本当に強かったのか。それを考える際、この「絶対」ということばに我々はついつい惑わされる。専制君主による独裁政権だったはず、当然その権力は絶対だったのだろう、と。しかし現代だって、軍事独裁政権が長続きするかどうかは、はなはだ怪しいかぎりである。そもそも、政権基盤の「強さ」とは何をもって計るべきなのか。

カール・マルクスのように、後の市民革命の時代を念頭におけば、絶対王政は封建制から市民社会への過渡期ということになる。過渡期――なんとも主体性に乏しい定義ではある。

では、シェイクスピアは国王の存在をどう捉えていたか。「第一・四部作」に続く歴史劇を見てみよう。まず、『ジョン王』はあの大憲章《マグナ・カルタ》で悪名を馳せた国王の物語、しかしマグナ・カルタの話は一切語られず、優柔不断なジョン王がカトリック教会およびフランスと対立し、国内の貴族たちの反乱にも悩まされるという、盛りだくさんで支離滅裂な芝居である。とくに宗教問題は、後述するようにきわめてデリケートな要素を含んでおり、検閲のあった時代、暗号で書かれたのではないかとさえ思えてくる。

また、「第二・四部作」の筆頭、『リチャード二世』は、バラ戦争の遠因となった事件、ヘンリー・ボリングブルック（後のヘンリー四世）の王位簒奪により、プランタジネット王朝が途絶えた史実に焦点を当てた。沙翁はリチャードを、詩人肌だがチャランポランな性格の人物として造形し、ジョン王と同様、統治能力に欠けるアンチ・ヒーローとして描いている。

そのリチャード二世にクーデターを起こして王座に就いたランカスター家の初代国王を扱ったのが、『ヘンリー四世』二部作である。長い二部作、だが王位簒奪者を真正面から主人公に据えると、エリザベス女王の後継者がはっきりしないご時世、検閲・逮捕の恐れがある。結局、劇の半分は王子ハルの成長物語とハルの悪友フォールスタッフが闊歩する話になり、国王は脇役に退いた感がなくもない。

そして、王子ハルが即位して名君ぶりを発揮する『ヘンリー五世』は、対仏百年戦争の激戦、アジンコートの戦いにおける勝利をクライマックスとする愛国劇である。けれども、英雄国王は赤痢のため三十五歳で他界する。エピローグでは「わずかな間、まばゆい光を放った」後、幼い息子ヘンリー六世が即位し、やがて「フランスを失い、イングランドにも「バラ戦争による」血が流された」と語られる。(4)

と、シェイクスピアは喜劇『ウィンザーの陽気な女房たち(5)』を唯一の例外として、彼の生きた時代のイングランドを舞台にした戯曲を書いていない。よって、沙翁の政治向きに関する見解は、すべて彼が過去に取材した作品の中から読み解くより仕方ない。その際シェイクスピアは、君主いかにあるべきかよりは、これが国王の現実の姿だと見せつけているように感じられる。王政は盤石で強固な体制として綴られることはなかった。むしろ沙翁劇では、常に封建貴族の反乱や対外戦争に脅かされる国王の苦悩が浮き彫りにされているのである。

＊

ときに私は、高校時代・浪人時代に使い込んだ世界史の参考書と歴史年表を、今でも原稿を書く際など便利に使用している。私の擦り切れた歴史年表には一九七一年までの記述しかない。それ以降は私にとっては〝現代〟である。

その愛用の参考書には、絶対王政は官僚制と常備軍に支えられていたとある。マルクスの香りが漂うその説は、しかし「朕は国家なり」とうそぶいたルイ十四世時代のフランスをモデルとした図式である。エリザベスのイングランドにおいては、官僚制は存在したものの、常備軍はなかった。すべからく一般論は簡略化された図式となる傾向があり、史実に細かくあたれば、齟齬《そご》は頻繁に見つかる。

女王は常備軍を持たず、したがって政府の勢力はロンドン周辺にしか及ばなかったという。武力によるイングランドの統一は不可能であり、今日の意味での中央集権はあり得なかった。地方は各地のジェントリーを治安判事（無給）に任命し、彼らに統治させていた。

また、常備軍がないとすると、戦時の兵士はどうしたのか。貴族たちは、いざ鎌倉となると、自分たちで兵隊を集めた。

『ヘンリー四世』第二部に、沙翁劇随一の道化者、ビヤ樽のような腹をした大ぼら吹きのヘッポコ騎士サー・ジョン・フォールスタッフが兵隊集めをする場面（三幕二場）がある。彼が頼ったのは、グロスターシャーの治安判事、〝浅くて、薄っぺら〟なシャローと〝沈黙し、ろくな話ができない〟サイレンスである。二人の田舎判事が呼び出した近隣の農民たちを前にして、フォールスタッフは賂《まいない》を用意した者は家に帰し、戦闘能力皆無の貧民たちを選んで戦場へ引きずっていく。

このブラック・コメディの一場は、しばしば歴史書にも引用される。滑稽なほどに、中世から近世にかけての戦時の現実がグロテスクに活写されている。

だが、今は懐かしき社会史の古典、G・M・トレヴェリアンの『イギリス社会史』を読むと、地方の治安判事たちは、エリザベス女王の召使であり、しかし「彼女から給料をもらう人間、つまり彼女に依存する人々ではなかった」とある。もし彼らの仕事をロンドンから派遣した給料取りの役人にさせたら、それは州の世論を憤らせただろうし、女王の財務府の支出もずっと大きくなっていただろうと述べている。(6)

エリザベス女王の統治を考える際に心せねばならぬことは、国家が極度の〝金欠〟状態にあったという点である。我々はややもすると、彼女の治世にルネサンス文化の華が咲き、絶対王政は絶頂期を迎え、天下泰平の世を謳歌したようなイメージを抱きがちである。けれども、彼女が即位した一五五八年には、国家財政はほぼ破綻状態にあった。先立つものがない、したがって常備軍など持てるはずもない、江戸幕府初期の、家康らが行なった「武断政治」の類いを実行できる可能性は微塵もなかった。

金と武力がない時、国家のリーダーはどうするか。世論に訴えるのである。イギリス史の中で演説によって国民の心をつかんだ人物を二人挙げるとすれば、エリザベス一世とウィンストン・チャーチルであろう。第二次大戦の前半、ヒトラーのドイツに軍備で圧倒的に劣るイギリスの首相となったチャーチルは、ラジオを通じて国民を励まし、アメリカの参戦を待った。日本が真珠湾を攻撃して、アメリカを大戦に引き入れるまでの間、イギリスが白旗を挙げずに済んだのは、ドーヴァー海峡の存在と国民を鼓舞するチャーチルのラジオ演説のおかげだったといわれる。

では、ラジオはおろか新聞さえなかった時代の女王は何を活用したか。議会での演説、歴史書、さまざまなパンフレット類、さらに政府が教会で朗読するよう命じた「説教集」などを通じて、前世紀の内乱の恐怖と国内の統一の必要性を繰り返し宣伝したという(7)。

また、教会とともに大勢の人々が集まる場所は劇場であった。劇場をコントロールしなければならない。当然、言論統制は厳しかった。たいていの劇作家は一度ならず検閲に引っかかって投獄の憂き目を見ている。ほとんど唯一、臭い飯を食った形跡がないのがシェイクスピアである。エリザベス朝の世にあって、煮ても焼いても食えないしたたかなタヌキが二人――女王自身と、そして多くの政治がかったイングランド史劇も書いたはずのウィリアム・シェイクスピアである。

『リチャード二世』の二幕一場に、今日でもしばしば引用されるイングランド賛美の一節がある。リチャードの叔父ジョン・オブ・ゴーントが臨終に際して語る――わが祖国は「王権によって統《す》べられた島だ」、第二のエデンだ、天国にも比せられる、この幸福な種族、白銀《しろがね》の海にちりばめられた貴重な宝石、この祝福された土地、このイングランド……。

だが、ゴーントの〝白鳥の歌〟はほどなく、イングランドが「今は恥辱にまみれてしまった」、「恥ずべきかな、自らを征服してしまった」と国内不統一を憂う嘆き節に変わる。その痛烈な諷刺(8)。沙翁はエリザベスに決して従順ではなかった。ただ隠して語る才に長けていた。女王とも交流のあった劇作家、二人が目配せしながら〝カモフラージュされた政治劇〟の公演を見ていた様子が目に浮かぶ。

このように常備軍を有さず、絶対ならざる〝金欠〟の君主エリザベスは、イングランドを三流国からかろうじて二流国に押し上げた。イギリスが世界最強国となるのは、いち早く産業革命を開始し、それをはずみとして太陽の沈むことのない植民地帝国を築いた十九世紀のことである。日本人は明治維新のころ、大英帝国《ブリティッシュ・エンパイア》を仰ぎ見て、近代国家建設に関する多くの要素を西洋の島国から借用した。

けれども、我々は七つの海を支配した大英帝国の〝残像〟を払拭して十六世紀のイングランドを考察しなければならない。本書はまだ近代に至っていない、近世という時期を問う書物である。(9)

三　王位継承権と君主制国家

何十年ぶりかで世界史の教科書を読んでみて、ふと気づいたことのひとつは、最近の教科書では「絶対王政」なる用語が一歩後退し、代わって「主権国家」が強調されている点であった。中世にはローマ教皇などの普遍的な権威が存在したが、近世になると明確な領土（国土）を有し、主権者としての君主が国を代表する体制が生まれ、それが近代国家の原型になったと説明されている。(10)

絶対王政は、かつてわが国では天皇制との絡みで多くの研究が積み重ねられた分野である。一方、主権国家は、十九世紀以来の「国民国家」体制が欧州連合（ＥＵ）の出現によって乗り越えられようとしている時代に、まず若者たちに理解してもらうべき概念なのだろう。(11)

しかし、近世の君主国（monarchy）とフランス革命以後の国民国家（nation）との間に決定的な違いがあることもまた、周知の事実である。同じ国家といっても、前者は国王ないしは王家の持ちもの、対して国王の首をはね、民衆に主権ありとした国民国家は、あくまでも全住民が国を担う存在であることを根本理念としている。

そうした差異ゆえに、革命以前のヨーロッパでしばしば展開された王位継承戦争が、いやその前に、国境の変更が戦争よりもむしろ王侯貴族の結婚によってなされた事実が、現代の我々には理解しづらい。そんな場合、王家の家系図を傍らに置くと、近世国家のカラクリがにわかにわかってくる。

シェイクスピア劇でも、国王を国王たらしめる王家の血筋の説明があちこちに散見される。『ヘンリー五世』の開幕早々、国王はカンタベリー大司教から、女子の相続権を否定するサリカ法[12]について延々と講釈を受け、その法律がなんらヘンリー王のフランス王位を要求する権利の妨げにならないことを確認したうえで、フランスへ軍を進める。

女性の王位継承権――イングランドにサリカ法は存在しなかったが、中世以前で唯一人の女王マティルダが異常な性格だったこともあり、また女性の統治者は結婚相手を選ぶのが難しいため、女性の君主は好ましくないとされていた[13]。ヘンリー八世が王子欲しさに六人の妻を娶り、うち二人と離婚し、二人を処刑したのはご存じのとおり。

だが、ヘンリー八世の唯一の嫡男エドワード六世は十五歳で早世し、王位には彼の姉、身分は庶子だったメアリーが就くことになる。そのメアリー一世はカトリックを信仰し、プロテスタントの指導者を三百人近く火刑に処して、血に飢えた《ブラディ》メアリーと呼ばれたのも有名な話。イングランドにとって不幸中の幸いだったのは、五年間で彼女の治世が終わったことであった。

そして、次王がプロテスタントのエリザベス一世、二十五歳。彼女もまた処刑されたアン・ブーリンの娘として非嫡出の身であり、厳密にいえば、ヘンリー七世の曾孫でスコットランドに嫁いでいたメアリー・ステュアートの方がより有力な王位継承権者だったという。(14) このカトリック教徒のメアリーこそエリザベスの天敵、三十年近くにわたって女王の喉元の棘であり続けたスコットランド女王であった。

と、テューダー朝の国王五人のうち、長男が父王を継いだのはエドワード六世のみ、王位継承は先王が崩御するたびに迷走して国の命運を脅かした。王位継承権や王家の家系図が人々の関心を呼ばないはずはなかった。

*

右記の状況を理解すると、『ハムレット』が自己喪失《アイデンティティ・クライシス》に陥った若者の青春悲劇にとどまらないことがわかる。物語は、デンマーク王ハムレットが他界し、その亡霊がエルシノア城の城壁の上に現われるところから始まる。続いて、未亡人となった王妃ガートルードが、先王の弟クローディアスと再婚し、クローディアスは兄の王位を継承したと宣言する。ここからしておかしいのである。長子相続なら、父と同じ名の王子ハムレットが王位に就くはずなのだから。そして亡霊が再登場し、王子に自分はクローディアスに殺されたのだと語る。ハムレットは事の真偽を確かめるべく行動を起こし、クローディアス側との壮絶なスパイ合戦、情報合戦が繰り広げられる。終幕は、クローディアスとガートルードが果てた惨劇の場でハムレットが、王位を継ぐのはノルウェー王の息子フォーティンブラスだと告げて絶命する。

モナリザの微笑みとハムレットの悩みは永遠に謎であろう。芸術とは面白いもので、理解できないのに、または理解できないからこそ傑作と謳われる作品が多々存在する。だが、少なくともデンマーク王子の彷徨の原因を人生に対する深き苦悩とするのは、主権在民の時代に生きる、それゆえ国家のリーダーが世襲によって代わる体制のカラクリに鈍感になっている現代人の解釈であって、謎の名作『ハムレット』は、まずもって王位継承をめぐる一大推理劇だったはずである。

本稿では『ハムレット』の謎解きは控えるが、ひとつだけ。テューダー王朝の開祖ヘンリー七世は、そもそもジェントルマンの身分に過ぎなかった。ところがバラ戦争の過程で、ランカスター家の貴族たちが皆、戦死ないしは殺されてしまったため、急きょランカスター家傍系にあたるテューダー家のヘンリーが貴族に叙せられ、リチャード三世への反乱軍の総帥に祭り上げられた。彼はリチャード三世を討ち果たし、王位を奪取すると、翌年ヨーク家のエリザベス――リチャード三世の兄で先王だったエドワード四世の娘――と結婚し、これによってプランタジネット王朝から分かれたランカスター家とヨーク家が、テューダー家のヘンリー七世によって統合され、イングランドの王家はふたたびプランタジネット王朝に接合されたと印象づけようとした。

『ハムレット』初演時の観客は、デンマークの王位が女系の血筋を通じて継承されていた、ハムレットやクローディアスではなく、ガートルードに王位継承権があり、それゆえ彼女と結婚したクローディアスが国王になれたというフィクションとテューダー王朝成立の経緯を重ねて楽しんだかもしれない。だが、さらに事を突き詰めれば、ヘンリー七世の王妃となったエリザベスはたしかに女性としてはヨーク家の第一位相続権者であったが、男子の継承権が優先するという当時の一般通念からすれば、エリザベスより王位に近い人間はまだ何人も生存した。そしてヘンリー七世は、その治世の最後まで彼らの反乱に苦しめられたのである(15)。

『ハムレット』は、次王が誰になるか判然とせぬエリザベス一世最晩年に書かれた、王位継承権をめぐるミステリー劇であった。

もう少し王権の継承と君主政の問題を、何篇かの沙翁劇の中に当たってみよう。

エリザベス女王が崩御しておそらくは二、三年後、シェイクスピアは老王が第一線を退き、領土を三人の娘たちに分け与えようとして奈落に落ちる悲劇『リア王』を書いた。古代ブリテンの王をめぐる寓話仕立て、だがそれにしても自らの権力を放棄して、なお独裁者の横柄な態度を改めぬリアは、実に愚かな国王といわざるを得ない。

＊

沙翁は前述したとおり、前世紀のイングランド史を題材として、いわば「外側」から歴史を叙述することからその作家活動を開始した。けれども、王権とは何か、権力とは何ぞやと問うているうちに、王族たちの空しき心の闇に気づき、四大悲劇の時期になると、物語の外枠は史劇のまま、彼らの苦悩を「内側」から描くようになる。「外側」からみれば、二人の娘ゴネリルとリーガンのお追従を喜び、末娘コーディーリアの直言に激怒する老王は愚盲そのものである。しかし、それをエリザベス朝の現実に近い中世史という文脈ではなく、大昔の王様の「内面」の劇として創作したために、長年イエスマンたちに取り囲まれて政《まつりごと》を行なった為政者がいかに人の心を読めなくなるかを見せつける、「近世」を越えて普遍的な作品に昇華させることができた。

また、すでに触れた史劇『リチャード二世』、ヘンリー・ボリングブルックによるクーデターはどうやら国王の失政に業を煮やした議会が動いたらしい。この政変を『ケンブリッジ中世史』(16)中では、「革命（revolution）」と記していたのが印象に残っている。なるほど、イングランドで封建時代から絶対王政期にかけて国王の暴政と戦ったのは議会である。十九世紀の大英帝国華やかなりしころの正統派「ホイッグ史学」(17)は、とくに議会の功績を強調する。

しかし、シェイクスピアには議会という発想はほとんどない。だから『リチャード二世』のクライマックス・シーンたる四幕一場は、舞台がウェストミンスター・ホールの議場というだけで、王座を追われるリチャードと新王ヘンリー四世となるボリングブルックの直接対決の様相。国王と議会が対峙した市民革命（ピューリタン革命）は、まだ沙翁の視野にはまったく入っていない。

シーザーの王政かキケロの共和政かという論題も、近世ないしはルネサンス期の大きなテーマであったが、『ジュリアス・シーザー』に登場する共和政ローマ末期の哲学者キケロは、ブルータスやアントニーの陰に隠れてほんの端役の扱いしか受けていない。議会についても、元老院（議員）は舞台に姿を見せるが、あまり表立った役割は演じていない。

さらに、民衆はアントニーの口車に乗せられて暴徒と化す愚民にしか過ぎない。たしかにシェイクスピアは『夏の夜の夢』のアテネの職人階級をはじめ、大衆を愛すべき存在として描いてはいるが、こと彼らの政治的判断能力に関しては辛辣に否定している。

主権在民を当たり前の権利と考えがちな現代人は、シェイクスピアの民衆に対する態度に彼のタカ派的姿勢をみることがある。けれども、大衆が主権を握る国家が出現するのは、ヨーロッパにおいてもフランス革命以降であり、革命後も民衆への教育を普及させ、それと並行して選挙権を拡大させ、十九世紀から二十世紀前半にかけて百年以上の月日をかけてやっと根づいた（と思いたい！）体制、それが今日、あまりにも当然の前提のように唱えられる「民主主義」である。

だが、シェイクスピアの念頭には、むろん民《たみ》が主《ぬし》となる社会の発想などかけらもなかった。議会も共和政も民主主義も選択肢になかったシェイクスピアは、王位継承権のしっかりとした、そして何よりも有能な国王の指揮する強固な絶対王政を希求していたと考えられる。それを指して彼を体制的とかタカ派的とか批判するのは、現代の目で沙翁を見すぎる誤りといえるだろう。

四　宗教

エリザベス女王ないしはエリザベス朝社会にとって王位継承以上に厄介だったのは、宗教である。もちろん宗教は人間の心の問題、当時の人々が厄介ということばで言い表すような意識を持っていたかどうかは疑問だが、しかし少なくとも国家を混乱させる原因として、プロテスタントとカトリックの対立は抜き差しならぬものがあった。

周知のように、ヘンリー八世はシェイクスピアの生まれる三十年前の一五三四年、首長令を発布して宗教改革を断行した。それを前節でも触れたように、メアリー一世がカトリックに戻して波瀾を起こし、王位はその後プロテスタントの妹に引き継がれた。

エリザベスは生後二歳八ヵ月にして、母アン・ブーリンを処刑されている。また、カトリックの異母姉が即位してからは、メアリーとスペインの王太子フェリペ（後の国王フェリペ二世）の結婚に反対してトマス・ワイアットが起こした反乱に連座したとして逮捕され、ロンドン塔で二ヵ月間、死の恐怖を味わった。

エリザベスが即位した時、すぐにイングランドをプロテスタント国家に引き戻せる情勢にはなかった。カトリックの司教は機をうかがっていたし、ローマ教皇も大陸から睨みを利かせていた。スペイン国王フェリペ二世はエリザベスとの再婚、すなわちイングランドとの同盟関係の維持を熱望していた。君主の結婚は政略結婚以外の何ものでもない。エリザベスは誰と結婚しても国家の平穏を脅かす状況に置かれた。おまけに国庫は空っぽ、常備軍なし。彼女はあまたの求婚者にイエスもノーも言わず、山積する難題にも寝た子を起こさず、終始時間を稼ぐ持久戦に徹した。

それでも即位の翌年、プロテスタントたる国教会（Anglican Church）への「統一令」の法案を議会でかろうじて可決させる。ドーヴァー海峡の対岸では、エリザベスが女王になって四年後の一五六二年にユグノー戦争が勃発し、フランスは新旧両派のキリスト教徒が四十年近くにわたって対峙する骨肉の内乱にみまわれる。十六世紀後半の大陸諸国は、エリザベスが最も恐れた宗教戦争の戦火にさらされていた。

と、ヨーロッパ近世史の本を読んでみれば、宗教をまずもって信仰心の問題と捉えることは不可能なのがわかる。それはまぎれもなく現実政治の問題であった。

＊

さて、そこでシェイクスピア劇。『ジョン王』が宗教を扱って支離滅裂な芝居だとは、すでに二節で述べた。史劇の中で一篇だけ十三世紀という古い時代に取材し、意図的と思わざるを得ないほど曖昧模糊とした話を綴っている。しかしエリザベス朝の世にあって、カトリックと戦ったジョン王は宗教改革の先駆者とも評価されていたというから、ゆめゆめ彼を、愚王の典型と聞かされている今日の我々の固定観念で捉えてはいけないのだろう。もっとも、そのジョン王を沙翁は共感できないアンチ・ヒーローとして描いているのだから、話はさらに複雑なのだが。

また、『ヘンリー四世』には、ヨークの大司教が国王に対する反乱の指導者のひとりとして登場し、最後は王軍を指揮するジョン王子の策略によって逮捕され、断頭台の露と消える（第二部四幕二場）。ヨークといえばイングランドではカンタベリーに次ぐ地位を有する司教座都市、その長たる大司教が国王に叛旗を翻した重みを思うべきである。当時の高位の聖職者は、神に仕える身であると同時に有力な政治家だったともいえよう。また、その権力の源泉は、神の力というよりはむしろ、彼らの所有していた膨大な土地からの収入にあった。

ちなみにヘンリー八世が行なった宗教改革は、単にローマ教皇と絶縁して新しい宗派を始めたというにとどまらず、カトリックの修道院を解散したことが、後のイングランドの社会経済史を大きく動かす要因となった。すなわち、当時の修道院はなんと国土のおよそ三分の一を保有していた「大地主」であり、その土地財産からの上がりを王権が一気に奪ったわけである(18)。

次に『恋の骨折り損』は、ナヴァール王のファーディナンドが三人の貴族とともに三年間女性を遠ざけて学問に励もうと誓いをたてるが、四人ともフランス王女や彼女に仕える貴婦人たちに恋をしてしまうシェイクスピア習作期の喜劇である。ナヴァールは現在のフランスとスペインを隔てるピレネー山脈の北部にあった、つまりはバスクの王国である。ファーディナンドのモデルとなったナヴァール国王アンリ（在位一五七二～一六一〇年）はプロテスタント、だがカトリックとの融和のためにフランス王の妹と結婚することになる。しかし二人の結婚を祝うためにパリに集まったプロテスタント（ユグノー）約四千人が殺害される惨劇が起こる。ユグノー戦争中の頂点となった、これがサン・バルテルミの虐殺（一五七二年）である。

その後、アンリは一五八九年にフランス国王アンリ四世として即位する。エリザベス女王からも援助を受けるが、彼は新旧両教徒の和解のためにカトリックに改宗して、女王との関係が微妙になるなど、この間イングランドとフランスとの関係はさまざまな紆余曲折を経験する。

そんな宗教内乱の渦中を生きた男の話を、シェイクスピアは女性関係をめぐる喜劇に仕上げた。沙翁作品のほとんどは材源が確認できるのだが、『恋の骨折り損』は種本が見当たらない。はてシェイクスピアは、何に取材し、何を考えて作劇したのか。

『ハムレット』で、デンマーク王子の留学先はウィッテンベルクに設定されている。もちろんマルティン・ルターが宗教改革の狼煙を上げた町として有名だったわけで、ハムレットは王位の継承が怪しくなり、僧侶になろうとしたのだろう。

また、『ハムレット』の冒頭、番兵たちが語るデンマークの厳戒態勢の様子は、スペインの来襲を警戒するロンドンの緊張感を反映したものだとする説がある。[19] エリザベスの時代のヨーロッパ最強国はスペインであった。たしかにアルマダの海戦（一五八八年）には——天が味方し、嵐のおかげで——イングランドが勝利を収めた。けれども一度きりの局地戦で国力の優劣は逆転しない。どうやら世界史の教科書にも取り上げられている無敵艦隊撃破の後も、プロテスタントの島国はカトリックの大国の復讐を恐れて、警戒を緩めることができなかったらしい。

シェイクスピアがロンドンの芝居小屋で観客たちの歓声に包まれていたおよそ二十年間は、決して平和な時代ではなかった。沙翁が天下国家を綴った作品からは、内憂外患に明け暮れた激動期の緊迫感が漂ってくる。

ところで、シェイクスピアは当然プロテスタントだったと長らく考えられていたが、近年はカトリック信仰に篤いランカシャー州の大地主の屋敷から発見された、ひょっとしたら若きシェイクスピアが住み込んでいたのではないかという記録を糸口に、沙翁カトリック説が浮上している。[20]

もし彼がカトリックだったとすれば、スペイン、さらにフランスと対峙する危急存亡の時代に、自身の信仰は隠す必要がある。シェイクスピア劇の行間から著者の伝記的事実や信仰、思想信条の類いが漏れてこないのは、そのためではないか、と。

沙翁がプロテスタントかカトリックかという論題はたいへん興味深いが、私の手には負えない。けれども、彼がどちらの宗派だったにしても、ピューリタンのことは嫌っていたらしい。メアリー一世の迫害を逃れて大陸に亡命し、カルヴァンの思想に強く影響されて帰国したプロテスタントをピューリタンと呼ぶ。〝ピュア〟だから純粋にして潔癖、国教会の教義もエリザベスのローマ教皇に対する姿勢も中途半端だ、もっと厳格でなければいけないと主張する。演劇も風紀を乱すとして、敵対視した。

そこでシェイクスピアも喜劇『十二夜』では、堅物の執事、ピューリタンとおぼしきマルヴォーリオを皆でイジメて笑い者にし、憂さを晴らしている。最後は、いくら四角四面でユーモアを解さぬうぬぼれ家とはいえ、哀れを覚えるほどのいびられぶりである。

そんなピューリタンたちがシェイクスピア死して四半世紀後に革命を起こして、イギリス史で唯一の共和政の時期[21]を現出するとは、詩人は予感すらしていなかった。彼らはマルヴォーリオが受けた仕打ちへの復讐よろしく劇場を閉鎖し、シェイクスピアを生んだエリザベス朝演劇の伝統もそこで潰え去る。ほどなく王政は復古するが、舞台では王侯貴族たちが大陸から持ち帰ったフランス流の演劇が上演されることになる。

五　ルネサンス

高校の教科書も授業も、「ルネサンス」は不思議な単元だった。中世の章が終わり、近世に入ると、いきなりルネサンス、すなわち文化史なのである。他の章はまず国家の存亡や王朝の交替など、つまりは政治史が語られ、それから社会経済史があり、最後にその時期の文化史がささやかに付されていることが多い。なのに近世の始まりだけは堂々と文化史、それもあって突然新しい時代が開幕したような気分になった覚えがある。

山川出版社の『詳説世界史』（二〇一六年版）からルネサンスに関する記述を拾ってみよう。近世ヨーロッパは、思想・芸術・科学などの面においては、人間性の自由・解放を求め、各人の個性を尊重しようとするルネサンス（「再生」の意味）によって特徴づけられる。ルネサンスは近現代につながる文化の出発点だが、中世の文化の継承・発展という面もある。カトリック教会の権威のもとにあった中世盛期に比べて、現世に生きる楽しみや理性・感情の活動がより重視された。これを支えたのがヒューマニズム（人文主義、人間主義）の思想である。ルネサンスはイタリアやネーデルラントで早くから展開したが、まもなくほかの国々にも広まった。この時期の学者や芸術家は都市に住む教養人で、権力者の保護のもとに活動し、そのため貴族的性格をおびていた、と。

そうした概説の後、文学作品が紹介され、それらがそれぞれの国の言語を発達させるのに貢献したとある。また絵画では遠近法の確立、建築ではルネサンス様式の誕生、さらにコペルニクスによる地動説、羅針盤・火器・活版印刷術など科学技術面の記述があって、ルネサンスの節を終える。

高校の教科書にある、その近世開幕史の種本、ヤーコプ・ブルクハルトの『イタリア・ルネサンスの文化』

（原著一八六〇年）[22]を初めて読んだのは、大学のルネサンス・ゼミだった。ゼミで最初に取り上げられたのが、幕末のころに書かれたこのスイス人による古典的な書物である。先生[23]曰く、「ルネサンスという概念を定着させたのはこの本」、「ブルクハルト以後の研究書はすべてブルクハルトの注釈である」と。

第一章「芸術作品としての国家」は、国家でさえ人間の作った作品だ、と。第二章「個人の発展」では、絵画などにサインを入れるのはこの時代からだ、と当時のノートにメモが残っている。続いて第三章「古代の復活」では、人文主義者とは古代ギリシャ・ローマの研究者、昔のものを徹底的に読んで、古代の精神を汲み取った人たちのことだと教わった。後半の第四章から第六章はそれぞれ「世界と人間の発見」、「社交と祝祭」、「風俗と宗教」。ノートには、今日の社会史ブームの要素がすでにブルクハルトに入っている、と記されている。

また、欠点はルネサンス文化を発展として捉えていない、忽然と出てきたような描写で、どういう根を持ち、どこからなぜ出てきたのかを論じていない点だと言われた。なるほど、高校の教科書にある、突然近世が開幕したかのようなイメージも、その反映だろうか。

私はイタリア・ルネサンスのゼミに参加したころ、すでにシェイクスピアを専攻すると決めていたが、その二年間のゼミは、イタリアに足を置けば、イギリスなど地理的にも文化的にもしょせん北ヨーロッパの僻地の島国だと痛感させられる貴重な経験であった。また、美術史から出てきたブルクハルトのルネサンス観では必ずしもイギリス文学、とくにシェイクスピアのような大文学の特徴は包含し得ないという思いも抱いた。

例えば、舌先三寸の名ばかり騎士、前出のジョン・フォールスタッフは、みごとな人間解放・自由精神の持ち主、その饒舌ぶりはまさに豊かなことばの洪水、ラブレーの筆になるガルガンチュアやパンタグリュエル、セルバンテスのドン・キホーテと並ぶルネサンス精神の権化と呼ぶにふさわしい。だが、フォールスタッフの織りなす民衆的な世界は、「貴族的」と教科書にあるルネサンスの特徴とはすり合わない。地域的な違いもあり、また美術と文学という芸術ジャンルの異同があることも実感させられる。

今ひとつ、フィレンツェのウフィッィ美術館に行けば、ボッティチェリの「春」と「ヴィーナスの誕生」を展示している部屋に入ったとたん、中世を脱してルネサンスが始まったと強烈に印象づけられる。同じく私の行きつけのロンドンのナショナル・ギャラリー、時系列に沿って絵画が並んでいるその広大な美術館で近世のウイングに入った瞬間に、世界が変わる。けれども、シェイクスピアの歴史劇を読めば、沙翁がいかに中世的・キリスト教的世界観に則って作品をものしているかを思い知らされ、美術館でのルネサンス体験が払拭される。

つまりは、新しい時代を象徴する「ルネサンス」、実に便利で使い勝手のよいことばではあるが、しかしそのひとつひとつの要素を検証しようとすればするほど実体がつかめなくなる。十九世紀半ばにブルクハルトが定着させた概念は、その後〝注釈〟どころか百家斉放、もろもろの批判を浴び、幾多の修正を求められ、その実在さえ疑われ、けれども結局、ルネサンスは近世の門戸を開く一大文化運動であったという認識に落ち着く。だから、今でも教科書の近世のページにデンと構える、大風呂敷で曖昧模糊としていながら、存在感たっぷりの節であり続けている。

紙面短き本節では、以下シェイクスピアに関連する二点だけ、言語の問題と、そして沙翁がイタリアをどう見ていたかだけに焦点を絞って、ルネサンスの一端を覗いてみたい。

＊

ヨーロッパにおけるラテン語の重みをご存じだろうか。古代ローマの公用語、しかして中世においても聖書はラテン語訳、すなわちウルガータ版（editio Vulgata）が公認の聖書とされ、また当時広く異郷の地を訪ねたのは、伝道などにたずさわるカトリックの僧侶たちだったから、今日でいう〝国際共通語〟は、彼らの共通語たるラテン語だった。ラテン語熱は「古代の復活」をめざしたルネサンス期も続き、学術文献はラテン語で書くのが当然とされた。ラテン語は文法がなかなかの難物で、長らく思考力をつけるための教育に活用され、二十世紀半ばに科学教育が優先されるようになるまで中等教育の必須科目であり続け、その古風な言語ができることがヨーロッパの教養人の第一条件とみなされた。

今でもヨーロッパに行けば、英語を軽々に〝国際共通語〟と考えるのは、アメリカ人と日本人だけの軽薄な思い込みだと実感させられる経験を多々味わうはずである。(24)

ときにイングランドでは、バラ戦争を経てテューダー朝に入ると、大陸との交流が再開され、すでに爛熟期を迎えていた大陸のルネサンス文化が伝わってくる。十五世紀末、イタリア留学を終えたグローシン、リナカー、コレットが人文主義を持ち帰る。その三人のヒューマニストたちの中でも卓越した存在だったコレットがオックスフォード大学で行なった講義を聴いた学生のひとりに、トマス・モアがいる。モアはヘンリー八世の大法官（今日でいえば首相兼最高裁判所長官）となり、ネーデルラントから十六世紀随一の人文主義者エラスムスを呼び寄せている。そうした環境の中でヘンリー八世はラテン語やフランス語、スペイン語を解するルネサンス型の君主であったという。(25)

また、その娘エリザベスも子供のころからルネサンス流の教育を受け、ラテン語、ギリシャ語、さらにフランス語、イタリア語に通じ、女王になってからは大陸諸国の外交官と丁々発止渡り合ったという話が残っている。(26)

ところで、古典古代にあこがれ、ラテン語の地位がきわめて高かったルネサンスの時期は、同時に各地域の民衆の話しことば——俗語——で作品を書く人間が現われたことでも知られている。ダンテが『神曲』をイタリアのトスカーナ方言で綴り、これが高校の教科書や参考書では国民文学の先駆と紹介されている。さらに有名なのは、ローマ教皇を批判して宗教改革を始めたマルティン・ルターが、新約聖書をドイツ語に訳したことであろう。聖書を民衆の言語に翻訳し、イエスの教えをラテン語によって独占していたカトリックの僧侶から解放する。それは、教会よりも聖書に立ち返れと唱えた宗教改革の精神の実践であり、また大衆が自分たちのことばで神の教えを知ることによって、近代ドイツ語がスタートを切るきっかけとなった。

イングランドにおいては、自らイタリアへ渡ってルネサンスの息吹に触れた詩人ジェフリー・チョーサーが、ボッカチオの『デカメロン』をまねて『カンタベリー物語』（一三八七—八年）を著わした。だが時は十四世紀、言語はまだ中世英語（Middle English）であり、かの国の文学作品も彼の後が続かない。

チョーサーからおよそ二世紀がたち、シェイクスピアを頂点とするエリザベス朝演劇がまさに忽然と現われた時、言語は現代の英語に近い初期近代英語（Early Modern English）になっていた。その今日の英語に近い言語を普及させたのが、シェイクスピアであり、またエリザベスの次王ジェームズ一世の命令によって翻訳された欽定訳聖書（一六一一年、the Authorized Version、別名 King James Version）だといわれている。

つまり、人々は教会において、国王の命によって出版された同じ英語聖書でイエスの教えを聞き、同一のことばに慣れ親しむことになる。また、ロンドンの劇場においても大勢の観客が一斉にシェイクスピアの英語に耳を傾けた。まだ新聞もラジオもテレビもない時代、世論の形成とことばの普及に貢献したのは、教会と劇場であった。

ちなみにシェイクスピアのラテン語能力はどの程度だったのか。彼のいちばんのライバルだったベン・ジョンソンが沙翁について「わずかなラテン語とそれよりわずかなギリシャ語しか知らなかった」と記した一句[27]はあまりにも有名だが、大学出ではなかったシェイクスピアも、子供時代に故郷ストラットフォード・アポン・エイヴォンのグラマー・スクールでラテン語の文法《グラマー》はそれなりに教わっていた。

また、ギリシャ語に関しては『ジュリアス・シーザー』の中で、くだんの共和主義者キケロがギリシャ語でしゃべっていたと報告したキャスカが、「俺にはちんぷんかんぷんだった（it was Greek to me）」（一幕二場）と付け加えたことばが、今日の英語にも成句として残っている。

どうやら古典古代の言語への造詣は必ずしも深くなく、しかし英語による国民文学を世に残して、その後の英語の発達にも貢献したというあたりが、言語面からみた後世のシェイクスピア評価になるだろうか。

＊

次にシェイクスピアはイタリアをどう見ていたか。「ルネサンス」はブルクハルトが使用して定着したことばだから、もちろん沙翁のテキストには載っていないが、イタリアは文化的な先進国、かの地に対する彼の憧憬は容易に察せられる。

まず、シェイクスピアが劇作にあたって利用した種本だが、イングランド史劇十篇はむろんエドワード・ホールやラファエル・ホリンシェッドなど、自国の史家がものした年代記を使っている。悲劇十篇の材源はまちまちだが、『ジュリアス・シーザー』、『アントニーとクレオパトラ』、『コリオレーナス』といったローマ史劇はプルタークの『英雄伝』を下敷きにしている。この帝政ローマ期の史書は、フランス語訳をトマス・ノースが英語に翻訳した版（初版一五七九年、再版一五九五年）があり、シェイクスピアは他の作品にも活用していることから、彼の愛読書だったと思われる。沙翁の古代との付き合いは重訳されたプルタークからということになる。そして喜劇十七篇には、イタリア色が濃厚な作品が数多く含まれている。種本としては、ボッカチオの『デカメロン』（一三五三年）、チンティオの『百物語』（一五六五年）、アリオストの『狂乱のオルランド』（一五一六年）、その他イタリアのさまざまな説話集などが挙げられる。

物語の舞台については、イタリアをはじめとする地中海沿岸地方に設定した作品が、全三十七作の半分以上、数え方にもよるがおよそ二十篇ある。対して大西洋、さらにはアメリカ大陸に関しては言及さえほとんどない。シェイクスピアの芝居はまだ大航海時代へは乗り出していない。彼のあこがれは、地中海貿易で繁栄を謳歌したイタリア、および南ヨーロッパにあったようだ。

もっとも一口にイタリアといっても、かの地が今日の我々のイメージする統一国家になるのは十九世紀後半、ブルクハルトが『イタリア・ルネサンスの文化』を出版した十一年後の一八七一年である。

ルネサンス期のイタリアは、小国家や教皇領が割拠していた。沙翁最晩年の作『テンペスト』は、「すべての公国の中でも第一位」（一幕二場）であるミラノの元大公プロスペローが主人公である。彼の弟アントーニオは、仇敵ナポリの国王と企み、兄をミラノから追い出す。プロスペローは絶海の孤島に逃れ、十二年後に島にやって来た弟とナポリ王たちを懲らしめるという筋立ての夢幻劇である。沙翁はイタリアに羨望の目を向けていただけでなく、半島の政治状況もきちんと把握していたようである。

また、『ヴェニスの商人』には、東方との貿易によって経済先進国となっていたヴェニスの息吹が感じられる。ヴェニスの大商人アントーニオをシャイロックが値踏みする場面がある。あの男なら借金の保証人にしてもいい、彼の船は今、それぞれトリポリス（ギリシャの都市）と西インド、さらにメキシコとイングランドに行っているはずだ、と（一幕三場）。これは沙翁が新大陸に触れた数少ない一節だが、地中海と大西洋の貿易がごっちゃになっていて、はなはだ頼りない。

いったいシェイクスピアは、ロンドンの街の様子を念頭に置きながら、芝居の舞台は外国の都市に設定して物語を綴ることをよくした作家である。よって、現実のヴェニスをどこまで知っていたかは必ずしも判然としない。シャイロックも、当時のロンドンでユダヤ人排斥の世論が高まった折に、先輩格のクリストファー・マーロウによる『マルタ島のユダヤ人』の主人公を模して創作したキャラクターである。

だが、とにかくヴェニスないしはイタリアが、先進国に見えていたとはいえそうであるが。

沙翁後期のロマンス劇『シンベリン』は、古代ブリテンがローマ帝国と対立していた時代の話だが、貞節なイモージェンを誘惑しようとする腹黒いイタリア人ヤーキモーが住むローマには、いかにもシェイクスピアが見ていたルネサンス期イタリアの雰囲気が漂う。古代と近世は素朴に同居している。また、文化的に爛熟した先進国は、愛欲と悪徳と退廃の臭いを醸している。

さらに、マキャヴェリの『君主論』（一五三二年）は、国家と君主政のあり方を論じて深い思索に富む名著だが、マキャヴェリはシェイクスピアの生きたイングランドでは、目的のためには手段を選ばない策略家の代表のように捉えられていた。沙翁劇にはマキャヴェリの名が三回出てくるが、いずれも悪党の扱いである。王座への道を一気に駆け登る極悪人グロスター公リチャード（後の国王リチャード三世）は、「残忍なマキャヴェリでさえ、俺にとっては弟子みたいなものだ」とうそぶく（『ヘンリー六世』第三部三幕二場）。

やれやれ、先進国イタリアのイメージが怪しげになってきた。

加えて、シェイクスピアが挙げているイタリア・ルネサンスの芸術家は、ジュリオ・ロマーノただ一人だそうである。[28]『シンベリン』や『テンペスト』と同じ晩年のロマンス劇『冬物語』で、死んだはずの王妃ハーマイオニの彫像がロマーノの作と語られ（五幕二場）、その石像が、いや生きていたハーマイオニが動きだすラストはなかなかの見せ場である。

しかし、それにしても沙翁が全作品中で触れたイタリアの芸術家が一人だけとは。

その『冬物語』で、シェイクスピアはシチリア島を内陸の地とし、ボヘミア（現チェコ）を海岸地帯と書いている。沙翁の悪名高き勘違いである。また、初期の喜劇『ヴェローナの二紳士』では、ヴェローナからミラノに船で行くとあるが、これも無理な話である。[29]

むろん巨匠を弁護すべくいろいろな解釈が百出しているが、沙翁は大陸へは行ったことがなかった、書物からの知識を基におおらかに筆を運んだと考えるのが素直なところのように思える。

シェイクスピアにとってルネサンスの先進国イタリアは〝遠きにありて思う〞存在だったのではないだろうか。

六　アイルランドとスコットランド

イングランドの近間、アイルランドとスコットランドに移ろう。

「イギリスにイギリスなし」、「イギリス人は自分のことをイギリス人だと思っていない」――「イギリス（人）」は日本語、江戸時代のポルトガル語ないしはオランダ語に起源をもつ呼び名らしい。だから、イギリスの概説書はたいていその前書きで、かの国はイングランド、スコットランド、ウェールズ、北アイルランドの四王国の連合体、正式名称は「グレート・ブリテンおよび北アイルランド連合王国」（the United Kingdom of Great Britain and Northern Ireland、略してUK）と記している。(30)

四つの地域はいわく因縁あり、今日でも決して仲はよくない。グレート・ブリテン島の中で、ウェールズだけは中世のうちにイングランドが併合した。しかし、エリザベス朝当時、アイルランドとスコットランドはイングランドの領土ではなかった。仲も今より悪かった。本節はその話である。

愛国劇『ヘンリー五世』では、フランスとの百年戦争に際して、ウェールズ人のフルーエリン、アイルランド人のマックモリス、スコットランド人のジェイミーらが共に戦う様子が描かれている。だが、これは沙翁が祖国のあるべき姿を舞台に乗せただけ。シェイクスピアは時に現実を冷徹に見せつけ、また時には声高らかに理想を語ってみごとな詩人である。

おそらくは『ヘンリー五世』が初演されたであろう一五九九年に、エリザベスの寵愛を受けた若きエセックス伯ロバート・デヴルーが、一万七千の兵を率いてアイルランド討伐に向かった。女王の治世中で海外に渡った軍隊として最大の兵力であった。(31)シェイクスピアは『ヘンリー五世』の第五幕のプロローグで、彼に激烈なエールを送っている。曰く、「身分は［ヘンリー五世に］劣れども皆に愛されている、我らが女王陛下の将軍が、叛徒たちをその剣先に串刺しにして凱旋すれば、いかに多くの市民たちが彼を歓迎するために町中に繰り出すことでしょう」と。

だが、もともとエセックス伯の虚栄心から始まったアイルランド遠征、彼は苦戦を強いられ、結局敵方と独断で休戦条約を結び、帰国する。女王は苦慮の末、時代の寵児を自宅軟禁に処する。

アイルランドは十二世紀後半にヘンリー二世が征服して以来、反乱、鎮圧、反乱、虐殺を繰り返す。市民革命の時代にピューリタンのオリヴァー・クロムウェルが行なったアイルランド・カトリックに対する苛烈な大虐殺は、アイルランド史に綴られたイングランドによる最悪の蛮行だが、それに次ぐ数の軍隊がこのエセックスの無謀な遠征軍であった。

以後現代に至るまで続くアイルランドのイングランドに対する禍根は、近世期にその種が蒔かれていたわけである。後世、インドその他ではみごとに——巧妙に、と言い換えてもいい——植民地支配を実行したイングランドが、アイルランドに対してだけはどうしてあんなに感情的になったのか、不思議でならない。

そして、エセックスの愚行の方はアイルランドにおける失態で終わらず、遠征失敗から一年半後にエリザベス女王への謀反を企てて、兵を挙げる。しかし、クーデター計画は早々に察知されて未遂に終わり、当代の人気者は断頭台の露と消えた。

その反乱の前日、エセックスの部下の依頼により、シェイクスピアの属する宮内大臣一座は大衆劇場グローブ座で旧作の『リチャード二世』を上演している。国王の退位をテーマにした歴史劇、この局面での上演は女王の打倒を支持する証ともいえる。だが、沙翁も一座の面々も、なぜかお咎めなし。微妙な人間関係なり政治的な配慮なりがあったと推測されるが、真相は闇の中である。

*

アイルランドはイングランドからすれば、蛮族の跋扈する無法地帯であったが、スコットランドは独立した王国だった。カトリックの大国フランスと組み、プロテスタントのイングランドと対峙する油断のならぬ国であった。

例えば、くだんのメアリー・ステュアートは、フランス皇太子フランソワと結婚している。むろん政略結婚である。けれども、国王フランソワ二世となった夫が即位の翌年に他界したため、彼女はスコットランドに戻る。が、統治能力に欠け、数々のスキャンダルも起こしてスコットランド女王の座を追われ、イングランドに逃げてくる。そして、エリザベスに保護を求めながら、カトリックの貴族たちを扇動してエリザベス政権の転覆を図った。エリザベスは以後、長年に渡ってメアリーに悩まされた末に、一五八七年彼女を処刑する。

イングランドとスコットランドの関係が動いたのは、それから十六年後、処女王が崩御した時である。エリザベスは、自ら処刑したヘンリー七世の曾孫、そのメアリーの息子にしてスコットランド国王だったジェームズ六世に王位を継承させる決意をしていた。イングランド国王としてはジェームズ一世、彼はプロテスタントであった。ステュアート王朝の始まりである。

イングランドとスコットランドはここに同君連合、すなわちジェームズが二国の国王を兼ねる体制となる。両国が合併してブリテン島が統一されるのはまだ一世紀先、スコットランドの貴族たちが買収されて連合法にサインし、一独立国の地位を放棄した一七〇七年のことである。

エリザベスの跡を継いだジェームズ一世は、王権神授説を持ち出し、絶対君主たらんとした。女王はその治世四十五年の間ずっと財政不如意を肝に銘じ、議会と民意を巧みに操って、「専制政治ではなく国王崇拝」(トレヴェリアン)[32]に頼る統治を貫いた。しかし、スコットランドの田舎国王だったジェームズは、花の都ロンドンの玉座に迎えられて、舞い上がってしまった。自らの力を過信し、しだいに臣下とも議会とも溝が深まっていく。

だが、シェイクスピアの劇団はジェームズがパトロンとなり国王一座を名乗る栄誉に浴する。沙翁はそつなくスコットランドを舞台とする『マクベス』を執筆した。ジェームズは魔術や魔法を研究し、魔女の実在を信じ、『悪魔学』(一五八七年)なる書物まで出版していた。そこで芝居は、怪しげな三人の魔女がマクベスとバンクォーに呪文をかけるシーンからスタートさせた。その魔女から「おまえは国王を生み出すだろう」と予言されたバンクォーは、ステュアート家の祖先とされる人物であった。

ちなみに、ジェームズには嫌われたが、エリザベス女王には信頼された魔術師にしてオカルト思想の主唱者、さらに錬金術師としても知られた男に、ジョン・ディー（一五二七―一六〇八年）がいる。ルネサンス精神史の碩学フランセス・イエイツは、ほぼ同じころに書かれたシェイクスピアの『テンペスト』とベン・ジョンソンの『錬金術師』が共にジョン・ディーを基にしているという。(33) 前者は善行をなす〝白魔術〟を駆使して島を統べるプロスペローを描き、後者はいかさま錬金術師サトルが欲に目のくらんだロンドン市民たちをカモにするブラック・コメディである。どちらもディーをモデルにしているなら、その好対照な扱いに二人の劇作家の気質の違いが現われていて興味深い。

魔術・魔法は単なる迷信や呪術の類いではない。それは現代からみればうさん臭いものであっても、ガリレイやニュートンらを擁して「科学の世紀」と呼ばれた十七世紀の扉を開いたともいえる。実際、ニュートンは錬金術をはじめとするオカルト研究もせっせと行なっていた。よく知られた逸話である。

話をスコットランドに戻そう。二〇一六年六月、連合王国で実施された国民投票によって同国のEU離脱が決まった。それとともにスコットランドも従来からの独立指向をさらに強めている。もし将来かの国が独立すれば、「イギリス」は解体し、ブリテン島の歴史も書き換えが必要となる。ルネサンスという概念が人間の作り物であると同様、国家ないしは国境もまた人間の創作物に過ぎない。

現代と未来にのみ目が向いている人は、しばしばそれらは不安定であっても、過去は安定した、静的《スタティック》なものであると思い込んでいる。しかし、歴史も人間が紡ぎだす以上、それぞれの歴史家が生きた時代状況によって変更を加えられる。歴史は常に未来から影響を受けながら変容する動的《ダイナミック》な創造物なのである。

おわりに――世界史のなかのシェイクスピア――

本章を書くために世界史の教科書（山川出版社）を開いてみると、近世ヨーロッパの章は、ルネサンスではなく大航海時代――私たちのころは「地理上の発見の時代[34]」といった――の記述から始まっていた。なるほど、一九七一年で途切れている私の愛用の歴史年表もそろそろ買い替えなければならないだろうが、それだけでなく〝グローバルな現代〟に合わせて、近世史の枠組みも発想の転換を求められているということであろうか。

エリザベスの時代、イングランド人ではフランシス・ドレイクが一五七七～八〇年に、マゼランに次いで世界周航に成功している。だが、彼は航海者というよりはスペイン船から金銀財宝を奪い取った海賊と呼ぶ方が事実に即しているだろう。イングランドの空っぽの国庫は、ドレイクの活躍ないしは略奪によって穴埋めされていた。アルマダの海戦も、実質的な指揮はドレイクがとった。

シェイクスピア劇の方は残念ながら、大航海時代に船出しているとはいいがたい。かろうじて『テンペスト』の舞台となった未開の島、野蛮な怪物キャリバンや妖精のいる絶海の孤島は、北米のバミューダ諸島あたりの記録を参考にしたのではないかといわれているくらいである。沙翁の描く海は、ほとんど地中海にとどまっている。

本章の冒頭で述べたように、一六〇〇年に関ヶ原の合戦があり、『ハムレット』が初演されたが、同年に東インド会社が設立され、イングランドはいよいよアジア貿易に乗り出していく。三年後、出雲の阿国が初めて京都でかぶき踊りを披露している。

また、シェイクスピアが生まれた一五六四年に、ミケランジェロが没している。北方の島国のルネサンスはイタリアのそれとだいぶ時差がある。シェイクスピアが世を去った一六一六年には、セルバンテスも死去、そしてガリレイが宗教裁判にかけられている。

中世の封建制から絶対王政の時代へ移行するにつれて、政治的・経済的な支配領域が「国家」単位になり始める。教科書の近世史で「主権国家」が強調されている点はすでに述べた。その傾向は現代に至るまで続くが、そうした領域の拡大は交通と通信の発達を抜きにしては考えられない。海と川を利用し、水路がない土地には運河が掘られ、やがて鉄道が敷かれる。陸路が整備されるのは案外遅く、二十世紀に自動車が発明されてからである。私の実家のそばを通る首都高速道路は、一九六四年の東京オリンピックの開幕に向けて、突貫工事が進められていたのを思い出す。そして、飛行機の登場。航空機が飛び立つ場所を、海にあやかって「空港（airport）」と呼ぶ。

海と陸と空、それにとどまらず現代はインターネットによる「通信」が世界を結ぶ時代になった。ITについて解説する本の序に、よくグーテンベルクの活版印刷術の話が出てくる。中世までは本といえば一冊一冊ペンで書き写す「手写本」だった。それが十五世紀半ばのグーテンベルクの発明により、同じテキストを大量に〝コピー〟できるようになった。ルネサンス文化史中でしばしば語られる大偉業である。だが二十一世紀は、インターネットの普及によって、印刷されたペーパーよりもはるかに大量に、しかも迅速に知識の伝達が可能となる、まさにグーテンベルク以来の「情報革命」だというのである。

ときにシェイクスピアは自身の戯曲の出版にほとんど関心を示さなかった。印税もコピーライトもない時代、台本を出版しても得になるどころか、他の劇団に上演されてしまうので、活字にすることはためらわれた。また、ルネサンスの画家たちはサインを入れたとあるが、沙翁は後世に名を残そうとした節もない。ブルクハルトのいう「個人の発展」は窺えず、したがってシェイクスピアが何者だったのか、別人説やら作者複数説やらが後を絶たない。

けれども、彼の劇団仲間のヘミングとコンデルが編纂し、シェイクスピア死して七年後に出版された彼の全集「第一フォリオ版（First Folio）」のおかげで、沙翁劇は「一時代のものではなく、万世のもの」（ベン・ジョンソン）となった。

以上、シェイクスピア劇にみる「近世」を綴ってみて、教科書の記述がすべて〝素描〟に過ぎないことをあらためて実感させられた。と同時に、本章もまた単なるデッサンに過ぎない、とも。

R・G・コリングウッドが『歴史の観念』の中で述べている。教育によって獲得したすべての知識には、特殊な錯覚、つまり決着の錯覚が伴う、「生徒の立場」にあれば教科書や教師が解決済みと考える事柄は解決したものと思い込まなければならない、しかしその状態を脱して、独力でその学科の勉強を続けると、何も解決していないことがわかる、と。[35]

よって、教科書で素描に触れた後は、学べば学ぶほど答えがわからなくなる迷宮に遊ぶのも一興ではないか。シェイクスピア劇も近世も動的《ダイナミック》なものである。唯一の解答は存在しない。両者は今後も、大航海時代の帆船のように揺れつづけることであろう。

注

（1）　シェイクスピアの最初の全集「第一フォリオ版（First Folio）」（一六二三年）に収められた作品に、『ペリクリーズ』を加えた三十七作。もっとも最近は、『エドワード三世』、『サー・トマス・モア』、『二人の貴公子』を加えて、全四十作と考えることもある。当時は、複数の劇作家が戯曲を共作することがごく当たり前に行なわれていたので、どこまでの作品を沙翁の「正典」とするかは微妙。また、悲劇・喜劇・史劇（中世イングランド史劇）なる分類法も、「第一フォリオ版」のジャンル分けが慣例化したものである。

（2）Edward Hall, *The Union of the Two Noble and Illustre Families of Lancaster and York*, 1548. ヘンリー八世の忠実な臣下だったエドワード・ホールが、テューダー朝の栄光とその前史を記述した年代記で、シェイクスピアがイングランド史劇を書く際に用いた種本のひとつとしても有名。

（3）本節の内容に関しては、すでに拙論「王権を支えた歴史解釈――テューダー朝の正統史観とシェイクスピア史劇」（『王の表象――文学と歴史・日本と西洋――』山川出版社、二〇〇八年 所収）で論じた。ご参照のほど。

（4）シェイクスピア作品からの引用はすべて拙訳。

（5）エリザベス女王に「恋するフォールスタッフを見たい」と言われて二週間で書き上げたという伝説があるお気楽コメディ。ヴェルディがオペラ化して『ファルスタッフ』（一八九三年）を創作している。

（6）G・M・トレヴェリアン『イギリス社会史』第一巻、藤原浩・松浦高嶺訳、みすず書房、一九七一年（原著一九四四年）、一四六―一四七頁。今はあまり読まれなくなったが、大ベストセラーにして社会史の先駆けとなった古典的名著。第二次大戦中の出版、戦場の兵士たちがむさぼり読んだとか。トレヴェリアン節のイギリス賛歌が散見され、その分今日の〝実証性〟を重んじる歴史学者たちからは批判されるが、私にとっては長年の愛読書である。

（7）クリストファー・モリス『宗教改革時代のイギリス政治思想』平井正樹訳、刀水書房、一九八一年、第四章参照。

（8）内憂を抱えたエリザベス政権に対する沙翁の批判の数々を、私に最初に教えてくれたのは、旧ソ連のシェイクスピア学者A・A・アーニクスト（一九一〇―八八年）であった。ソ連の研究者が西側の人々とは異なる行間の深読みに長けていたのは、検閲が彼ら自身の痛切な現実問題だったからであろう。アーニクストの筆になる沙翁の伝記『シェイクスピア』（中本信幸訳、明治図書出版、一九七二年）も、私の若いころからの愛読書である。

（9）ここいらへんで「近世（early modern）」と「近代（modern）」の境目について注をつけておくべきか。本章では一応、産業革命に始まる工業化社会および市民革命に始まる国民国家の時代以前を近世、以後を近代と考えている。

（10）参考にしたのは、『詳説世界史』（山川出版社、二〇一六年）および『世界史用語集』（山川出版社、二〇一四年）。

（11）周知のように、イギリスは国民投票（二〇一六年六月）によってEU離脱を宣言した。民意恐るべしである。

（12）かつてフランク部族のサリカ支族の間では女子の相続権を認めず、それがフランス王国などで拡大解釈され、女性による王位継承を否定していた。劇中、カンタベリー大司教はサリカ法がフランス王国の法律にあらず、したがってヘンリー五世が女系によるフランス王位継承権を要求することは問題なしと論じている。

（13）J・E・ニール『エリザベス女王』大野眞弓・大野美樹訳、みすず書房、一九七五年（原著一九三四年）、一頁。これも古い本だが、ホイッグ史観を代表する学者によるエリザベス女王の伝記で、複雑なテューダー朝の政治状況を理解するために、私が繰り返し読んでいる物語的な歴史の傑作である。

（14）同書、五三頁。

（15）前掲の拙論「王権を支えた歴史解釈——テューダー朝の正統史観とシェイクスピア史劇」、二六八—二七一頁参照。

（16）C. W.Previté & Z. N.Brooke (ed.), *The Cambridge Medieval History*, Vol. VIII, Cambridge Univ. Press, 1936, p. 362.

（17）トーリー党（王党派）に対するホイッグ党（議会派）の意を汲み、イギリスの最盛期の史学らしく進歩史観に支えられて、悠々と自国の歴史を綴る。本章で紹介したG・M・トレヴェリアンやJ・E・ニールもホイッグ派の史家だから、その書物のイングランド礼賛は多少割り引いて読まなければいけない。

（18）ヘンリー八世が濡れ手で粟のように手に入れた土地は、やがて財政難のために広く世間に転売されていく。そうした膨大な土地を破格の値段で買った人々が地方地主となり、後にジェントルマン階級を形成して、貴族を押しのけんばかりの勢力になっていったというのが、有名なR・H・トーニーの「ジェントリーの勃興」学説である。村岡健次・川北稔（編）『イギリス近代史』（ミネルヴァ書房、一九八六年）などを参照のこと。

（19）A・A・アーニクスト、前掲書、七九—八一頁。

（20）ランカシャー州リー市近郊の大地主アレグザンダー・ホートンが一五八一年に書いた遺書に、ウィリアム・シェイクシャフト（Shakeshafte）の名前があり、これがシェイクスピアその人ではないかという推論がある。シェイクスピアの伝記にはストラットフォード・アポン・エイヴォンからロンドンに上京するまでの間に空白の数年間がある。その時期にホートンの屋敷で家庭教師かなにかの職を得、そこで後年芝居を書くためのさまざまな知識を得たのではないか、と。河合祥一郎『謎ときシェイクスピア』新潮選書、二〇〇八年、一〇〇—一一五頁参照。

(21) 十七世紀半ばの政変は、たしかに議会の中心がピューリタンだったことから「ピューリタン革命(the Puritan Revolution)」とも呼ばれるが、王党派は「大反乱(the Great Rebellion)」と称し、またもう少し中立的な立場をとれば、単に「内乱(the Civil War)」となる。世界史の教科書でも近年は「革命」の呼称がトーンダウンしているから、過去はなるほど生きものである。
(22) 簡単に手に入る翻訳があるので、有難い。ブルクハルト『イタリア・ルネサンスの文化』柴田治三郎訳、中公文庫(上・下巻)、一九七四年。何度読み返しても、心が浮き立つ魅力的な書物である。
(23) イタリア中世・ルネサンス史で国際的な研究者だった清水廣一郎先生。私にはもったいない先生だった。
(24) 例えばEUの公用語はEU全加盟国の公用語をすべて採用し、二〇一七年一月現在で二十四言語となっている。また、国連の公用語も六言語。両機関はどんなに効率が悪かろうと、決して英語のみを公用語とはしない。翻って、わが国のほとんど英語オンリーに近い外国語教育の現状、さらに日本人の「英語がわかれば世界がわかる」という思い込みは、どう受け止めたらよいのだろうか。
(25) 森護『英国王室史話』大修館書店、一九八六年、三〇二—三頁参照。在野の研究者が国王の列伝体で書いた、わかりやすい英国王室史。
(26) 同書、三五〇頁参照。
(27) 「第一フォリオ版」にベン・ジョンソンが寄せた追悼詩中の一節。ただしジョンソンは、ラテン語もギリシャ語も知らなかった沙翁だけれど、彼の悲劇は靴音高く舞台を震撼させ、彼は一時代のものではなく、万世のものとなる(本文の「おわりに」でも紹介)と、最大級の賛辞を捧げている。決してシェイクスピアを貶める一句ではないはずだが、後世に残ることばは、文脈を無視したものが多いようである。
(28) 小田島雄志『シェイクスピアへの旅』朝日文庫、一九八八年、八一頁。楽しく読めて、沙翁の芝居の舞台となった土地がわかる有難い本である。
(29) 同書、八八頁参照。
(30) アイルランド島北東部のアルスター六州を除く地域は、ご存じのとおり、アイルランド(共和国)として独立している。
(31) J・E・ニール、前掲書、三四三頁。
(32) G・M・トレヴェリアン『イギリス史』第二巻、大野真弓監訳、みすず書房、一九七四年(原著一九二六年)、一一二頁。

(33) フランセス・イエイツ『魔術的ルネサンス――エリザベス朝のオカルト哲学』内藤健二訳、晶文社、一九八四年、二三五―八頁。
(34) ヨーロッパ人たちは新大陸を「発見」はしたが、それ以前からそこには先住民が住んでいた。よって脱ヨーロッパ中心主義で、「大航海時代」と。現代の世界観が変われば、過去を語る用語・概念も変わる。
(35) R・G・コリングウッド『歴史の観念』小松茂夫・三浦修訳、紀伊國屋書店、一九七〇年、八頁。

付録　中世末から近世にかけてのイングランド国王

国王名	統治年代	
リチャード二世	1377–1399	プランタジネット王朝最後の国王、退位の翌年に獄死
ヘンリー四世	1399–1413	リチャード二世の従弟、彼を退位させ、自ら王位に即いて、ランカスター王朝を開く
ヘンリー五世	1413–1422	ヘンリー四世の長子、アジンコートの戦いでフランスを破る、イギリス人ご自慢の英雄国王
ヘンリー六世	1422–1461 1470–1471	ヘンリー五世の長子、生後9ヵ月で即位、百年戦争終結(1453年)、バラ戦争始まる（1455年）
エドワード四世	1461–1470 1471–1483	ヘンリー六世を退位させ、ヨーク王朝を開く
エドワード五世	1483	ロンドン塔に幽閉され、殺されたといわれている
リチャード三世	1483–1485	エドワード四世の弟、彼の息子たちを押しのけて即位
ヘンリー七世	1485–1509	リチャード三世をボズワースの戦い（1485年）で破り、王位に即く、テューダー王朝の開祖
ヘンリー八世	1509–1547	ヘンリー七世の次男、宗教改革（1534年）を断行する
エドワード六世	1547–1553	ヘンリー八世の一人息子、病弱で15歳で他界
メアリー一世	1553–1558	ヘンリー八世の娘、エドワードの異母姉、カトリックを復活させる、夫はスペイン国王フェリペ二世
エリザベス一世	1558–1603	ヘンリー八世の娘、メアリーの異母妹、プロテスタント、英国国教会を確立、アルマダの海戦勝利（1588年）
ジェームズ一世	1603–1625	メアリー・ステュアートの息子、スコットランド国王ジェームズ六世、イングランド国王ジェームズ一世として、ステュアート王朝を開く

第三章　西欧における中世から近世への移行
――フランス中世後期の貴族層の動向を中心に――

渡辺節夫

はじめに

世界史を原始、古代、中世、近世、近代、現代の六段階に時代区分する方法は現在、一般化しているということができる。その中で、その概念について最も議論が多いのが近世である。確かにヨーロッパ語で近世に相当する用語・概念は厳密には存在しないといえる。日本史では近世は江戸時代を指し、内容的には幕藩体制を指すという点では意見が一致している。特に幕末・維新期以降の欧化はそれまでの時代との差異、断絶を明瞭に示しており、日本史については近世と近代の境界については殆ど問題とならない。

しかし、ヨーロッパについて見ると、フランス史については〝近世〟に相当する語はアンシャン・レジーム（ancien régime）であろう。フランス革命（一七八九年）が社会を根底から揺るがす大きな変化であったが故に、近代とそれ以前との差異は明瞭であるが、アンシャン・レジームは〝旧体制〟というだけで、特定の時代を内容を伴ってポジティヴに示すものではない。また、この時代を〝絶対王制期〟とする見方が伝統的には有力であったが、今日では権力の王権への一元的な集中は否定され、〝社団国家論〟に見られるように権力の複合的性格が強調されている。他方で、中世との関係については、一応一五〇〇年頃をその画期とする見解が一般的であるが、近年では近代国家の起源を一二〇〇年頃に求める見解さえも現れている。これは極端な例であるが、近世といわれる時代が一つの画期を有する特徴的な時代として特に認識されていないことを如実に示している。同時にこれとは逆に中世との連続性を一五〇〇年以降について強調する見解も見られるのである。

因みに、イギリスについても、近世に相当する概念は存在せず、強いて挙げれば early modern ages がこれに当たり、ドイツについては früh Neuzeit がこれに相当する。しかし双方とも〝近代初期〟の意味であり、近代を一体として捉えることに重点が置かれており、その中を再区分して初期の数世紀を特徴ある一時代として描く視点は見られないことが示されている。

以上のように西欧の歴史において近世を如何に位置づけるかについては多様な見解が見られるが、本稿は、一五〇〇年頃から一八〇〇年頃までを一つの特徴ある時代、即ち近世として区分する伝統的な見解に従って、中世後期（一四・一五世紀）を対象にして新しい要素をそこに検証し、〝近世〟への移行を明らかにしようとするものである。その際の指標としては、①王権の拡大＝公権力（立法・裁判・軍事・課税）の集積、即ち中央集権化、②国家教会主義（ガリカニスム）の進展、③諸侯層の王権への従属化と基盤の拡充、④中小貴族＝領主層の衰退と従属の強化、⑤第三身分（富裕商人層、富農層）の台頭が挙げられるが、ここでは④の視点からフランスを主たる対象として中小貴族層の動向を検討することとしたい。

一　中世後期の領主制の危機と地主制の先駆

【1】西欧全体として、中世後期（一四・一五世紀）は〝封建制の危機（crise, crisis）〟の時代と見なされてきた。黒死病の蔓延、飢饉の頻発、英仏百年戦争が社会全体を混乱と危機に陥れる重大な事象であったのは事実である。〝封建制の危機〟を一二・一三世紀にピークに達した中世的な社会体制の衰退と変容という意味に理解するならばそれは妥当であるが、社会を構成する全階層にとっての危機と考えるのは妥当ではない。最も大きな打撃を受けたのは、〝貴族制社会〟といわれる前時代における社会の中心的な構成要素である貴族諸階層、とりわけ中小貴族層であり、その意味でこの時代を〝領主制の危機〟の時代と見なすのが妥当である。

とりわけ農村人口の激減とそれに伴う耕作面積の縮小、生産総量の低下は領主層の経済的基盤を直撃した。特に三分の二から半分への人口の激減は領主経済にとっては最も大きな痛手であった。多くの信頼できる統計によれば、先ず一三五〇年頃の黒死病の蔓延とともに人口の急激な低下が起こるが、その後も人口の減少は続き、英仏百年戦争が終わる一四五〇年頃に底を打ち、その後、回復に転ずるが、その速度は遅く一五〇〇年頃でも黒死病の蔓延の直前の五〇％前後に止まっている。従って人口の低減は一四・一五世紀全体を覆う現象と見ることができる。因みに全イングランドの同時代の人口の推移も同様の傾向を示している。大半を占める農村部の人口減少が耕作面積の縮小、耕地の荒廃をもたらしたことはいうまでもない。例えばノルマンディの一村落では一四七〇年代においてもなお保有者数、耕作面積とも一四世紀末の五五％と大きく低落しているのが知られる。

このような保有者数、耕作面積の激減は何よりも先ず貢租・地代収入の激減をもたらし、領主経済に大きな打撃を与えた。領主側にとっては可能な限り保有農民を確保することが緊急の課題となり、そのためには貢租・地代の減免を図らざるを得ず、収益の低下に甘んじざるを得なかった。また、フランス全体としてみた場合、領主直営の耕作地の低位性は顕著であり、一五から三〇ヘクタールに止まっている。これは領主直営地の一部を小作地として貸与する形＝定額小作（bail à ferme, fermage）が一五世紀中葉には定着していたことに起因する。

また、賦役労働の縮減により、以前から領主の直営地経営は賃金労働に大きく依拠する形になっていたが、人口の激減により労働力の確保自体が困難となり、労賃の上昇により、結局は領主直営地からの収益は低下した。信頼できる統計資料によれば、農業労賃は一三五〇年頃を起点にして、都市の賃金同様コンスタントに上昇している。これに対して穀物価格は消費人口の減少により、上下動を伴いつつも着実に低下している。この穀物価格の低下も領主層にとって不利な状況をもたらした。

中世後期には貢租・地代の定量・定額化、農村部への商品・貨幣経済の浸透により、更にその金納化が進み、定額貢租（サンス，cens）が一般化したが、貨幣価値の全般的低下は実質的な領主収益の低落を招いた。領主のサンス収益の低下は最も顕著な傾向であり、ノルマンディでは全サンス収益は名目で、一四世紀初頭から一五世紀中葉にかけて三分の二ないし四分の三に減少しているのが知られる。非農業的収益、例えば水車からのバナリテ権収益も人件費の高騰により著しく低下している。例えばパリ周辺の農村部では穀物価格は一〇—一五％低下し、日雇い農業労働者の労賃は三倍に上昇し、大経営の総収益はほぼ二分の一に縮減しているのである。

また、この時期、戦費の調達の必要性、王国財政の逼迫により貴金属含有量の低い悪貨が乱発され、このインフレ政策により貨幣価値の低下が起こった。特にジャン二世期とその前後（一三三七—六七年）は連続的な変動期であり、一四一三—二二年は極度の不安定期である。また、悪貨の改鋳収益が国庫収入に占める割合も一三四九年には実に七〇％、一四一七年には八〇％に達しているのである。

領主収益の低下は領民に対する搾取を可能ならしめた経済外的強制権とそれに伴う権威の低下とも密接に連関している。軍事的敗北、社会の不安定化はその支配＝保護の正当性の根拠を揺るがすとともに、命令権の王権への移行は不可避的に領主層の経済的基盤を掘り崩すことになる。科料収益の低下はそれをよく示している。

以上の一連の状況はいずれも領主側に不利な形で作用したことはいうまでもないが、逆に、生き延びた農民層にとっては領主との関係では有利な状況、農民層の社会的、歴史的上昇の諸条件をもたらした。行き詰った領主層は貢租の増徴など反動的な対応を迫られることとなった。農民層の一般的な窮乏化ではなく、この領主反動が旧態への復帰を恐れる農民たちの大規模な一揆、騒擾の根本的な原因であった。

【2】上記のような農民層にとって有利な諸条件は彼らに均等に作用したわけではなく、結果的には階層的な格差をもたらし、近世の地主制の展開の先駆けとなる農民の階層間での支配・従属関係を生み出した。その前提となるのは領主の農民全体に対する支配の人身的、公権力的側面の弱化、つまり支配の力点の土地への移行、支配の物化であり、農民間での耕地の売買を可能にした実質的な所有物権化であり、領主の農民支配の権力から権利への移行である。その一端はラント制（rente）の成立に見ることができる。

ラントの語源は動詞の **rendre**（利益をもたらす）にあり、元来は、ある物権や権利関係、金銭の貸借関係などがもたらす収益の意味であり、通常は定期的な定額の貨幣収益（定期金）を意味した。マルク・ブロックは中世の領主が **grand propriétaire** から **rentier du sol** に、つまり直接経営にタッチし収益の増大を目指す主体から、経営に直接タッチせず、ただ土地からの収益の取得を当て込む存在へ移行したことを指摘している。これは賦役労働に依拠した広大な直営地経営に力点をおく古典荘園領主から、農民保有地からの現物地代・貢租の取得に力点をおく中世中期の領主への移行を象徴的に表現したものであるが、ここでの rentier も定期的な〝不労所得〟を当て込む領主の意味である。

以下のラント（rente）は、領主の支配下にある所領の内部での保有農が支払う定期金の意味に限定される。利息付消費貸借は当初は教会法の影響により禁止されていたが、貨幣経済の浸透とともに、それと機能的には殆ど異ならない定期金の設定も適法と認められるようになった。定期金契約には①設定定期金契約（rente constituée, constitution de rente）と②地上定期金契約（rente foncière, bail à rente perpétuelle）の二形態がある。

設定定期金契約は保有農民が富農（または上層都市民）から、農奴身分からの解放金、または貢租・地代納入のための資金の貸与（一定金額の元本）を受け、債権者はその代償として債務者から永代または終身の定期金請求権を取得するものである。この契約では定期金債権者は債務者に対して元本の返済を請求することはできない。他方、地上定期金契約は一三世紀末には確立した制度で、富農（または上層都市民）が先ず土地（農民保有地）を集積し、土地に対する権利（土地保有権、用益権）を零細保有農、貧農に貸与し、その代償として定期金受領の権利を取得するものである。この場合定期金債務者の側の定期金請求権の買戻しは認められない。

いずれの場合も定期金債務者（下層保有農）は一方で旧来の領主に地代・貢租（cens）を支払い、他方で定期金債権者（富農または上層都市民）に定期金（rente）を支払うことになる。言い換えれば当該保有農の耕作地には領主、富農（定期金債権者）、下層保有農（定期金債務者）三者の権利が重合している（三重所有権）ことになる。旧来の領主と保有農の二重所有の関係から、そこに富農層（または上層都市民）の権利が割り込んだ形になっている。付図のように、生産性の上昇分は下層保有農と富農が分け合い、旧来の領主の取り分は富農に食い込まれて

ラント（rente）制の展開

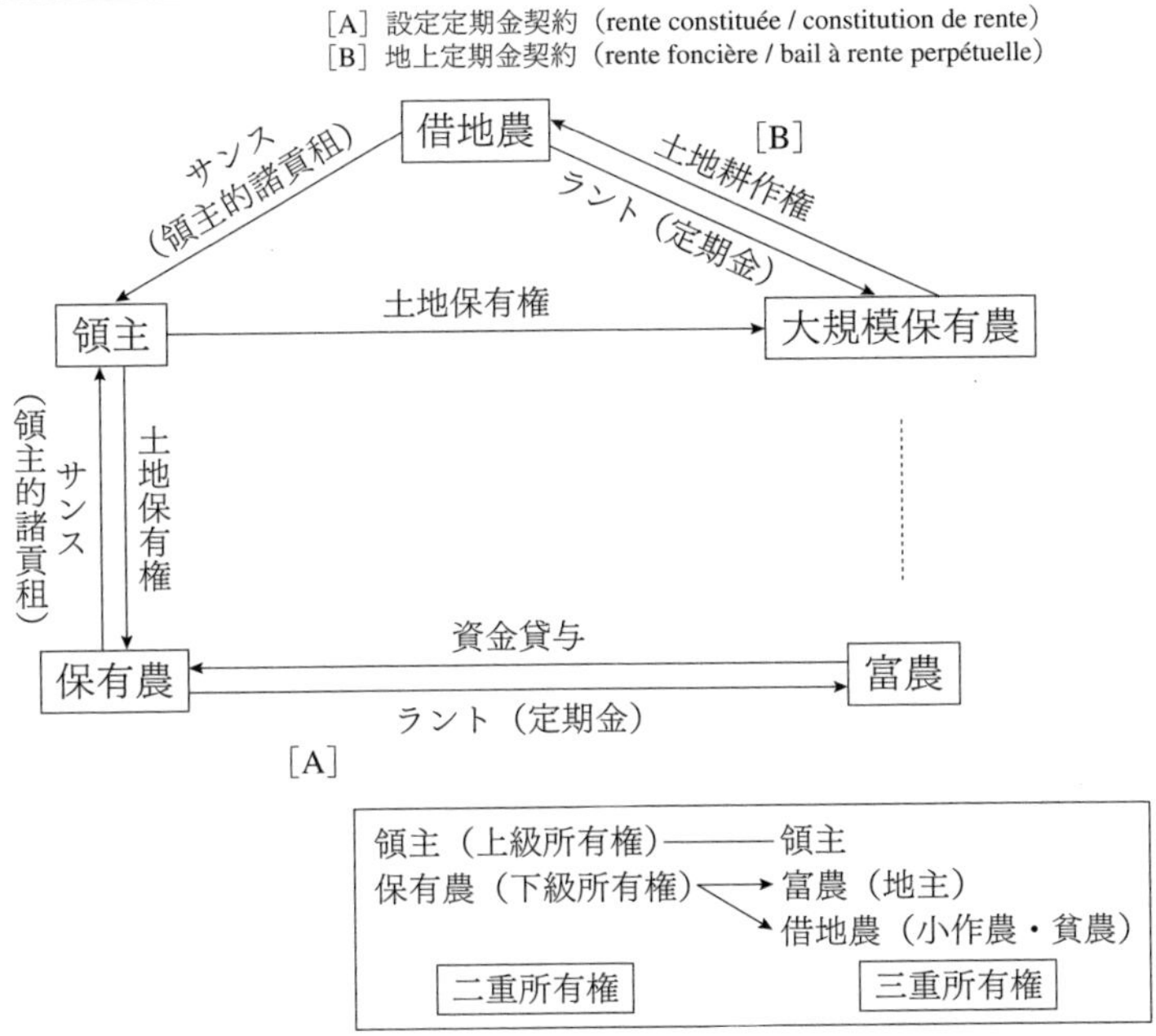

取り分の時間的推移

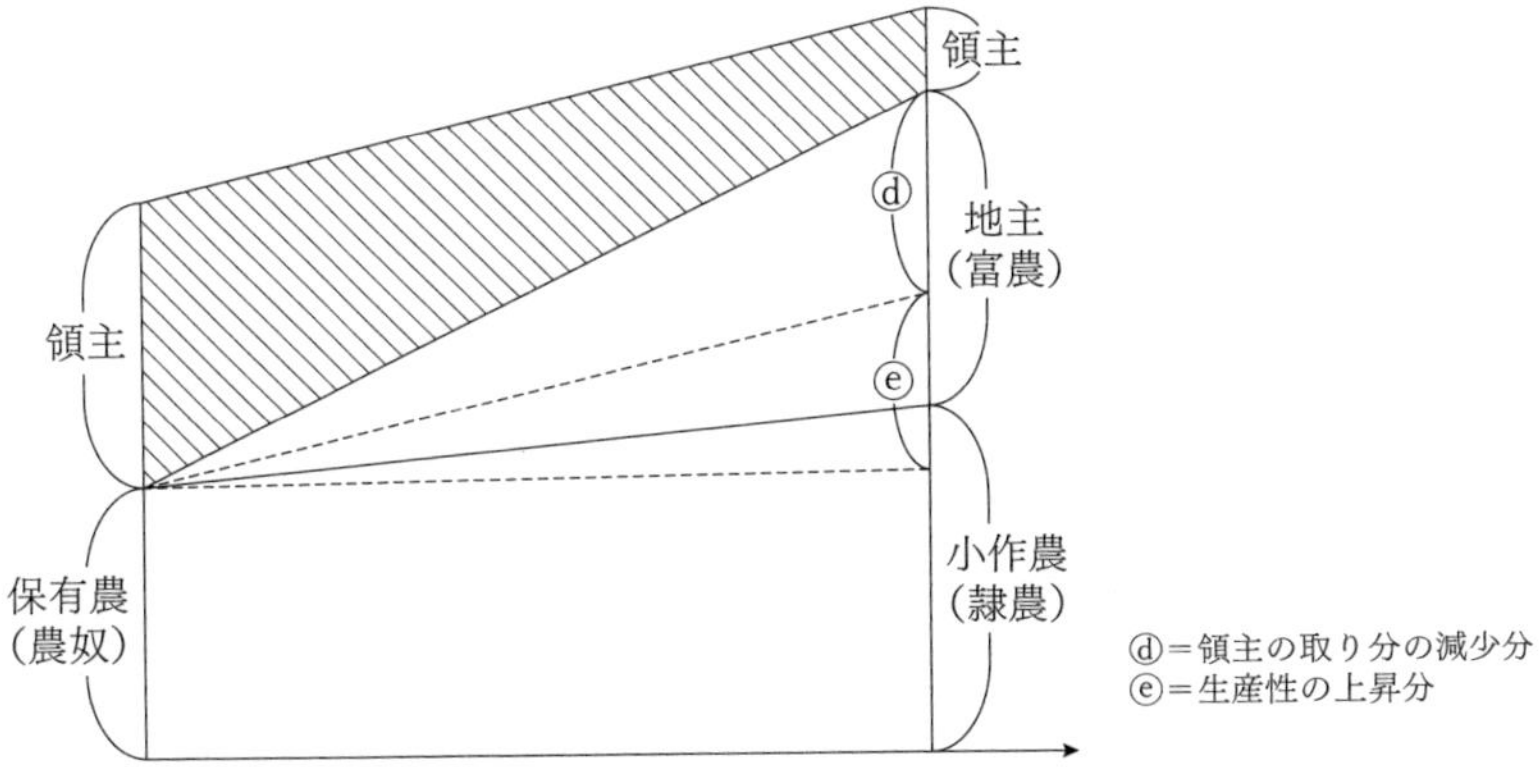

縮小する。即ち、ラント制の導入は結局、領主の経済基盤を弱化させるとともに、近世の地主制展開の先駆となったのである。ここにも中世後期における領主＝貴族の衰退の要因の一面を見出すことができる。

二　ブルゴーニュにおける中小貴族層の社会経済的実態

【1】ここでは、中小貴族層の社会経済的実態を明らかにする上で、その一例としてブルゴーニュのシャルル突進公（Charles le Téméraire, 一四六七―一四七七年）の命により一四七四年になされた「受封者調査（enquête)」を取り上げることとしたい。この調査記録は現在コート・ドール県文書館に所蔵されている、B. 11722（ディジョンのバイイ管区、写本：B. N.Fr., ms. français 11514)、B. 11723（シャロンのバイイ管区)、B. 11724（ル・モンターニュのバイイ管区）に関するものである。この三管区を合わせると当時のブルゴーニュ公領のほぼ東半分を占めることになる。以下はこれらを基にカロンが作成した統計表に基づいて筆者の視点から分析したものである。

〔以下の表1～表4の分析（101、102、103、105頁）参照〕

【2】先ず表1から、領主間の階層分化が進み、相互の身分の差異が明確に認識されていたことがわかる。特に **chevalier**（騎士）と **écuyer**（准騎士）の差異は極めて明確であり、また寡婦の亡夫に関する身分表示、寡婦自身の身分表示自体も明確で **chevalier** と **dame**、**écuyer** と **damoiselle** がそれぞれ厳密に対応していることがわかる。また、記録されている受封者の件数（男性）は個人受封の場合も集団受封の場合も **écuyers** の方が **chevaliers** よりも圧倒的に多い。また、全体の約一〇%を占める女性の受封件数においても **damoiselles** の方が **dames** よりも圧倒

的に多い。加えて身分表示なしが比較的多いことも併せて、écuyer 身分を得ること、更に chevalier 身分に昇格することが容易ではなく、chevalier は一種のエリート層であることを示している。なお、第三身分出身者（maître, bourgeois）の全受封件数に占める割合は極めて低く、彼らの社会的な上昇の経済的基盤が基本的に受封にはないことがわかる。全体的に見ると chevalier・dame が一七%、écuyer・damoiselle が五六%を占めており、noble と明記されているものはごく少数（三件）で例外的であるが、伝統的な貴族が事実上全受封者の四分の三を占めて

表 1　収入ランク毎の受封者の分布と貴族身分呼称

F.I.＝個人の受封者、F.C.＝集団的受封者

Catégories（身分）＼収入ランク	1	2	3	4	5	6	Total
I							
chevaliers F.I.	1	4	6	13	22	38	84
chevaliers F.C.			1	3	1	4	9
dames F.I.				6	4	5	15
nob. titrée F.I.						3	3
II							
écuyers F.I.	35	49	53	79	26	18	260
écuyers F.C.	8	11	7	12	8	4	50
damoiselles F.I.	3	6	10	8	1	3	31
III							
maîtres F.L.		2		1			3
bourgeois F.I.	2	1	2		1	1	7
IV							
sans titre F.I.	43	22	19	18	9	9	120
sans titre F.C.	10	3	2	1	1		17
mineurs F.I.		1				3	4
	102	99	100	141	73	88	603

（M-T. Caron, *Noblesse Bourgogne*, tableau, no. 2）

［表 1 の分析］

- 男性の受封者（個人）の件数は全体の約 76% で、écuyer が 260（43%）、表示なしが 120（20%）、chevalier（marquis, comte 各 1 を加える）が 86（14%）、法学修士と bourgeois が 10（1.7%）となっている。
- 受封者（集団）の件数 76 の内、écuyer が 50 件、表示なしが 17 件、chevalier が 9 件であり、受封者（個人）と合わせると、écuyer が 310 件、表示なしが 137 件、chevalier が 95 件となり、écuyer と chevalier の開きが非常に大きいことを示している。
- 女性（個人）の件数は全体の約 10% を占めている。62 件の内訳は dame が 15＋1 件、damoiselle が 32 件、表示なしが 14 件となっており、ここでも damoiselle（écuyer の妻）と dame（chevalier の妻）の開きが大きい。
- 女性と収入ランクとの関係では dame は全員高ランク［4］,［5］,［6］に属し、damoiselle の 75% は比較的下位の収入ランク［2］,［3］,［4］に属している。
- 男性（個人・集団）と収入ランク（内部比率）との関係では chevalier は圧倒的に［5］,［6］に多く（69.9%）、écuyer では［3］,［4］が多い（48.7%）。
- chevalier・dame は 111 件（18%）、écuyer・damoiselle は 341 件（57%）を占めており、伝統的な貴族が全体のほぼ 75% を占めているといえる。

表2　各カテゴリーの受封者数の収入ランク別の割合

収入ランク ／ Catégories de fieffés	1	2	3	4	5	6	Total
chevalicrs, dames, Noblesse titrée ①	1 0.9% 0.9%	4 4% 3.6%	7 7 % 6.3%	22 15 % 19.8%	27 36.8% 24.5%	50 56.9% 45.1%	111 18.4% 100 %
Ecuyers, damoiselles ②	46 45.2% 13.5%	66 67 % 19.3%	70 70 % 20.5%	99 70.8% 29 %	35 48 % 10.3%	25 28.4% 7.4%	341 56.5% 100 %
Maîtres et bourgeois ③	2 1.9% 20 %	3 3 % 30 %	2 2 % 20 %	1 0.7% 10 %	1 1.3% 10 %	1 1.2% 10 %	10 1.7% 100 %
Sans titre et mineurs ④	53 52 % 37.6%	26 26 % 18.4%	21 21 % 14.9%	19 13.5% 13.5%	10 13.6% 7.1%	12 13.5% 8.5%	141 23.4% 100 %
Total	102 100 % 17.1%	99 100 % 16.4%	100 100 % 16.6%	141 100 % 23.2%	73 100 % 12.4%	88 100 % 14.3%	603 100 % 100 %

（M-T. Caron, *Noblesse Bourgogne*, tableau, no. 3）

［表2の分析］

・chevaliers, dames, noblesse titrée（カテゴリー①）においては内部比率が収入ランク［5］,［6］において高く、合わせて総数の 69.4% に及ぶ。また、収入ランク別に見ても、その占める割合が最も高いのは［6］で 56.9% である。

・écuyers damoiselles（カテゴリー②）においては内部比率が収入ランク［4］,［3］において高く総数の 49.5% に及ぶが、逆に［6］においては極端に低い（7.4%）。また、収入ランク別に見るとその占める割合が最も高いのは［4］においてであり 70.8% に及ぶ。

・sans titre et mineurs（カテゴリー④）においては内部比率が収入ランク［1］,［2］において高く総数の 56% に及ぶ。収入ランク別に見ると、その占める割合が最も高いのはやはり［1］においてであり、52% である。

＊以上からカテゴリー（身分）が①→②→④と低下するのに応じて収入ランクも［6］→［4］→［1］と低下する。

いるということができる。

　身分と収入ランクとの関係〔表2〕を見ると、chevalier・dame（noblesse titrée を含む）は内部比率（横）においても、各ランク内比率（縦）においても上位の収入ランク［5］、［6］に集中している。これに対して écuyer・damoiselle は双方において中位の収入ランク［3］、［4］に集中している。他方、sans titre et mineurs は下位の収入ランク［1］、［2］に集中している。以上から、収入ランクの上下と身分の上下が基本的に対応していること、即ち身分の差異は経済的な格差に裏付けられて

表3　収入ランク毎の財産カテゴリーの分布
部分的な所領・荘園も一件として算入

収入ランク / Catégories de biens	1	2	3	4	5	6	Total
Rentes	29	24	39	31	25	42	190
	39.2%	28.8%	31.2%	17.5%	20.7%	15.3%	22.2%
	15.3%	12.6%	20.5%	16.3%	13.2%	27.6%	100　%
Meix	8	14	13	12	1	6	54
	10.8%	16.7%	10.4%	6.8%	0.8%	2.2%	6.3%
	14.8%	25.9%	24.1%	22.2%	1.9%	11.1%	100
Domaines	19	28	35	60	35	77	254
	25.7%	33.3%	28　%	33.9%	28.9%	28　%	29.7%
	7.5%	11　%	13.8%	23.6%	13.8%	30.3%	100　%
Seigneuries	12	10	32	60	56	142	312
	16.2%	11.9%	25.6%	37.9%	46.3%	51.6%	36.4%
	3.8%	3.2%	10.3%	19.2%	18　%	45.5%	100　%
Biens divers	6	8	6	14	4	8	46
	8.1%	9.5%	4.8%	7.9%	3.3%	2.9%	5.4%
	13　%	17.4%	13　%	30.5%	8.7%	17.4%	100　%
Total	74	84	125	177	121	275	856
	100　%	100　%	100　%	100　%	100　%	100　%	100　%
	8.6%	9.8%	14.6%	20.7%	14.1%	32.2%	100　%

（M-T. Caron, *Noblesse Bourgogne*, tableau, no. 13）

［表3の分析］
- meix は総件数が少ないが、中位以下の収入ランク［3］,［2］,［1］では一程度の意味を持っている。
- rentes は収入ランクを越えて広く分布しているが、相対的には［6］において最も高いものの、収入ランク別に見るとランクの低い方［1］,［2］,［3］での割合が高い。
- domaines は総件数も多く、内部比率は［6］が最も高いものの、どの収入ランクにおいてもその占める割合は比較的高い。
- seigneuries は収入ランクの比較的高い方［4］,［5］, 特に［6］に多く分布し、ランク別に見ても高い方［5］,［6］において占める割合が高い。それとは対照的に収入ランクの低い方［3］,［2］, 特に［1］においては占める割合は極めて低い。

いることがわかる。

　次に収入源と収入ランクとの対応関係〔表3〕であるが、先ずseigneurieが収入源総件数の中で比率が最も高く（三六・四％）、内部比率においても、各ランク内比率においても上位の収入ランク〔5〕、〔6〕に集中しており、最も重要な収入源であることを示している。このことは間接的ではあるがseigneurieと上層身分chevalier・dameとの相関関係が高いことを示している。これに対してdomaineも収入源総件数に占める割合は比較的高く（二九・七％）、内部比率では［6］が突出している（三〇・三％）ものの、各ランク内比率はほぼ均等で比較的高い（二五・七―三三・九％）。このことは身分との関係では domaine は各身分を通じて基本的にベースとなる主要な収入源であることを示している。しかし、domaine が非権力的な領地を示すのに対し、seigneurie は経済外的な支配権を伴う所領であり、間接的に特に chevalier・dame の écuyer・damoiselle に対する政治的優位性を示唆している。

rente（定期金）も収入源総数に占める割合は比較的高く（二二・二％）、内部比率はほぼ均等（一〇―二〇％台）であり、rente が全階層に広く普及し、相互に金銭の貸借が活発に行われていたことを示している。とりわけ、各ランク内比率が下位の収入ランク［1］、［2］、［3］において比較的高い点が注目に値する。meix（小規模な経営地）の総件数は少ないが、中位以下の収入ランクに比較的多く、比較的下位の階層の基盤となっていたものと思われる。

次に fief（封）の種別と収入ランクとの関係〔表4〕であるが、fief du duc（公の直接封）が内部比率においても、各ランク内比率においても［6］において突出している。このことは上位の身分においては封主たるブルゴーニュ公（諸侯）からの封が基本的に重要であり、収入の根幹をなしていることを示している。これに対し、件数としては arrière-fief（陪臣封）が最も多い（四四・二％）が、その中で特に arrière-fief baronial（バロンの間接封）は内部比率においては収入ランク［4］において高く、各ランク内比率では［3］、［4］において比較的高い比率を示している。この点は arrière-fief seigneurial（領主の間接封）と対照的であり、そこでは内部比率はいずれの収入ランクにおいても極めて低位で、各ランク内比率においても下位ランクにおいて割合が比較的高いということができる。以上から fief du duc、arrière-fief baronial、arrière-fief seigneurial という順に収入ランクが低下していく

表 4　封の種別と収入ランクの関係

収入不明の受封者の財産は除く

収入ランク	1		2		3		4		5		6	
Fiefs du duc	38		48		33		96		73		208	
Francs alleux	8		16		27		40		43		59	
Incertitudes	4		4		8		15		1		11	
Arrière-fiefs												
relig.	2		7		9		4		8		7	
bar.	33	66	41	78	57	80	118	160	54	83	99	121
seig.	26		30		28		38		21		15	
Total	116		146		148		311		200		399	
Fiefs du duc	32.8%		33　%		22.3%		30.9%		36.5%		52.2%	
Francs alleux	6.9%		11　%		18.3%		12.8%		21.5%		14.8%	
Incertitudes	3.4%		2.5%		5.4%		4.8%		0.5%		2.7%	
Arrières-fiefs (groupés)	56.9%		53.5%		54　%		51.5%		41.5%		30.3%	
	100　%		100　%		100　%		100　%		100　%		100　%	

（M-T. Caron, *Noblesse Bourgogne*, tableau, no. 16）

［表 4 の分析］

・fief du duc の内部分布は［6］で最も多く（42%）、ランク別では［6］において全財産形態の 52. 1% を占めている。

・fief du duc はランク［1］（32.8%），［2］（33.1%）において arrière-fief に次いで全財産形態なかで比較的高い割合を示している。これは小規模の公からの封も多いことを示している。

・arrière-fief を全体的に見た場合、［1］～［5］のすべての収入ランクにおいて fief du duc の件数を上回っている（2.4～1.1 倍）。しかし、逆に［6］においては fief du duc が上回っている（1.7 倍）。

・arrière-fief に関して形態毎に見た場合、各形態とも収入ランク間で比較的均等に低位で分布（10% 以下）しているが、a-f-b は例外的にランク［4］（20.1%），［6］（16.8%）で比較的高い割合を示している。

・各収入ランクの全財産形態に占める a-f-b の割合は全体的に高く（24.8～38.5%）、その傾向は特に［3］（38.5%），［4］（37.9%）において顕著であり、a-f-b だけで fief du duc のそれ［3］（22.3%），［4］（30.9%）を上回っている。

・franc-alleu の内部分布は収入ランクが上がるに従ってコンスタントに増加し、［6］においては全件数の 30.6%（59/193）を占めるに至っている。

・各収入ランクにおける franc-alleu の割合は［1］，［2］ではかなり低く、［3］～［6］ではそれより高く、特に［5］において最も高い（21.5%）。

＊incertitudes は全体件数の 3.2%（43/1329）に過ぎず、無視しうる数値である。

収入ランク：1（10 リーブル以下）、2（11–23 リーブル）、3（24–41 リーブル） 4（42–100 リーブル）、5（101–200 リーブル）、6（201 リーブル以上）

（すべての表に共通）

と見ることができる。これは一般に封主が諸侯、バロン、下級領主と下がるに従って、即ち諸侯からの距離が遠くなるに従って、受封者の収入ランクも低下することを示している。諸侯を中心とする同心円状の中小貴族の編成が推測される。但し、**fief du duc** が下位の収入ランク［1］、［2］においても比較的高い比率を占めている点が目を引く。ここには貴族層の末端部分に諸侯の直接的な影響力が及んでいることが示されている。また、**franc-alleu**（自由地）の内部比率は収入ランクが上がるに従ってコンスタントに上昇し、［6］において高い割合（三〇・六％）を占め、各ランク内比率も上位の収入ランクにおいて比較的高い比率を示している。このことは身分的に上位の層にとって **franc-alleu** が補完的役割を果たしている場合と、中位クラスにとって **franc-alleu** が主たる経済的な基盤となっている場合があることを示している。

三　騎士と貴族身分

【1】中世中期は一般的に **miles**（騎士）概念の高揚期と見なすことができる。中小貴族層に対するその浸透度には地域的偏差があるが、その典型はマコネ地域である。そこではすでに一一世紀段階において中小貴族三四家系のうち、その成員に **miles** 呼称が全く付されていない家系は五家系に過ぎないのである。他方で **nobilis**（貴族）呼称を付されているのは僅か一〇名に過ぎず、その内五名には **miles** 呼称も付されている。また、領主であることを示す **dominus** 呼称を付されているのは七名のみで、しかもその内三名には **miles** 呼称も付されている。これらの事実は一一世紀段階において **miles** 呼称が一般化する一方で、**nobilis** 呼称が衰退過程にあり、**dominus** 呼称がまだ一般化していないことを示している。

時代が下って、一例として一二五〇年代のパリ周辺地域のヴォ・ド・セルネー修道院への一連の贈与証書を見ると、その贈与主体である中小貴族層には基本的に miles と dominus が併用されていることが知られる。前時代と比較すると、miles が更に一般化し、dominus（領主）呼称が広く用いられるようになっているが、これは中小貴族層の支配権が確立し、その社会的な位置が明確化したことを示している。miles 概念との関係では armiger（准騎士）呼称が散見されるが、これは "miles" が明確な資格・身分として位置付けられていたことを間接的に示すものである。

他方で nobilis とだけ記している例は見られず、「dominus であり miles であり nobilis vir である Burcardus」、「dominus であり、miles でもある Gilo の妻で、domina であり nobilis mulier である Haouysis」という表記が見られる。即ち nobilis は単独で貴族の身分呼称としては用いられず、形容詞として用いられており、miles（dominus）が高貴な身分であることを示すために補完的に、用いられているのである。

以上のような中世中期における miles 呼称・概念の普及と高揚、nobilis 概念との接近の背景を考える必要がある。その対内的な背景としては①教会主導の倫理観に訴える神の平和（pax Dei）の形には限界があり、違反者を制裁するためには武力が不可欠であったこと（平和のための武力）、②軍事的秩序維持権（罰令権、バン権）の貴族諸階層による分有と独占（兵農分離）、③貴族諸階層間での封の授受関係と表裏一体の関係にある軍役奉仕（レーン制）の普及、を挙げることができる。これらは武力とその行使主体＝騎士の必要性と社会的評価を高めたのである。また、対外的には一二・一三世紀をピークとする十字軍運動の高揚は彼らの軍事力による異教徒の制圧を神（キリスト）の意に適った活動（miles Dei, miles Christi）として評価することとなった。

上記のように、中世中期段階では身分呼称として nobilis が単独で用いられることは少なくなり、上層の貴族層を指す用語としては〝有力者〟層一般を指す proceres, potentes, magnates, optimates が用いられた。これは貴族の資格、法的身分よりも現実の支配権や土地的富裕に力点が置かれたことを示している。他方で、貴族概念は miles 概念と一部重なりつつもその本質は維持した。それは自由と混同され、私的な従属とそれを含意する賦課租、裁判を免れること、ポジティヴには公的奉仕と結びつけられ、平和を担い、裁判権を行使し、保護を保証するものであった。貴族概念と自由の密接な連関は一二―一三世紀の文学テキストに頻繁に現れる〝franc chevalier gentil（高貴な自由騎士）〟によく表れている。

権力の正式な授与が貴族の条件となったのは一三世紀以降である。一三世紀末には内的には貴族世界の凝集化と外的には閉鎖化が起こったことは自由封（franc-fief）に対する勅令の公布、貴族叙任状の出現が示している。彼らのアイデンティティの拠り所は「集団としての自由の保持（maintien des franchises du groupe）」であった。その内実は私戦権、裁判権、従属民の支配権の享有にあった。

今や貴族の母と平民の父との間に生まれた男子の騎士叙任は無効とされ、貴族の称号を持たない以上は貴族としての権力と特権を帯びることは不可能とされた。また、ブルゴーニュでは商人が購入した封はオマージュと封建的奉仕を拒否されている。一三世紀末の法史料は「貴族の封はブルジョワや非貴族に属することはない」として双方を明確に識別しており、ここにも貴族身分の閉鎖性がよく表れている。にも拘わらず平民層は結婚、土地取引、王への奉仕を通して執拗に貴族階層に参入しようとした。

miles 概念が更に変容・拡大して貴族概念を包摂し、それと一元化し新たな〝貴族概念〟が成立するのが中世後期の特徴である。一四世紀になって初めて、両者の差異が消滅し、双方の家系が唯一の法的、社会的階級として融合するのである。正式な手続き（騎士叙任式）を経て、miles 資格を得ることが貴族として認められる前提条件となり、その資格は子孫によって継承されるのである。このようにして貴族と非貴族の境界が明確になる。一四世紀前半における貴族なる用語の gentil, gentilhomme, gentillesse に対する勝利は、彼らが共通に子孫に伝達しうる出自の優位性を有するという感情の出現を意味している。現実に貴族の成員は共通の義務と特権を伴う身分を手にした。彼らの税制上の特権は一四世紀末には強化され、一般化した。彼らの法的、裁判上の権利は非貴族のそれとは異なっていた。

しかし、一五世紀の過程で社会の変容により徐々にその境界が曖昧となり、ある種の消滅が見られる。その背景として最も重要なのは第三身分、特に都市の富裕民（bourgeois）の社会的上昇と貴族階層への本格的な参入である（新貴族、新興貴族）。これに法曹家、学者、王や諸侯の役人、奉仕者、富農が加わる。また、すべての貴族が肩打ち儀礼を受けて騎士となるわけではなく、その手段を持たず、その必要も感じず、生涯准騎士（écuyers, damoiseaux）に止まる者も現れた。

【2】諸侯国家内における地域の世俗支配階級は一般に〝中小貴族（noblesse moyenne, aristocratie provincial, noblesse de terroir)〟と呼ぶことができる。しかし、彼らに対しては、伝統的な貴族身分称号（nobiles）は殆ど用いられていない。当時明確な法的基盤に立脚した貴族概念、呼称、身分は存在せず、社会的了解（コンセンサス）に基づくものに過ぎない。しかし、現実に地域的な貴族階層に所属するためには幾つかの決定的な要素が不可欠であった。①適法な出自――親が貴族であること、②諸侯への軍事的奉仕の履行、③土地的収益に基づく経済的な自立性とゆとりある生活。①については一定の社会的に了解された地位を有する家系に属すること、②との関係では諸侯国家での権力と決定に参与することも求められた。これは中世中期以来の封臣に求められる「助力と助言」

の延長線上に位置するものである。これと関係して特に上層部分の経済基盤が少なからず諸侯からの封土で構成されており、それが②の軍役奉仕の代償であることはいうまでもない。

しかし、彼らの経済基盤は多様であり、諸侯からの封土以外に arrière-fief（陪臣封）, franc-alleu（自主地）, 散在的な権利、所領を含んでいた。重要なことは諸侯国家においてその権力と決定に参与することが、諸侯からの特別な特典（給金・年金）を得るだけでなく、中小貴族層の社会的な影響力、権威・威信となって、自身の従属民に対する支配を強化し、正当化することになった点である。特に上層部分の所領は基本的に seigneurie と呼ばれる経済外的支配権を行使する領域であり、同時に domaine と呼ばれる家産、土地的支配領域を伴っていた。

しかし、一五世紀段階では貴族社会は第三身分からの参入を許容する非閉鎖的な社会となり、彼らにとって都市的、商業的活動よりも、諸侯の統治、法、財政、職務への関与がその社会的上昇の根拠となった。彼らの経済的な基盤が基本的に受封ではなかったことは全受封者のなかで maître, bourgeois の占める割合が極めて低いことが示している。彼らの財産の基盤は多様であり、諸侯からの封よりも franc-alleu, arrière-fief が中心を占めていた。それに職務に対する俸給が加わり、社会的威信と貴族相応の生活形態を維持することができた。

財産水準から見た場合、ブルゴーニュでは、貴族層の収入の格差は極めて大きく、四一リーブル以下（収入ランク［1］、［2］、［3］）が全受封者の約半数を占めており、他方に少数（約五％）の四〇〇リーブル以上の高額所得者がいた。また、下層部分の財産水準の流動性、不安定性は極めて顕著であった。特に rente（定期金）の普及は商品・貨幣経済の浸透を物語るものであるが、領主相互間での金銭貸借の不可避性を示しており、階層の分化と流動性と密接に連関している。rente からの収益件数が収入ランク［6］において最も高くなっていること（二六・七％）がそれを示している。

経済的、社会的に見た場合、中小貴族層全体にとって諸侯からの封の取得が最も安定的な基盤を保証するものであった（五二・二％）ことは間違いない。他方、新興の貴族層にとっては諸侯からの受封ではなく、その下僚としての職務を遂行することが直接・間接にその経済基盤を保証し、社会的ステイタスを維持するうえで重要な役割を果したのである。即ち、旧貴族にとっても、新興貴族にとっても諸侯権との直接的な関係の取得が一方で従属性を増しつつも、他方で自身の経済的、政治的、社会的な位置、ステイタスの獲得、延いては民衆一般に対する優位性の確保にとって不可欠であったのである。

ところで、カロンはブルゴーニュ公領では他の多くの地域と同様に「本質を維持した上層家系は消滅するどころか、より良き時代が現れ始めるとそれに乗じて真の唯一の権力たる王権に奉仕するようになる」と述べている。諸侯領内の有力貴族層の諸侯に対する従属関係の強化は、諸侯の王権に対する従属関係の強化の下で、諸侯権を介しての王権への彼らの従属関係を生じせしめるのである。その典型的な事例としてブルボン公の封臣ピエール・ドゥルフェがシャルル七世の勅令隊隊長となっている事例（一四六〇年）を挙げることができる。また、ブルボン公の顧問官ギシャール・ドゥルフがシャルル六世の下でケルシーのセネシャルを務めている事例（一三九二年）も類似の事例として興味深い。

これは単に諸侯権の弱体化、王権の拡大強化を意味するものではなく、王権と諸侯権の関係の緊密化が王権と諸侯領内の上級貴族層との関係の緊密化を助長し、延いては王権の影響力を各地域の中小の貴族層にまで浸透せしめたことを意味するものである。

以上のような王権と諸侯権の間での一見相反する事態、諸侯層の王権への従属強化と自立性の強化、即ち、その支配圏、統治組織の独自性は、中世後期における諸侯権の安定化が王権の地域支配の拡大の基盤となっていることを示すものである。同時に諸侯権を介してのみ王権の地方への浸透が可能であったことは、この時代における王権の限界、財源と人的資源の不足を示すものである。即ち、「諸侯国は王国統治業務分散の受け皿となり、王家との婚姻関係や王国統治への参画を通じて、王国統治業務を支える下部空間としての性格を与えられた」のである。

四　王権と貴族層――対立と協調――

【1】王権と諸侯層との関係の一側面を示すものとして、先ず王国同輩制の推移に触れておく必要がある。〝王国同輩（par regni）〟が史料に現れ始めるのは一一七〇―八〇年代であり、聖俗各六名の諸侯で構成されるものとして制度的に確立する（pairie）のは一三世紀前半、即ち、封建王制の確立に符合している。王を頂点とするレーン制的階層秩序の確立過程と並行してそれを補完する形で形成されたものと見ることができる。同時にここには王が諸侯層に対してまだ突出した存在ではなく、基本的に〝同等者中の第一人者（primus inter pares）〟として諸侯層を始めとする貴族層の利害の調整の役割を果たしていたことが示されている。事実、一三世紀前半には王国同輩制が一種の裁判制度として機能していたことが知られる。

最も有名なのはイザベル・ダングレームとの結婚をめぐるジョン欠地王（ノルマンディ公）とリュジニャン領主との紛議（一二〇二年）であり、シャンパーニュ女伯ブランシュとエラール・ド・ブリエンヌの伯位と伯領の継承をめぐる争訟（一二一六年）、フランドル女伯ジャンヌと封臣ネール伯との所領の売却をめぐる争訟（一二二四―二五年）、同女伯ジャンヌと、その夫フェランの釈放に関する王ルイ八世との取り決め（一二二五―二六年）、トゥールーズ伯レモン七世とモンフォール伯アモリー六世のアルビ地方の領有をめぐる争訟（一二二六年）、ラ・マルシュ伯ユーグ一〇世のポワトゥ伯への臣従拒否（一二四一年）などが典型的な事例である。以上のように、扱われている問題の性格から見て王国同輩制、同輩裁判は、レーン関係に関するトラブルを処理し、レーン制的秩序を維持することに力点が置かれていたことがわかる。

しかし、同輩の数は諸侯・バロン層全体の中で極めて限られており、他の大多数はパルルマン（curia in parlamento）の裁判権に服していた。一三世紀を通じて大バロン層のパルルマン参席が散見されるが、一四世紀にはこれも徐々に稀となり、一五世紀にはほぼ完全に消滅する。

また、同輩裁判自体においても、当初から、王ないし王の役人が常に同席しており、同輩たちの権利は大きく制限されていたことも事実である。その意味で同輩裁判はあくまでもパルルマンを中心とする国王裁判制度の一部と見ることができる。しかし、その存在自体が、王権が大バロン層にその最高封主権の有効性を認めさせ得るだけ強力ではあったが、まだその権力を君主権と規定させるに至っていないことを示している。現に一四世紀以降、王の権力が強まり、臣民全体に対して君主としての裁判権を行使するようになると同輩裁判は衰退するのである。また、同輩裁判には同輩のメンバーと並んで王が王会（curia regis）のメンバーの中から選任した〝部外者〟たる平バロンや聖職者が参席するようになる。

ところで、一三世紀の後半以降、同輩領の殆どが王領に編入されたため、カペー王朝断絶（一三二八年）までは六名の定数を維持しつつ、欠員を補充し、新同輩が指名された。さらにヴァロワ朝の成立以降は同輩団のありかた自体が変質し、王太子を含むすべての王子が同輩に任命され、人数も増え、最大で一二名となった。基本的に王国最高貴族の証である同輩位は親王家に賦与されることとなったのである。こうして親王家は王国政治の中で国王封臣一般とは明確に区別される存在となった。諸侯層の中での親王家の権威を高め、彼らの別格性を強調する上で同輩位を得ることは極めて重要であった。しかし、彼らの参入は同輩団の王政に対する脅威を除去し、王権の王朝的性格を強固なものとすることとなった。こうして同輩制、同輩裁判はかつて有した王権と諸侯層、諸侯相互の利害関係を調整するという本来の機能を喪失することになる。

【2】一三世紀から一六世紀初頭にかけて、王権は貴族層に対する優位性を確立しようとしたため、両者は本質的に抗争的関係にあったが、激しい対立と同時に絶えざる協力関係も印している。王権の行使と貴族層の編成と反作用は四つの段階に分けられる。①一三世紀後半、②一四世紀の中心的な数年、③一四〇〇年前後から一五世紀中葉頃、④一五〇〇年前後以降である。貴族層は王制の下に結集し、強化された王権の中に救済のチャンスを求め、王権の側は危機を乗り越える最善の手段は貴族層に依拠することであると考えていた。トマス・アクィナスは、「統治の最善のモデルは王制であるが、君主が公益を無視し、個人的な利益を追求すると僭主制に陥る危険がある。それを防ぐためには〝最良の人々〟たる貴族層の支えが必要である」と述べている。貴族層は危機の時代にあっても進化と適応を果たし、中世末期まで生き続け、王権に奉仕することに活路を見出したのである。一四世紀前半においても貴族層の存立にとって王制への行政的奉仕の慣習が重要な役割を果たしているのは事実であり、身分制議会への参席もその一つである。

貴族層は一つの集団、グループすなわち身分（estat）と見なされ、権利と法に支えられた存在という王のイメージが強化されていくのに対して、彼らは常に武力の行使主体、戦争の専門家としてイメージされていた。彼らにとって、武力こそが確立しつつある国家に対抗しうる最終的な手段であった。騎士＝戦士としての権威が貴族にとって最も重要だったことはフィリップ三世からフィリップ五世にかけての初期の貴族叙任状が騎士としての特権の賦与を最も重視していることから知られる。

貴族層が王権に対して有効に対抗できなかった理由として、①平和と秩序が希求される混乱と分裂の時代にあって、彼らはアナーキーを利する存在と見なされたこと、②彼らは直接税の賦課を免除されていたため、王国財政の統制に口出しする位置になかったこと、③彼らは王権の優位性に対抗することよりも、その優位性がもたらす利益にありつくことの方が有利であると考えたこと、が挙げられる。

王権の貴族層に対する優位性が喧伝・支持されるなかで貴族層の〝自由（libertés et franchises）〟、その地位、権力・権利を守ろうとする抵抗運動が見られなかったわけではない。一四世紀初頭の危機的状況のもとで、彼らのアイデンティティはかつての自由を拠り所とするものであり、上述の如く私戦権、裁判権、従属民に対する支配権が対象となった。確かにフィリップ四世の後継の諸王の発した多くの証書には私戦や法廷決闘に関する諸規定が含まれており、私戦に関しては慣習として確立していることを前提として、旧態に復することが約されている。

他方で貴族層は王の諮問機関において数的優位を占めており、それを通じて自己の地位と利益を守る術を有していた。個々の貴族が発する請願と懇請は王権に接近し、〝恩恵、贈与、代償（graces, dons et compensacions）〟を得るための恒常的な手段であった。また、王は彼らを護衛、軍隊、役人として抱えざる得ず、貴族たちの主たる目標は地位、給金と年金を得ることに置かれた。領主的裁判権には力点が置かれず、王権全般については殆ど問題とされず、そこから如何に利益を引き出すかが目標とされた。彼らはもはや封臣ではなく、廷臣となったのである。

【3】貴族層の階層構成に関しては、王宮に伺候し、王と直接接し、高位職を担う人々、即ち諸侯層と、王から遠く離れたところで生活し、地方官（bailli）を通じて伝達される王の勅令、直接の封主を通じての派兵によってのみ王の存在を認識する地域的貴族（noblesse provinciale）とに区別される。前者が担う職務は家内的、家政的な起源を有するが、徐々に王冠の高位職（官職）へと進化し、一貫して貴族の手中にありつつ、新たな階層序列の中に統合された。例えば主馬頭職（connétable）はその典型である。

旧貴族の抱える諸困難にも拘わらず、貴族の権威は依然として高く、王の役職を得た非貴族は王からの貴族叙任を競って求めた。やがて貴族叙任が盛んに行われるようになると、大諸侯たちは強い敵愾心を彼ら、〝成り上がり者たち（parvenus）〟に対して持つようになる。これは主要な王の決定機関での影響力を失うことを恐れたからである。〝名前と武器を持った（de nom et d'armes）〟旧貴族（＝帯剣貴族）と新貴族は対立関係に置かれた。前者は法的に規定されるより前に貴族としてのメンタリティを共有し、類似の機能を果たし、同一の様式の生活を送っていた。それに対し後者は武器とは違った形での王への奉仕に力点を置き、その声望は新たな観念、〝法服貴族（noblesse de robe）〟の観念をもたらした。この観念が確立するのは一五世紀後半である。

中世後期は一般に王権の拡大と貴族権力の衰退の時期と考えられているが、貴族の権力が全体として一律に単線的に低下したわけではない。近年ではこの期における世俗諸侯の権力の浮沈と長期的な傾向性が問題とされている。例えばシャルル五世治世末期（一三七四―八〇年）にはアンジュー公ルイ、ベリー公ジャン、ブルゴーニュ公フィリップ、ブルボン公ルイによる「四諸侯指導体制」が取られており、彼らの家門政策が国制に反映されており、彼ら諸侯層に領域支配拡大の機会を提供している。これに対し一五世紀初頭の一連の国王証書は諸侯による王国統治権の代行を禁じており、国政に対する影響力を間接的に確保する方向に転換がなされている。王政府中枢への諸侯の関与がオルレアン公の暗殺事件（一四〇七年）以降も継続されるが、それは諸侯、特に親王の領国の領域的、制度的拡充が王権にとっても、王国の全体的統治にとっても不可欠だったからである。

王権の地域統治との関係では諸侯層の国王代理官としての任用が双方にとって重要であった。諸侯層にとって王国統治業務を分担することは自領の拡大、円滑な支配にとって有効ではあったが、他面で王国統治の代行は負担が大きく、自身の領国統治に専念できないという矛盾を抱えていた。そこには逆に諸侯層の領国支配の拡大・強化にブレーキをかけつつ、その力を利用して王国統治を推進しようとする王権側の意図を読み取ることができる。

また、王権側は代行権の委任に当たり「王冠に属する権利」のうち、パリ高等法院の管轄権など主要な部分は留保し、国王役人の管轄下に維持したことも銘記されねばならない。さらに各諸侯の領国の周辺都市には国王専決事項バイイを配置し、彼らが国王大権を侵害しないよう監視する体制が取られていた。

以上のように、諸侯層は中央・地方において王国統治業務に深く関与する一方で、上記のように、その領国は王国統治業務の分担、それを支える〝下部空間〟としての役割を果たしたのである。その意味では諸侯層による安定的な領国支配が王権側にとっても必要であり、逆に王権との近接性――王家との婚姻関係、官職の受任など――が領国民に対する諸侯の凝集力の源泉となっていたのである。彼らにとって、富と貴族叙任を得るためには諸侯の庇護が不可欠であった。このような諸侯レベルの凝集力と王権レベルの統合力が相俟って、中世後期において、封建的な権力の分散化傾向に抗して権力の中央集権化が進展したのである。

【4】そこで、王国レベルでの諸侯層の王権との近接関係が、領国レベルでの彼らと中小貴族との関係に如何な

る影響を及ぼしたかが問題となる。ルイ一〇世の治世初期（一三一四―一五年）段階では諸侯層は前王の時代の寵臣たちを排除し、顧問官の地位を回復しようとした。彼らは諮問組織において王直属の聖職者、騎士に取って代わることに成功した。但し王は主導的な役人層の選任の自由は確保した。

これに対し、地域的な中小貴族の同盟は王権による中央集権化に対抗しようとしたが、適切なプログラムを提示できず、孤立し、成果を挙げることができなかった。しかし、この運動の一体性とその帰結が国家規模のものであったことは特筆に値する。〝公益（commun profit）〟を守り、権力の〝濫用（abus）〟に終止符を打つことが重視され、〝良き王（bon roi）〟聖ルイの時代が理想化されている。その同盟者たちは地方の中小貴族たちではあるが、王国全体にとって有効な一三〇三年の大勅令の改訂を求めた。そこには〝国民意識（sentiment national）〟の発露が見られるが、それは彼らが変革を目指す王国制度の枠内で表現されているのである。

一三五〇年頃まで王権に対する制約という理念は数多くの中級領主から提示されていたが、諸侯層レベルでの集権化に阻害された。後者の理念は有力者による寡頭政治であり、諮問組織に係ることに希望を託し、議会やパルルマンでの活動を重視するものではなかった。

一五世紀には諸侯層は王政を統御し、権力を分け合う強い志向をもつようになった。彼らは専ら王の庇護と王国政府の内部での影響力を求め、中級貴族層は諸侯層を媒介としてしか王とその統治機関と接触できなくなった。例えば国王役人に昇格するためには諸侯の宮廷に伺候し、諸侯への奉仕に励むことからキャリアを始めなければならなかった。確かに一四八四年には身分制議会の代表が王の顧問会議に出席することが問題となったが、結局はそれも王の未丁年期に限られることとなった。しかし、この頃、王権の空白期には、至上権は人民、即ち全ての王の臣民の下に――諸侯や大領主が特別の役割を要求することなく――復帰すべきものとする提起がラ・ロッシュの一領主からなされたことは注目に値する。

王＝家臣関係が国家＝臣民関係に変容し、王が最高封主（suzerain）から至上権者（souverain）へと性格変化を遂げるのが中世後期であるが、その移行のプロセス、背景が検討されねばならない。一三世紀後半から一四世紀にかけて、旧諸侯領の王領地への編入が盛んに行われるが、これは諸侯の家臣層（王の陪臣層）が王の直臣に代わる一つの重要な契機であった。

王が君主（souverain）として、王国全土の臣民にたいして支配権を行使する上での障害はレーン制的階層序列であった。即ち封臣の封主に対する誠実関係（fidélité vassalique）と彼が王に負うべき誠実関係（fidélité due au roi）の何れが優先するか、ということである。特に封主（諸侯）が王と対立関係にある場合、封臣（中小貴族層）はその封主（諸侯）に逆らって王に加担することができるか否かが問題となる。ジャン・ド・ブラノ（一二八一年没）の結論はこれを可とするものであり、王の権威のレーン制的階層秩序に対する勝利を象徴するものである。即ち、〝私の封臣の封臣は私の封臣ではない〟として、王と臣民――ここでは中小貴族層――の間の法的関係の直接性（immédiatisation）が認められることになる。

これよりすでに二世紀前にギヨーム・ド・ポワティエ（一〇二〇年頃―一〇九〇年頃）は「王に反することであっても、対立的な問題は封建社会の枠組みの中で論争しなければならないが、キリスト的王の行動が課す境界を越えてはならず、王の人格、権威、身柄に脅威を与えてはならない」と説いている。一二七〇年にジャック・ド・レヴィニー（一二九六年没）は『法試論』の中で、「王の陪臣は自身の封主になしたオマージュを根拠に王に反抗する封主を助力してはならない」と述べている。ここでも王への誠実関係がレーン制的誠実関係に優先することが指摘されているが、彼は大逆罪の概念を持ち出し、フランス王は王国内の皇帝であり、皇帝と同等の権力を行使しうる存在であることをその論拠としている。

王と王の陪臣即ち、諸侯の直臣層たる中小貴族の直接的関係（immédiatisation）を具体化したものが陪臣召集（arrière-ban）である。この制度に関しては、既に一三三七年には王国全土に対してその宣告がなされている。しかし、王から助力（ban）を求められた封臣はそれを完遂すべく自身の封臣（＝陪臣）に助力（arrière-ban）を求める、というのが封建法の厳格な規定であり、王が陪臣とその従属民に直接的に王国防衛のための人的、金銭的負担を求めることはフィリップ四世とその後継王の時代では容易ではなかった。王による直接的な陪臣召集が可能となるためには、彼らを王の臣民とみなし、封主からの軍役賦課が不可能な状況を作らなければならなかった。一三〇二年の緊急事態により陪臣召集に訴えることが避けられず、君主が王国防衛のための財政支援を地域に求める新たな体制が正当化された。また、一三世紀以来の軍役の買い取り、即ち軍役代納金の徴収は傭兵制を普及させることになり、これが国王役人による軍役の直接的徴発を容易にした。こうして王による陪臣召集は王領地内部のみならず、大諸侯領内部にも徐々に浸透していくのである。

五　王権による公権力の蚕食と貴族層

【1】中世中期は貴族＝領主制の時代（le temps des seigneurs）と見なされるが、その本質は公権力、公的秩序維持権（バン権, ban, Bann）の貴族諸階層による分有にある。各貴族は自己の所領内において、裁判権、軍事権、課税権、貨幣の発行権など今日、国家が独占的、排他的に有する権力を行使し、それが所領と領民支配の根幹をなしていた。中世の後期に向けて王権の拡大が徐々に進み、中央集権化が図られるが、それは貴族の手から公的諸権

力を蚕食する形で進められた。ここでは先ず裁判権の蚕食過程に目を向けることとしよう。

ルイ九世の治世後半に始まる領主裁判権の蚕食の主要な手段としては①上訴制（appel, appellation）の活用、②国王専決事犯（cas royaux）の設定と拡大、③裁判先取りシステム（prévention）の適用が考えられる。

まず上訴制であるが、これは原理的にはレーン制的階層秩序と密接に連関している。封建王制の確立期に当たるフィリップ二世期には〝移動封（mouvance）〟という理念が確立した。これは王国内のすべての所領＝封土は王に発し、それがレーン制的な階層序列に従って下方に移動したもの、従って、いずれの貴族の領地も元々は王が領有していたとする理念である。従って、所領に付随する諸権利、権力（公権力）も王に発し、レーン制の階梯に従って下降したものであるがゆえに、逆に遡って最終的には王に帰属すべきものと考えられた。

上訴制の確立にとっては第四回ラテラノ公会議における神明裁判の禁止（一二一五年）、フランス王による法廷決闘の禁止（一二五四、五八年）が重要である。即ち証拠・証言に依拠した判決の普及は裁判制度の革新にとって不可欠の要素であった。加えて教会法によるローマ教皇庁への上訴の制度的確立も世俗法廷における上訴制の確立に寄与した。パリのパルルマンには南仏からの上訴に対応すべく成文法に通暁した専門の法曹家が配置された。

上訴制が王国規模で機能するようになるのは一三世紀中葉以降であるが、その前提となるのが査察制度（enquête）の導入である。これは臣民の苦情・陳情を聴取することで地方役人の権力の濫用を防止することを目的とするものであったが、聖俗領主層の裁判・判決に対する苦情、異議も対象となった。そこに王権が介入し、プレヴォ裁判所、バイイ裁判所、中央のパルルマンへと上訴がなされる道筋が形成されたのである。

以上の経緯を前提として、この問題を諸侯層についいて見てみよう。その意味では家産諸侯国においてはその上訴法廷（パルルマン）が諸侯自身のイニシアティヴで創設された点が重要である。旧来、諸侯のバイイから直接パリ高等法院になされていた上訴もここで処理されることとなった。そして諸侯の上訴法廷を経由してパリ高等法院に更に上訴するというルートが形成された。同輩諸侯領の場合にはパリ高等法院への直属特権が認められており、そこからの上訴は国王バイイに服さず、直接パリ高等法院の管轄下に置かれることとなった。

しかし、現実には、①訴訟当事者が諸侯の上訴法廷を飛び越えて直接パリの高等法院に上訴する事例、②諸侯の法廷からパリ以外の王の裁判官、例えば国王バイイに上訴する事例、が少なくなかった。このことは確かに諸侯法廷からパリ高等法院へという正規のルートが完璧には機能していなかったことを示すものではあるが、結局は諸侯の裁判権の自立性には限界があり、基本的に王権の管轄下に置かれていたことを示している。特にこの点は同輩＝親王領の場合は顕著であり、王権への依存度が高かった、ということができる。

次に「国王専決事犯の設定と拡大」であるが、これは王の裁判所のみが裁くことのできる事犯を設定し、貴族＝領主の裁き得る事犯に限定を加えようとするものである。具体的には①王とその役人に対する危害（大逆罪など）、②王が担うべき公的平和の侵害（武器の携行など）、③王の君主権行使に対する侵害（印璽・貨幣の偽造など）が対象とされた。貨幣に王の肖像が刻印されるようになるのはフィリップ三世期以降であるが、貨幣の偽造は王の権威を傷つける行為と見なされたのである。これらは王と国家の防衛だけでなく、その存在を臣民に銘記させるものとなった。

また、「裁判先取りシステムの導入」は特に重大な刑事事犯に関しては領主裁判の遅延・懈怠の場合には裁判の迅速化を促す意味でこの制度が導入された。これは王による裁判を先行させるもので、事実上貴族の裁判権行使に制約を加えるものとなった。民事事件も公的な平和・秩序の維持、占有権の保護を理由にその対象となった。

以上三つの手段はいずれも領主裁判権を犠牲にした王権の裁判権の拡大に資したのである。

【2】公的租税（国王課税）の設定・賦課はその財政的観点からして重要であるが、貴族層に対するその賦課は貴族層自身に対する負担となるだけでなく、彼らの領民からの地代・貢租の徴収と競合し、その財政基盤を危うくするものであった。

前例が重視される社会にあって、バロンや貴族たちは国王課税が恒常的な制度とならないよう強力に関与せざるを得なかった。しかし、緊急の必要性、合理的な理由、現実的な有効性を最終的に判断するのは王自身であり、現実には顧問会での討議において意見を述べることが不可欠であった。一三五六年に至るまで課税の正当化に対して幾度となく臣民たちが「明確な有用性」と「緊急の必要性」を持ち出している点が目を引く。

会計院（Chambre des comptes）がヴェルマンドワの査定官（commissaires）に与えた指示は軍役の買い取り額を示しており、月当たり一〇〇戸毎に二五リーブルの割合で四ヶ月にわたり賦課することになっている。但し、実際の分担額は各自の家計状態を勘案すること、貴族は全額免除され、封を保有する非貴族は収入の五分の一を支払うものとされている。同様の条件を基礎として地域毎に変容が加えられた。査定官は特に強い反対を示す都市および貴族の代表とは協議しなければならなかった。因みにここでは課税にあたり、先ず貴族か非貴族かが基本的な明確な基準であり、次いで封を有するか否かが基準とされている。同時にここには封を有することが貴族の条件ではないことが示されている。

しかし、上記の如き課税のためには対象地域の総戸数、各戸の経済状況を示す台帳の存在が前提とされる。王が独断で一戸当たり八スーの課税を決定した際には大封臣層から強い抗議が持ち上がった。爾後彼らの意に反して用いないことを条件に、彼らはその所領の世帯帳簿の提示を渋々承諾している。

王国全土に陪臣召集（arrière-ban）が発せられて（一三三七年四月三〇日）以降、軍事奉仕の金納化をめぐり中央権力の代表との交渉が繰り返しなされた。ラング・ドック地域については一戸当たり四ヶ月で二〇スー（＝一リーブル）と定められた。非貴族の土地を保有する貴族には同額が課され、貴族または非貴族が保有する封に対しては年収の二〇％が課税された。

上記のヴェルマンドワの査定官に与えられた指示は、その後より厳密化され、①各自その能力に応じて負担すること、②貧困世帯は一切支払わないこと、③封を保有するすべての貴族、非貴族は年収の五分の一相当額を支払うべきこと、とされている。

資産として動産を一〇〇リーブル以上、或は動産・不動産合わせて二〇〇リーブル以上所有する全ての貴族、非貴族に対して、軍備を以っての召集が求められた。しかし、直ぐに貴族と非貴族を分ける方法が採用された。貴族に関しては、土地からの年収が四〇リーブルを下限とすること、非貴族に関しては資産の価値評価が動産で三〇〇リーブル、動産・不動産合わせて五〇〇リーブルに達する者は軍役奉仕を課された。

新たに査定官から、貴族については、土地からのラント収益が五〇リーブルの場合にはその収益の半分、土地財産が五〇〇リーブルと見積もられる場合には資産価値の五分の一を支払うことが求められた。また、非貴族については、五〇—一〇〇リーブルの動産を所有する場合には税額は五分の一に固定され、土地からのラント収益が二〇—一〇〇リーブルの場合には税額は十分の一に低下した。

上掲の課税に関する諸例の共通の特徴として課税対象者が貴族であるか、非貴族であるかが明確に区分されている点が挙げられる。貴族の成員は諸々の義務と特権からなる共通の身分を有していた。特に彼らに対する税制上の特権はすでに一三世紀に検証できるが、一四世紀の最後の数十年の間に強化され、一般化した。国家の至上権が確かなものとなり、王＝家臣関係が衰退し、国家＝臣民関係に転化すると、軍事奉仕は王国全体に向けられ、防衛の負担は家臣のみならず、臣民全体が担うべきものとなった。貴族＝領主層は全体として、それまで有してきた家臣層や所領内の従属民に対する自由な課税権を放棄することを容易には受け入れなかった。国王課税の拡大は貴族自身の負担の増大だけでなく、その経済・財政基盤を揺るがすものであり、ここに課税に際して絶えず交渉が持たれる理由がある。

しかし、結局、紆余曲折を経ながらも王国財政に占める所領（王領地）収益の比率が一五世紀には極度に低下している——四四・四％（一二〇二―〇三年）、三三％（一三三〇年）、二・七％（一四五〇―六〇年）、一・四六％（一四八三年）——ことは、逆に中世後期の過程での公的課税が王権にとって理想的な形で成功を収めたことを示している。

おわりに

以上、五節にわたり、中世後期（一四・一五世紀）における貴族＝領主諸階層の動向をフランスを中心に見てきた。この時代は一般に〝封建制の危機〟、〝領主制の危機〟の時代と見なされてきた。しかし、近年では「全般的な危機は同時に社会の進化に向けての大きな転換をもたらした」、としてポジティヴに捉える傾向が強まっている。具体的にはこの期に近世に向けての王権の着実な拡大・強化が図られた点が強調されている。その場合、それとは対照的に貴族諸階層の衰退が多くの場合指摘されてきたが、近年では、その衰退は一方的なものではなく、一方で王権に従属することにより、貴族諸階層は逆にその基盤を確保し、他方でそれに立脚して王権の拡大・強化、権力の集中化が実現したことが強調されている。つまり、王権と貴族諸階層との対抗と協調関係に視点を置き、近世的社会への傾斜を検証することに力点が置かれているのである。

このような近年の研究動向を踏まえ、まず第一節では〝領主制の危機〟の内実を社会経済的に概括し、一般的には農民層にとって有利な条件をもたらしたが、他方で彼らの間に階層的格差を生み、ラント制の展開を準備したことを指摘した。領主支配の下での富農層による貧農層の経済的な支配、土地をめぐる三重の支配権が起こるが、これは近世の地主制の先駆ということができる。第二節では中世後期における中小貴族層の社会経済的実態を明らかにするために、ブルゴーニュ公の命のもとでなされた「受封者調査」（一四七四年）の分析を行った。彼らの経済基盤として、一般に封が依然として重要な構成要素であり、特に上層部分においては諸侯からの受封が基本的な要素をなしていたことを明らかにすることができた。

また、第三節では貴族諸階層の社会的位置について、まず身分呼称の面から検討した。一一世紀以降 miles（騎士）呼称が普及し、旧来の nobilis（貴族）呼称に代わって貴族諸階層を示すようになり、一四世紀には騎士叙任式を経て騎士資格を得ることが貴族となるための前提条件となった。しかし一五世紀になり、第三身分の出身者が社会的に上昇し、貴族身分に参入するようになると貴族の概念が変容すること、中小貴族層の社会的上昇は王権との結びつきを強めた諸侯を介して実現されるようになること、を示した。第四節は全体として王権と貴族層との対立と協調関係の中で諸侯層が王権の代行権者としての地位を得ることにより、安定的な基盤を確保し、更にその諸侯との結びつきを通して中小貴族層がその社会的地位を確保することができた、ことを示した。

最後に第五節では、貴族諸階層が分有してきた公権力が一三世紀後半以降、徐々に王権により蚕食されて、権力の集中化が進行することを、裁判権と公的課税（戦費の調達）の面から検証した。

以上のように一四・一五世紀の混乱のもとで、貴族諸階層は、第三身分の台頭に伴う下からの社会経済的な基盤の掘り崩しと、王権による上からの公権力の蚕食により弱体化するのは事実であるが、他方で王権との直接・間接の結びつきにより、一定度の社会的地位を確保することができたのである。またこのような貴族諸階層に依拠することにより王権の安定化が実現したのであり、ここに中世後期の王権の限界が示されているということができる。

主要参考文献目録

G. Bois, Noblesse et crise des revenus seigneuriaux en France aux XIVe et XVe siècles : —essai d'interprétation, in（éd.）Ph. Contamine, *La noblesse au Moyen Age*, Paris, 1976, pp. 219–233.

M.-Th. Caron, *Noblesse et pouvoir royal en France, XIIIe-XIVe siècle*, Paris, 1994.

———*La noblesse dans le duché de Bourgogne, 1315–1477*, Lille, 1987.

Ph. Contamine, De la puissance aux privilège :doléances de la noblesse française envers la monarchie aux XIVe et XVe siècles, in（éd.）Ph. Contamine, *La noblesse au Moyen Age*, Paris, 1976, pp. 235–257.

———, *Des pouvoirs en France, 1300–1500*, Paris, 1992.

（éd.）Ph. Contamine, *L'état et les aristocraties, XIIe-XVIIe siècle, France, Angleterre, Ecosse*, Paris, 1989.

G. Duby, *Hommes et structure du moyen âge*, Paris-La Haye, 1973.

L. Génicot, La noblesse au Moyen Age dans l'ancienne Francie, *Annales E. S.C.*, 1962, pp. 1–23.

K. Kim, Etre fidèle au roi :XIIe-XIVe siècles, *Revue Historique*, no. 594, 1995.

Ch. Petit-Dutaillis et P. Guinard, *L'essor des états d'Occident*, Paris, 1944（1937）.

S. Reynolds, *Fiefs and vassals :the medieval evidence reinterpreted*, Oxford, 1994.

A. Rigaudière, *Penser et construire l'Etat dans la France du Moyen Age* (*XIIIe-XVe siècle*), Paris, 2003.

――, *Introduction historique à l'étude du droit et des institutions* (troisième édition), Paris, 2006.

上田耕造『ブルボン公とフランス国王―中世後期フランスにおける諸侯と王権―』晃洋書房、二〇一四年

佐藤猛『百年戦争期フランス国制史研究―王権・諸侯国・高等法院―』北海道大学出版会、二〇一二年

渡辺節夫「西欧中世における貴族・騎士と封建制―中世中期フランスを中心に―」小島道裕編『武士と騎士―日欧比較中近世史の研究―』思文閣出版、二〇一〇年所収、二八―五四頁

――『フランスの中世社会―王と貴族たちの軌跡―』吉川弘文館、二〇〇六年

――「フランス中世における王国同輩制（pairie）の実態と基本的性格に関する一考察」『青山学院大学文学部紀要』四七号、二〇〇五年、一八五―二〇五頁

――「フランス中世における王権と地域支配―王国統治理念の発展と変容―」『歴史学研究』八七二号、二〇一〇年、一六五―一七二頁

第四章　熊谷・敦盛説話の近世的変容

――父子関係を中心に――

佐伯真一

はじめに

日本人の価値観、思考のあり方は、近世にどのような変化を遂げたのか、文学研究の立場から考えてみたい。それは即ち、中世文学が近世にどのように継承され、変容したかを考えることになるが、その課題にとって、多くの文学や芸能を派生させた『平家物語』は、重要な位置を占める。とりわけ、熊谷直実が一ノ谷合戦において平敦盛を心ならずも殺し、悲しみにくれる著名な物語は、多様なジャンルで膨大な数の作品を生み出しているため、このような課題における恰好の題材といえよう。

そうした作品群の中でも特に著名な近世の浄瑠璃「一谷嫩軍記」では、熊谷が我が子小次郎直家の首を差し出して、敦盛を助けるという物語が展開される。しかし、『平家物語』における熊谷直実は、息子の直家を強く愛しており、敦盛を助けたいと思う心情も、子を愛するが故にこそ生まれたものとして描かれていた。「一谷嫩軍記」は、『平家物語』を源流としながらも、父子関係においてはきわめて対照的な物語となっているわけである。子のために生きる父を描く『平家物語』から、主君のため、忠義のために子を殺す父を描く「一谷嫩軍記」への変容は、どのようになされたのだろうか。それは、日本の中世文学から近世文学への変容、ひいては日本人の価値観の変化の一断面を見せてくれるテーマであると思われる。あるいは、文学や芸能から社会全体の価値観などを考える方法について、興味深い問題を提供してくれる素材であるというべきだろうか。

熊谷・敦盛説話に関する論考は多岐にわたり、数多いが、中世から近世への展開を見渡した論はさほど多くはない。そうした中で、佐谷眞木人『平家物語から浄瑠璃へ―敦盛説話の変容―』(1)は、『平家物語』・謡曲・幸若舞曲・御伽草子・説経・浄瑠璃を見渡しながら熊谷・敦盛説話の流れをたどり、さらに義経や義仲等をめぐる物語群についても『平家物語』から浄瑠璃への道筋をたどった労作である。個々の作品の成立など、それらの資料の基礎的研究については、佐谷の書から学ぶところが多い。本章では、そうした研究に導かれながら、父子関係の描かれ方の変化に焦点をしぼり、また、その変化の背景について考えようとするものである。

なお、この説話は「敦盛説話」と呼ばれることも多いが、『平家物語』などでは、敦盛を討って出家に至った熊谷直実の心情を描く物語であり、その意味では「熊谷説話」と呼ぶべきかもしれない。しかし、後代には、『平家物語』には描かれなかった敦盛の子息を描く物語群を含め、さまざまな展開を見せる。そのため、本章では「熊谷・敦盛説話」と呼んでおくこととする。

一　『平家物語』の熊谷と敦盛

熊谷直実はなぜ敦盛を討てなくなったのか。まずは、現在『平家物語』の標準的な本文とされている覚一本から、その心の動きをたどってみよう。

当初は源平互角に見えた一ノ谷合戦は、義経の坂落によって一気に源氏の勝勢となった。その時、熊谷直実は平家の公達が助け船に乗ろうとして海岸へ逃げてくるのを狙っていた。

いくさやぶれにければ、熊谷次郎直実、「平家の君達、たすけ船に乗らんと、汀《みぎは》の方へぞ落ち給らん。あはれ、よからう大将軍に組まばや」とて、磯の方へあゆまするところに……(2)

熊谷の狙いは、いわゆる大将首の功名である。実は、これ以前の場面で熊谷は既に先陣の功をあげていたのだが(「一二之懸」)、ここで可能な限り功名をあげておかなければ、次の機会があるかどうかはわからない。熊谷は武蔵国の零細な武士であった。彼らが合戦に参加するのは、功名をあげて恩賞に預かるためである。恩賞に値する首を狙う武士の眼は、獲物を狙う猟師の眼と同様に、あるいはそれよりも貪欲に光っていたと言うべきか。

そうした熊谷の眼に映ったのは、見るからに身分の高そうな公達が、たった一騎で海に入り、馬を泳がせて逃げて行くところだった。熊谷はこの公達を渚に呼び戻し、組み伏せた。熊谷はいとも簡単に大手柄をあげたかに見えたのだが――。

おしならべてむずと組んでどうど落ち、とッておさへて頸をかかんと、甲《かぶと》をおしあふのけて見けれぱ、年十六七ばかりなるが、うすげしやうしてかねぐろなり。我子の小次郎がよはひ程にて、容顔まことに美麗なりければ、いづくに刀を立つべしともおぼえず。

首を取ろうとした熊谷は、兜を押しのけ、敦盛の顔が目に入った瞬間、この少年の首を取ることができなくなってしまった。これは大手柄だと喜んでいた心が一瞬に変わってしまった、その理由は二つある。一つはこの少年の年齢が「十六、七歳」で「我子の小次郎がよはひ程」、つまり息子の小次郎直家と同年配に見えたことであり、もう一つは、薄化粧した容貌が「まことに美麗」だったことである。[3]覚一本の該当場面では、この二つの要素が共に重要である。熊谷が一旦は助命を決意したのは、

小次郎がうす手負たるをだに、直実は心ぐるしうこそおもふに、此殿の父、うたれぬときいて、いかばかりかなげき給はんずらん。

という思いによる（息子の小次郎直家が負傷したことは「一二之懸」に見える）。だが、一方で、熊谷が心を動かされたのは、敦盛の高貴さによる面も大きい。素姓を尋ねても名乗ろうとしない誇り高さや、この後に描かれるように戦場に笛を持参する優雅さといった、貴人らしい側面である。覚一本の「敦盛最期」は、敦盛の持っていた「さ枝」の笛が熊谷を発心に導いたとして、「狂言綺語のことはりといひながら、遂に讃仏乗の因となるこそ哀れなれ」と結ばれる。最後は笛の件でしめくくられるわけである。

だが、古態を保つことが多い本文として注目される延慶本ではやや異なる。延慶本でも、敦盛を組み伏せた熊谷が敦盛の美しさに戦意が鈍り、また、素姓を尋ねる熊谷に、敦盛がただ切れと答える展開は同様なのだが、問題は、延慶本ではその後、熊谷が次のように言う点である。

君ヲ雑人ノ中ニ置進候ワム事ノイタワシサ〔ニ〕、御名ヲ備ニ承テ、必ズ御孝養申ベシ。其故ハ、兵衛佐殿ノ仰ニ、「能敵打テ進タラム者ニハ千町ノ御恩有ベシ」ト候キ。彼所領、即君ヨリ給タリト存ジ候ベシ。（第五本・七三オ～ウ）[4]

延慶本の熊谷は、覚一本のように、一瞬で敦盛を殺す意志をなくしてしまったわけではない。この時点では、敦盛を討つ意志は全く変えていないのだが、ただ、「雑兵と同じ扱いをするのはあまりに気の毒なので、お名前などを詳しく伺って、供養したい」というのである。その供養は、よい敵を討つことによって得られる千町の恩賞によって果たされるのだから、価値ある首を取って恩賞を得るという夢を、熊谷は、この段階ではまだ全く捨てていないわけである。しかし、覚一本とは異なり、この熊谷の申し出に敦盛は心を動かされ、「我ハ大政入道ノ弟修理ノ大夫経盛ノ末子、大夫敦盛トテ生年十六歳ニナルゾ」と名乗る。

この「生年十六歳」という言葉が、熊谷の心を次の段階に進めた。

> 熊谷弥哀ニ覚テ、「直実ガ子息小二郎直家モ十六ゾカシ。サテハ吾子ト同年ニテオワシケリ。カク命ヲステ軍ヲスルモ、直家ガ末ノ代ノ事ヲ思ガ故也。我子ヲ思ヤウニコソ、人ノ親モ思給ラメ」。

「自分がこうやって命をかけて戦うのも直家の将来のためである。私が自分の息子を思うように、この人の父親もこの人を思っているだろう」と、ここで熊谷はついに、敦盛を助けたいと思うに至ったわけである。

要するに、延慶本の場合、敦盛の顔を見た瞬間に首を取れなくなってしまうという、覚一本のような劇的な変心は描かず、熊谷の心が変わってゆく過程を、段階を踏んで描いているわけだが、その過程で、敦盛の美しさや高貴さへの敬意が決定的な役割を果たすわけではない。功名によって恩賞を得ようと願う熊谷の心を根底からひっくり返したのは、「十六歳」という年齢を聞いて、息子に対する自分の思いと、敦盛に対するその父の思いを重ね合わせたことなのである。もちろん、延慶本でも、敦盛の美しさや気高さ、優雅さは十分に描かれている。敦盛の風雅を描く題材はむしろ覚一本より多く、覚一本では遺品を「さ枝の笛」しか描いていないところ、「月影」という篳篥《ひちりき》と巻物の二つを描き、巻物に記されていた四季を描く美文まで紹介している。しかし、延慶本は概して饒舌なので、小道具を多く描いても、それが必ずしも重要といえるわけではない。その後、長々と展開されるのは、熊谷が敦盛の父・経盛と書状をやりとりした話である。

熊谷は、敦盛の首や遺品の篳篥と巻物を使者に預け、敦盛を討ったことを詫びる手紙と共に屋島に送り、敦盛の父・経盛に届け、経盛も熊谷の思いに感動して返書を送ったというのである。同様の手紙のやりとりは、長門本・盛衰記及び百二十句本などにも見られる。水原一は、この書状が説話本体との内容的矛盾をはらんでいることを指摘しつつ、書状は巻物や篳篥と共に「この説話の早い時期」に存在した「語りの場における物件証拠」であったと考えている[5]。ともあれ、この長大な一節は、熊谷と経盛の父としての心の通い合いを描いている。熊谷と経盛という二人の父の、息子への思いを重ね合わせることが、延慶本の本話における重要なテーマなのである。

延慶本の場合、「能敵打テ進タラム者ニハ千町ノ御恩有ベシ」や、「カク命ヲステ軍ヲスルモ、直家ガ末ノ代ノ事ヲ思ガ故也」といった言葉の中に、中下級武士の心情を赤裸々に描き出している。熊谷のような武士は、功名をあげて恩賞を得るために合戦に参加しているわけだが、恩賞として得られる所領は、息子に継がせるものである。従って、彼らは結局、息子の将来のために戦っているようなものなのである。それ故、『平家物語』が描く武士たちは、熊谷に限らず、息子を強く愛している。一ノ谷合戦の大手で戦っていた梶原景時は、一度敵陣に突入して自陣に帰った後、長男の源太景季の姿が無いことに気づき、「世にあらむと思ふも子共がため、源太うたせて命いきても何かせん」と、もう一度敵陣に突入し、息子を救い出す（「二度之懸」）。巻八「妹尾最期」の妹尾太郎兼康は、命からがら逃げた時、息子の小太郎宗康がついて来ていないことに気づくと、「兼康は千万の敵に向かッて軍するは四方はれておぼゆるが、今度は小太郎を捨ててゆけばにや、一向前がくらうて見えぬぞ」と、息子を助けに戻り、共に討死する（いずれも覚一本によるが、他本も基本的に同様）。このように、武士たちは、所領のために

「一所懸命」に戦うからこそ息子を愛するのであり、熊谷はそうした父としての愛情の強さ故に、敦盛を討てなくなったのである。

もちろん、父としての情と高貴さへの敬意は、どちらも諸本に見られるもので、諸本の相違はあくまで相対的な傾向の差違に過ぎない。また、『平家物語』諸本の古態性も相対的なものであって、熊谷・敦盛説話において、父の心情に重心を置く延慶本が古態をとどめているという保証はない。しかし、この説話が、息子を愛する武士の父親の心情を基盤としつつ、息子の将来のために戦う行為が、他人の息子を殺す行為であり、自分と同じように息子を愛するどこかの父親を悲しませる行為であることに気づいて出家に至る武士を描くことを中心的な主題とするものであった可能性は低くないだろう。(6) 少なくとも、そうした要素が、覚一本を含む諸本に共有されていることは確かである。

二　中世後期の熊谷と敦盛

そのような『平家物語』の熊谷・敦盛説話は、後代の文学にどのように継承されただろうか。まず、中世後半の諸作品をとりあげて考えてみることとしよう。考察対象としたいのは、謡曲「敦盛」「経盛」「生田敦盛」、御伽草子『小敦盛』、幸若舞曲「敦盛」である。

これらの中で、現在最も有名なのは、おそらく謡曲「敦盛」であろう。「敦盛」は『申楽談儀』に「世子作」とあることから世阿弥作と推定され、世阿弥の能楽論書『三道』にも曲名が見えることから、応永三十年（一四二三）以前には成立していたと見られる。蓮生（出家した直実）が敦盛を弔おうと須磨に赴き、そこで敦盛の亡霊に出会うという内容の複式夢幻能である。前ジテ（敦盛の化身）は草刈男にまじって笛を吹き、「樵歌牧笛」について語る。そして、その夜現れた後ジテ（敦盛の亡霊）は、平家滅亡の運命を嘆き、一ノ谷の陣での今様・管絃の遊びを回想し、舞う。最後に合戦の記憶が蘇り、弔いを求めて消えるのは修羅能の常套だが、「同じ蓮の蓮生法師、敵にてはなかりけり、跡弔ひて賜び給へ」[7]と熊谷に弔いを求めるのは独特といえよう。修羅能ではあるが、合戦の回想はごく一部で、笛をめぐる話題が多くを占めている。合戦を描きながらも、話題を風雅な方向にとりなしたもので、『風姿花伝』第二・物学条々において、修羅の能の作り方について「源平などの名のある人の事を、花鳥風月に作り寄せて」云々と述べた世阿弥らしいものといえよう。父子の愛情には話題が及ばない。

一方、「経盛」（「恒盛」「形見送り」なども[8]）は、廃曲となっているものの、『申楽談儀』では「常盛の能」の名で三回にわたって言及され（三・十二・十八）、さらに「何とか出でん円月の、光の陰惜しめ」（十二[9]）と、本文も引用されていて、世阿弥時代に存在したことが明らかである。前節で見た、熊谷が敦盛の首と遺品を経盛に送った話を、経盛の側から描く現在能である。一ノ谷合戦後、鳴門の磯辺にいた経盛夫妻のもとに、熊谷からの使が来る。その文には、敦盛を討った顛末と、息子を思う熊谷の心情が書かれていた。経盛夫妻はそれに感じ入り、熊谷への返事を託して使者を見送る――という内容である。田中允は当初「世阿弥以前の古作と見るべき[10]」とし、その後、「世阿弥作とすれば拙作と云うべく、早く廃曲になったのももっともと思われる」と評した[11]。西野春雄は作者を元雅と見たが[12]、三宅晶子はこれを批判する[13]。堂本正樹は、観世座では何度か演じられていたに違いないとし、観客の涙を誘う「泣き能」の基本たる普遍性・大衆性を持つとしつつ、「全体としては失敗作」であると評する[14]。

元雅作者説の当否や作品としての価値評価は別として、この説話を父子の心情の通い合いの話題に絞り込んだ

「経盛」と、風雅の方向に発展させた「敦盛」の双方が、ほぼ同時代に存在したことは注目に値するだろう。前者は延慶本により強く、後者は覚一本により強く見えた方向の延長上にとらえ得ると言ってもよい。「経盛」の場合、熊谷の書状や熊谷の立場からの語りは少なくないものの、全体としては経盛側の視点をとっており、『平家物語』に描かれたような熊谷の悲痛な心情が十分に語られているとは言いにくい。だが、この説話を父子の情愛においてとらえることが、能の世界でも可能だったことを示しているといえるだろう。

敦盛を扱う著名な謡曲には、もう一つ「生田敦盛」がある。『能本作者註文』によって金春禅鳳作とされる。一五世紀末から一六世紀前半の作か。これは、『平家物語』の熊谷・敦盛説話そのものではなく、後日談的な世界を扱う。法然上人が拾った捨て子が一〇歳になった時、説法の場でその母が名乗り出て、この子が実は敦盛の忘れ形見であったことがわかる。この子は父の姿を夢にでも見たいと賀茂明神に祈り、神託を得て生田の森に行く。そこで敦盛の亡霊に会い、敦盛の霊は合戦のさまを語り、舞った後、弔いを頼んで消えるというものである。

「生田敦盛」の前半部は、敦盛の北の方が子を捨て、後に名乗り出るなどの事情について略述している感があるが、この点の詳細を含めて、同様の内容を記すのが、御伽草子『小敦盛』である。成立年代は不明で、一五世紀から一六世紀頃か。だが、「生田敦盛」と『小敦盛』に共通する原話はより早く成立していたと見られる。室木弥太郎は、「おそくとも十五世紀前半まで、大体十四世紀頃に出来た話なのであろう」[15]とする。美濃部重克[16]は、それに賛意を表しつつ、『蔗軒日録』文明一七年（一四八五）閏三月四日条の「大夫□盛幼子為法然上人后。将容云。小師蓮上法師之」という記事が、難解ながら小敦盛の物語のメモであると指摘する一方、現存作品については「常識的には」大永元年（一五二一）以降の成立と見るべきとする。

さて、父子関係に注目する本章の視点からは、熊谷の視点から父子関係を扱っていた『平家物語』諸本や「経盛」に対して、「生田敦盛」や『小敦盛』が、敦盛とその子という新たな父子関係の物語を創出していることに注目しておきたい。とりわけ、『小敦盛』においては、子が父を訪ねてゆくと、姿を現した敦盛の亡霊は、その髪をかき撫でて、「若君は、さてこれより都へは上るまじき」[17]と泣く。印象的なのは、その後、「若君はいまだならはぬ旅のくたびれに、敦盛の膝を枕として、すこしまどろみ給ふ」と、膝枕をする父親が描かれることである。膝で眠る子を見つめながら、敦盛は子の左の袖に一首の歌を書き残し、名残を惜しみつつ去ってゆく。やがて目を覚ました子は、父に抱きつこうとするが、もはやその姿はない。残っているのは五寸ばかりの苔むした膝の骨だったというのである。筆者は寡聞にして父親の膝枕を描く文学伝統というものを知らないが、『小敦盛』は子を思う優しい父親の姿を描く佳編というべきであろう。その点が、父子の情愛を描く『平家物語』の熊谷・敦盛説話とどのように関わるのか、明らかではないが、延慶本『平家物語』から「経盛」への展開では、熊谷の下級武士らしい父性愛だけではなく、経盛の敦盛への愛情も描かれていたことを考えれば、あるいはそうした方向の延長上に考えるべきなのかもしれない。

中世の最後に、幸若舞曲「敦盛」を見ておく。成立は、幸若舞曲一般に想定される一五～一六世紀という以上には不明である。内容的には、『平家物語』の敦盛最期に基づきながら、記述に増補を加えて大きくふくらませたものであり、『平家物語』諸本との関係については諸説あるが、佐谷眞木人前掲注1書がまとめているように、延慶本に最も近いものの、部分的には語り本の影響も考えられ、さらに典拠不明の要素も見られるとしておくのが穏当であろう。たとえば、熊谷と敦盛の会話部分については、先に覚一本と延慶本を比較してみたが、幸若舞曲「敦盛」における二人の会話は、それらに比べて長大である。だが、敦盛の美しい顔を見た熊谷が素姓を尋ね、敦盛は一度は名乗りを拒否したものの、熊谷の供養の申し出に感じて名乗り、それによって年齢を知った熊谷が首を取れなくなるという展開は、基本的に延慶本と同様である。熊谷の言葉を引いてみよう。

さては、上臈は、桓武の御末にて御座ありけるや。何、御年は十六歳。某が嫡子の小次郎も、生年十六歳に罷りなる。扨は、御同年に参候ひけるや。かほどなき小次郎、眉目悪く色黒く、情も知らぬ東夷と思へ共、我子と思へば不便也。(18)

「十六歳」と聞いた熊谷は、やはり直家を思い出して助命を考えるのである。但し、この後に続く言葉は『平家物語』とは内容が異なる。直家は、今朝、戦場で敵の矢を左腕に受け、「矢抜いてたべ」と父に頼んだ。(19)熊谷は心配したが、「熊谷ほどの弓取り」が敵味方の目の前で子を心配するわけにはいかないと思い、次のように言ったという。

あら、言いに甲斐なの直家や。其手が大事ならば、そこにて腹を切れ。又薄手にてあるならば、敵と合ふて討死をせよ。味方の陣を枕とし、私の党の名ばし朽すな。

父からこう言われた直家は、父の方を一目見た後、敵陣に駆け入り、それから姿を見ていないというのである。直家のその後については描かれない。

熊谷は「我が子の直家に思ひ替へ」て敦盛を助けようとするが果たさず、敦盛の死骸に文を添えて経盛に送る。そして、経盛の返状を見ているうちに発心し、「人間五十年、化天の内を比ぶれば、夢幻のごとくなり」の有名な句を残して出家、高野山に登ってついに大往生を遂げる。その展開は『平家物語』とりわけ延慶本と基本的には共通しつつ、出家以降の記述を大きく増補したものといえる。その意味では、父子関係の問題において大きな変化があるわけではないのだが、但し、武士としての名誉のために息子に「討死をせよ」と言う父の姿が登場した点には、注意しておくべきだろう。それは、この後、武士としての義によって息子の命を差し出す父親像に近づく方向を、僅かながら見せていると見るべきなのかもしれない。

三　近世の熊谷と敦盛

近世初期の敦盛説話としては、まず、古浄瑠璃ないし説経の「こあつもり」を挙げるべきだろう。しかし、これは基本的に御伽草子『小敦盛』及び幸若舞曲「敦盛」など、中世の物語を継承したものであり[20]、本章の視点から特に触れるべき点はない。ただ、息子に膝枕をする優しい父の物語が、近世初期にもなお継承されていたことは確認しておくべきだろう。

また、説経浄瑠璃「熊谷先陣問答《ママ》」（「くまがゑ」）や、加賀掾正本「念仏往生記」（近松存疑作）も、出家後の熊谷を描く後日談として、熊谷とその子供達を描く。いずれも一七世紀の作品と見られる。「熊谷先陣問答」は、熊谷出家後に、継母に家を追われた直家とその妹かつらの前が、父を尋ねて再会し、ついに所領を回復する物語である。出家した父を追った娘が、父との再会を果たすにもかかわらず父は名乗らないといった場面が「かるかや」に類似する点は、既に室木弥太郎前掲注15書に指摘がある。また、「念仏往生記」も、出家した熊谷を追って旅に出た子の清姫・小太郎が、ついに父を捜し当てるという物語であり、佐谷眞木人前掲注1書は、「熊谷先陣問答」から影響を受けたものと見ている。これらもまた、父子恩愛の物語として熊谷・敦盛説話を継承した作品であった。

一方、近世初期には、熊谷・敦盛説話に対して、中世とは大きく異なった言説が登場する。慶安三年（一六五〇）に刊行された『平家物語評判秘伝抄』（作者未詳）である。この書は、熊谷の敦盛助命を次のように批判する。

熊谷、敦盛を見まいらせ、我子の小次郎が事を思出してたすけんとおもふは、愛《あひ》におぼれて不忠《ちう》たるべし。
されども、敦盛の父母の歎《なげき》を想像《おもひやる》といふは、仁《じん》の心に似《に》たれども、是は婦人の仁《じん》也。（巻十八）(21)

『太平記秘伝理尽鈔』に代表される、この種の軍記評判書は、軍学・兵法的観点から、世間一般の常識的な見方に対して敢えて異議を唱えたり、作品を批判したりする傾向があるので、こうした批評を以て近世日本人全般の思潮と判断することはできない。だが、少なくとも軍事的観点からは、眼前の敵の父の心情を思いやって敵を助けてしまうなどという行動が批判されるのは当然である。そうした言説が、近世において全く一般性を持たなかったと見ることもできない。こうした観点から熊谷の経盛への思いやりを「婦人の仁」と批判する言説が登場したことには、やはり注意しておかねばなるまい。このような言説は、父の愛に基礎を置く『平家物語』のような世界とは対極的な位置にあるといえよう。熊谷・敦盛説話を父子の恩愛物語として継承する作品群と、その世界を否定する『平家物語評判秘伝抄』が共存しているのが近世日本なのである。

以上をふまえて、「一谷嫩軍記」を見てみよう。宝暦元年（一七五一）大坂豊竹座初演。並木宗輔が三段目までを書いて没し、浅田一鳥・浪岡鯨児・並木正三・難波三蔵・豊竹甚六が四・五段目を補った合作とされ、熊谷・敦盛説話に関わる浄瑠璃で最も著名と思われる作である。敦盛は後白河院の落胤であるため、その命を助けようと思う義経の意志が高札によって暗示され、その心底を察した熊谷は、敦盛を討ったように見せかけて助け、身替わりに息子の小次郎直家の首を切り、実検に供した後、出家する――という三段目・熊谷陣屋の段が著名であり、現在もしばしば上演される(22)。右記のような筋立てに、悪役の平山武者所や梶原景時、善玉の石屋の弥陀六（実は弥平兵衛宗清）、熊谷の妻・相模や敦盛の母・藤の局などがからんで、重層的で興味深いストーリーが展開される（なお、相模はかつて熊谷との不義が露顕した際に藤の局に助けられて東に下り、小次郎を生んだものであるとされる)。
まず確認しておかねばならないのは、「一谷嫩軍記」などに見られる熊谷の子殺しは、子殺しである以前に、身替わりの演劇的な趣向としてとらえる必要があることである。「一谷嫩軍記」の、身替わりによって敦盛を助ける趣向に影響を与えた作品としては、敦盛に恋した扇屋若狭の娘・桂子が自ら身替わりとなる浄瑠璃「須磨都源平躑躅」(文耕堂・長谷川千四合作、享保一五年〈一七三〇〉初演)が著名である。しかし、児玉竜一(23)は、小次郎直家が自ら進んで敦盛の身替わりとなる歌舞伎「子敦盛一谷合戦」(延享三年〈一七四六〉上演)や、敦盛の御台に命を助けられた狐が報恩に敦盛の身替わりとなる歌舞伎「一谷坂落」(元禄四年〈一六九一〉上演)との類似の方が重要であるとし、さらに、「子敦盛一谷合戦」の趣向の先例は、錦文流作の浄瑠璃「源平花いくさ八つるぎでん」(元禄一四年〈一七〇一〉頃以後か)に見えると指摘した。内山美樹子(24)は、「一谷嫩軍記」と「源平花いくさ八つるぎでん」の類似を重視し、身替わりの着想は「源平花いくさ八つるぎでん」から得たと見た。このように、敦盛を身替わりによって助ける趣向にはさまざまな先例があったわけだが、それらは子殺しの先例というよりも、むしろ身替わりという趣向の先例なのである。

身替わりは演劇として興味深い趣向であり、浄瑠璃や歌舞伎において非常に好まれ、多用された。たとえば、向井芳樹(25)は、「身替りの趣向は時代物とよばれる義太夫狂言の代表的な作品のほとんど全部に使われていて、常套的な方法である」と指摘すると共に、身替りの歴史を『古事記』まで遡り、第一段階(人柱や人身御供など)、第二段階(仏教説話などの利生霊顕譚(ママ)的なもの)、第三段階(近松以後の演劇に多用される個人の特定人物のための死)に分けた上で、近松の九作品について考察している。また、鳥居フミ子(26)は、土佐浄瑠璃「土佐日記」(元禄一五年〈一七〇二〉頃初演か)において、藤原継蔭の郎等近藤民部清秀が、我が子松若を若君多門丸の身替わりとする物語に注目し、それに先行する身替わりものの古浄瑠璃として、「公平法門諍」、「多田満中」、「忠臣身替物語」などを指摘している。さらに最近、原道生[27]は、「菅原伝授手習鑑」（延享三年〈一七四六〉初演）において、身替わりの趣向が既に「古手なこと」とされていたとの指摘に始まり、向井芳樹前掲注25論文の指摘を受けつつ、広い視野から「身替り劇」の歴史を詳述している。要するに、近世演劇には身替わり劇が非常に多いのであり、「一谷嫩軍記」もその一つとしてとらえねばならない。演劇の趣向を直ちに現実社会における価値観に結びつけるのは危険だといえよう。

また、近世演劇の問題としては、同時に、自己犠牲、義理と人情の葛藤を描く文学としての把握が必要だろう。素朴な感情の表出を身上とする『平家物語』の題材が、浄瑠璃において、自分の心情を抑えこむ葛藤に置き換えられる例としては、たとえば近松浄瑠璃「平家女護嶋」がある。『平家物語』では、孤島に置き去りにされる悲しみを幼児のように足摺をして訴えた俊寛を描くのに対して、浄瑠璃の俊寛は、成経の現地妻・千鳥を船に乗せるために使者瀬尾を殺害して自ら島に残るのだが、しかしやはり「思ひ切っても凡夫心」、万感の思いを込めて「つま立って打ち招き濱のまさごに臥しまろび。こがれてもさけびても……」[28]云々という場面が展開されるのは著名であろう。内心の「凡夫心」を抑えて義を断行する葛藤が、観客の共感を呼ぶわけである。「一谷嫩軍記」については、内山美樹子[29]に「近世的に衣がえするとすれば、（中略）熊谷に敦盛を討ち難い義理の枷がほしい、と考えるのが、常識的な発想であろう」、また、佐谷眞木人前掲注1書に「社会的な関係のために自己を犠牲にして生きざるを得ない人間という新たな人物像を作り上げることに成功した」などと指摘があるとおりである。

しかしながら、「義理」が「義理」として働き、「枷」が自己犠牲を強いる「枷」として機能するためには、それがその時代の社会的通念として多くの人々に受け入れられる正義を代表している必要がある。そうでなければ、演劇の中に設定された葛藤は、葛藤として観客に受け入れられないからである。熊谷の悩みを悩みとして理解するためには、我が子の命を差し出すことを、可能ならば果たすべき正義とするような通念が、通念として成立していなければなるまい。そのような正義は、『平家物語』に登場する武士たちにとっては、おそらく思ってもみないようなものであった。

『平家物語』の世界では、武士が自分自身の功名・恩賞のために戦っているのは、説明の必要もない自明の理である。熊谷が、一ノ谷合戦において、配属されたはずの坂落実行部隊を勝手に離脱し、個人の功名が目立つ西の木戸口で功名を挙げたのはそうした時代の合戦のあり方を示す好例であろう。しかし、中世を通じて、合戦は次第に組織的・集団的なものとなり、個人の功名を目的とした抜け駆けなどは禁じられるようになっていった。先にも引いた『平家物語評判秘伝抄』は、熊谷が勝手に西の木戸口に向かったことを批判する。武士は上官の命令通り戦うことが必要とされるようになったのである。

また、『明徳記』下巻には、明徳三年（一三九二）に細川頼之が死んだ際、三島外記入道が追腹を切ったとして、「病死ノ別ヲ悲テ、正ク腹ヲ切テ同ク死径ニ趣ク事、未ダ聞モ及バヌ振舞哉」[30]と、人々が讃えたと記す。実際、合戦に際しての死は別として、病死した主君への追腹は、これが史上最初ではないかとされ[31]、一七世紀以降に増加する殉死を先取りしたものともいえよう。軍記物語の中に、主君に一方的に命を捧げる武士が登場したわけである。

しかし一方で、今川了俊『難太平記』によれば、延元三年（一三三八）の青野原合戦において、米倉八郎左衛門は、主君の今川範国の消極的な戦いぶりに腹を立て、「如レ斯嗚呼ガマシキ大将ヲバ、焼殺ニ不レ如」[32]と言って、隠れていた小家に火を付けたという。一四世紀には多様な主従が存在したわけであろう。個別の例から当時の社会全体を推断することは中々難しい。豊田武[33]によれば、南北朝期は、むしろ、主従関係に双務契約の観念が強くなる時期であったとされる。だが、豊田も、その後は主君への絶対的な随順の性格が強くなったとする。在地に根ざした小領主から、城下町に住んで主君に仕える奉仕者へという武士のあり方の変化が、やがて生ずるのである[34]。こうした現実の主従関係の変化に、近世日本に浸透した儒教道徳の忠義の観念が結びつき、さらにそれが武士以外にも受け入れられる。忠義による息子殺しを正義とするような通念が一般化していった背景には、ごく粗くまとめれば、このような変化があったものと見られよう。

では、そうした変化は文学・芸能の世界にどのように関わったのだろうか。最後に、熊谷・敦盛説話を離れて考えてみたい。

四　子殺しの物語の位置――「満仲」を中心に――

子殺しの物語は、幸若舞曲にいくつか見られる。たとえば、「入鹿」では、盲目を装って入鹿に取り入った鎌足が、自分が盲目であることを信じさせるために、我が子をわざと火の中に落としてみせる。また、「景清」では、阿古王の裏切りによって追っ手に囲まれた景清が、阿古王との間に生まれた男子二人を刺し殺す。だが、これらは武士が主君への忠義や義理によって我が子を討つという物語とはやや異質である。

主君のために我が子を殺す物語として想起されるのは、やはり「満仲」であろう。多田満仲は、末子の美女御前を寺に入れるが、美女御前が修行をせず、『法華経』も読めないことに怒り、家臣の仲光に成敗を命ずる。仲光は美女御前の身替わりに我が子・幸寿丸の首を切る。美女御前はこれによって深く反省し、源信の弟子となって修行し、やがて円覚という立派な僧となって父母と再会した。美女御前の死を悲しんで目を泣き潰してしまった母も仏の力で目を開き、満仲は仲光の忠義に感じて所領の半分を与え、幸寿丸の菩提を弔うために小童寺を建立、本尊には稚児文殊を作ったというのである。

主君への忠のために我が子を身替わりにするという趣向の原型が「満仲」にあるという認識は、古くから存在する。たとえば、早川由美が指摘するように[35]、享保八年（一七二三）初演の「大塔宮曦鎧」第三段の「身替り音頭」は「いにしへ多田満仲の。夢幻の世を観じ[36]」云々と満仲の例を挙げるし、『誹風柳多留』二五編（寛政六年〈一七九四〉刊）には「三の切のしゆかう仲光がはじめ[37]」の句がある。そして、幸若舞曲「満仲」が、「身替り劇」と呼ぶべき浄瑠璃に如何に継承されていったかについては、原道生前掲注27論文が詳しくたどっている。

「満仲」は、『鹿苑日録』明応七年（一四九八）二月二九日条に「摂州優者両人来、演二多田満仲并奥州佐藤兄弟事一[38]」という上演記録があり、『言継卿記』天文一五年（一五四六）三月九日条では、禁裏で曲舞「多田満仲」が演じられたことが確認できる[39]。一五世紀には曲舞として成立していたと見てよかろう。また、最近、文明一三年（一四八一）書写とされる絵本『ただのまんぢうのものがたり』の存在が、小林健二によって紹介されている[40]。遅くとも一五世紀後半には、この物語は多様な形で流布していたと見られるわけである。

そうした流布の一端を示すものとしては、謡曲「仲光」（「満仲」とも）[41]も挙げられる。『言継卿記』天文二三年（一五五四）三月一〇日条に、「禁裏猿楽」の中で「満ちう」が演じられた記録があり、この時期以前の成立と見られるが、成立は幸若舞曲「満仲」より降ると見るのが、佐成謙太郎『謡曲大観』[42]解説以来の通説である。幸若舞曲などに比べて、仲光の子の幸寿丸と満仲の子の美女丸が、共に自分を討てと仲光に迫る場面に特色が見られ、仲光は悩んだあげく、「親心の闇打に現なきわが子を夢となし」たと描かれる。原道生前掲注27論文は、そこで仲光が忠義と肉親の情のいずれを取るかの選択を迫られる点、「より近世的な身替り劇の性格に近いものへと変質」していると指摘する。また、野口実は、[43]『仲光』に示されるような封建道徳が武家社会の倫理思想として定着していくのは近世」であると指摘する。これらの指摘は基本的に正しいと思われるが、検討せねばならないのは、この物語の原型が、説教台本「多田満中」によって確実に一四世紀に遡ると見られることである。

説教台本『多田満中』は、岡見正雄[44]によって紹介・翻刻された資料である。京都大学国語国文学研究室蔵、「鎌倉時代の小冊子」とされ、やはり同研究室蔵の『鹿野苑物語』などと同様、懐中して説教に用いた台本であったと推定される。これが少なくとも一四世紀には遡る写本であり、幸若舞曲「満仲」の粉本となったものであることは、既に庵逧巌[45]や小林健二[46]によっても論証されており、ストーリーだけではなく、表現のレベルにおいても幸若舞曲との一致を多く含むことが指摘されている。また、幸若舞曲「満仲」や謡曲「仲光」の後に位置する古浄瑠璃「多田満中」[47]なども、美女御前の母が悲しみのあまり盲目となる点なども含めて、説教台本『多田満中』から見られる要素を引き継いでいる。

父子関係に注目する本章としては、幸寿丸を呼び出した父仲光が、父に会えると喜んでやって来た息子に「義ヲ重《ジテ》命《ヲ》軽ジ、臨《テ》境棄屍事《ハ》君臣《ノ》法也」などと説き聞かせながらも、いざ我が子を切る時には、「目モクレ心モアキレテ可失トモ不覚、泣々剣ヲフリケレバ」と悲しみにくれるなど、忠義と愛情の間で葛藤する仲光の心理を十分に描いていることを確認しておきたい。本書を考慮に入れるならば、主君のために我が子を殺す（身替りにする）物語は、近世を待つことなく、一四世紀には確実に存在したことになる。鎌倉時代に存在していた可能性も十分考えられよう。『平家物語』とさほど隔たらない時代に、こうした物語が存在したことを、どう考えたら良いだろうか。

一つの可能性としては、前述のように、一四世紀末の殉死を描く『明徳記』の存在を考えれば、この物語の背景に現実の主従関係の変化を考えることも可能かもしれない。だが、注意すべきは、満仲の物語は本来、仏教説話だということである。『多田満中』が説教用台本であったことは、岡見正雄前掲注44論文が既に指摘していたが、小林健二前掲注46論文は、これが『法華経』読誦の利益を説くために談義の場で用いられたと見られることを、さらに詳しく論証している。本章の視点から注意しておきたいのは、本書の末尾が、次のように結ばれていることである。

満仲、幸寿丸ガ菩提訪為、少童寺ト云寺ヲ建テ、本尊ニハ児形ヲ模シテ文殊ヲ造、師子ニ乗シム。我朝ニ児文殊ト申ハ此時ヨリ始云。

つまり、本書は「少童寺」の「児文殊」の由来譚の形となっているともいえるわけである。少（小）童寺・児文殊のことは、前述のように幸若舞曲「満仲」にも見えるものだが、これを以て物語を結ぶ形は本書にしか見られない。本書は仲光の父としての苦悩を描いてはいるのだが、一面では、むしろ美女御前の身替りとなって殺された幸寿丸の物語となっているわけである。

先に見たように、向井芳樹前掲注25論文は、身替りの歴史を三段階に分け、第一段階は人柱や人身御供など、第二段階は仏教説話などの「利生霊顕譚」的なものとしていた。第三段階とされる忠義の身替りの物語の前には、神仏が人間に代わって苦を受ける、代受苦の物語があったわけである。児文殊が幸寿丸の姿を模して作られたという結末から、幸寿丸が文殊の化身であったという物語を想像することが許されるならば、本書は忠義の身替りの物語の最初に位置すると同時に、神仏による代受苦の物語の残影を引きずっている可能性もあるかもしれない。いずれにせよ、これは本来、必ずしも現実の武士の生態から生まれた話ではない。そこに現実の武士の主従道徳の反映を読むことには、十分に慎重な態度が必要であるといわねばならないだろう。

だが、満仲の物語が右記のように広く展開していった中で、早川由美前掲注35論文が指摘するように、『徳川実紀』天正六年（一五七八）条に見える逸話は興味深い。徳川家康が、織田信長に強制されて嫡子三郎信康に切腹させた著名な事件に続く記事である。

また、三郎君御勘当ありし初め、大久保忠世に預けられしも、深き思召ありての事なりしを、忠世心得ずやありけん。其後、幸若が、満仲の子美女丸を討と命ぜし時、其家人仲光我子を伐てこれに替らしめしさまの舞を御覧じ、忠世に「よくこの舞を見よ」と仰せありし時、忠世大に恐懼せしといふ説あり。いかゞ。誠なりや、しらず。(48)

幸若舞曲「満仲」を見た家康は、信康の守り役であった大久保忠世に「よくこの舞を見よ」と言い、忠世は恐懼したというのである。この前には、信康の傅であった平岩七之助親吉が、信康の代わりに自分の首を差し出してくれと申し出たのを、「汝が首を刎て三郎がたすからんには、汝が詞にしたがふべしといへども、三郎終にのがるべき事なきゆへに、汝が首まで切て我恥をかさねんも念なし」と断ったという話もあり、仮にこれが事実であったとしても、家康が「満仲」と同様の身替りを忠世に期待していたわけではないだろう。まして、『徳川実紀』が「誠なりや、しらず」と注している記事を、直ちに家康に関わる事実とすることはできまい。しかし、「満仲」を現実と類比した享受が、遅くとも近世初期にあったとはいえるだろう。この時期には「満仲」も、武士にとって一定の現実性を持った話だったわけである。

「一谷嫩軍記」「菅原伝授手習鑑」「伽羅先代萩」などをはじめとして、近世の芸能や文学の世界では主君への忠義による子殺しが一般化したわけで、そうした極端な形象が社会に広く支持されていたことは疑いない。それは、中世から近世にかけて変質した武士の主従道徳が、本章前節末尾に見たような「義理」「枷」として社会全体に広く受け入れられていったことを意味する。

但し、それらが常に現実味を持って受け止められていたというわけではない。大屋多詠子(49)が指摘しているように、勧善懲悪で知られる曲亭馬琴には、歌舞伎などの芸能や読本などに見る子殺しについて、否定的な批評が見られる。たとえば『胡蝶物語』（夢想兵衛胡蝶物語。前編は文化六年〈一八〇九〉刊）の一節を引いておこう。

至親を捨るは人情にあらず。況《まし》てわが子を殺して、媚《こび》を主君に求るものは、虎狼よりもおそろし。彼その子を愛せず。争《いかで》か誠に君をおもはん。（前編巻之三）(50)

馬琴の批判は、必ずしも忠義による子殺しそのものの否定ではなく、十分な義理を設定せずに安易に用いられる子殺しの趣向に向けられたものと見るべきだろう。だが、近世文芸に多用された子殺しの趣向は、当然ながら不自然と感じられる場合を含んでおり、必ずしも現実的な行為と見られていたわけではないことを、確認しておきたい。

しかし、『胡蝶物語』の刊行後、百年もたたないうちに書かれた新渡戸稲造『武士道』(51)は、第九章「忠義」で、「我が歴史上最大人物の一人たる菅原道真」に関する物語として、「菅原伝授手習鑑」の、菅秀才の身替りに小太郎の首を差し出すくだりを引き、旧約聖書のアブラハムとイサクの物語などと対比しつつ、「武士道においては、家族とその成員の利害は一体である」と説いている。「菅原伝授手習鑑」が史実とは無縁な近世演劇であることはいうまでもないし、菅原道真に関わる物語が何故「武士道」の例証になるのかなど、不審は多い。この書物が現実の歴史とは縁遠いことを示す例の一つといえよう。(52)だが、近世演劇が描き出す世界を以て現実の歴史を考えるような思考は、新渡戸固有のものとはいえまい。文学・芸能の趣向や虚構が、ある意味では新たな「歴史」や

「伝統」を創出していったことも、私たちは見据えておかねばなるまい。

おわりに

以上、敦盛・熊谷説話の変容の中に、さまざまな父子関係のあり方を見てきた。武士として息子を愛する素朴な父の姿も、亡霊となって息子に膝枕をする優しい父の姿も、忠義のために息子を殺す父の姿も、いずれも同じ説話の変奏の中に描き出されたものであり、そこには、日本人の父子関係が、時代により、また文学・芸能の領域によって、自在に姿を変えて形象された様相が映し出されているといえよう。

そうした中で、「一谷嫩軍記」の子殺しは、何を意味しているだろうか。一つ確実なことは、中世から近世にかけての武士の変質、主従関係の変化が、物語の内容を大きく変えていることである。そしてまた、武士固有のものであったはずの主従道徳が、有力な価値観として社会に広く理解され、受け入れられていたことも認められよう。『将門記』のような初期軍記物語では社会の異端的な存在のようにも見られていた武士は、近世には社会の標準的な価値観を示す存在となっていたわけである。だが、同時に見ておかねばならないのは、「一谷嫩軍記」の子殺しは、一面では、近世文芸とりわけ演劇の類型の中でとらえられねばならないということである。文学の変容を、現実社会の変化とのみ直結してとらえるのは誤りであり、文学の問題はその時代の文学の問題としてとらえる視点が必要である。文学を現実の反映と見る視点と、文学独自の展開の中で見る視点の双方を、如何に組み合わせて的確な視座を確保してゆくか——課題はなお、今後に多く残されているようである。

注

（1）佐谷眞木人『平家物語から浄瑠璃へ―敦盛説話の変容』（慶應義塾大学出版会二〇〇二年一〇月）。なお、本書は一九九〇年以降の論稿を再録しているが、本章では、以下、個々の論の初出については省略し、本書によって引用する。
（2）覚一本『平家物語』の引用は、岩波旧大系による。
（3）熊谷の心理をこの二点に整理した論として、武田昌憲「「生年十六歳」の名のり・覚え書き―直実と直家・敦盛」（『茨女国文』二号、一九九〇年三月）がある。また、高木信「熊谷直実の〈まなざし〉―『平家物語』の視点と表現―」（『名古屋大学国語国文学』六七号、一九九〇年一二月。『「死の美学化」に抗する―『平家物語』の語り方―』青弓社二〇〇九年三月再録）も、類似の視点を含みつつ、父としての心情を重視する。
（4）延慶本『平家物語』の引用は、延慶本注釈の会『延慶本平家物語全注釈・第五本（巻九）』（汲古書院二〇一五年一〇月）により、私意に句読点・濁点などを付した。
（5）水原一「熊谷説話の形成」（『解釈』六巻一二号、一九六〇年一二月。『平家物語の形成』加藤中道館一九七一年五月再録）。
（6）佐伯真一「軍記物語と説話」（『説話の講座・六　説話とその周縁』勉誠社一九九三年三月）は、熊谷説話の話型として、『今昔物語集』巻一九第六話などに見られる、鳥を殺した男の発心説話を考える。獲物として見ていた鳥に、自分と同じように愛する妻がいたことを知った瞬間、罪業に気づいて発心したとする点が、熊谷と同様の心理であると見るものである。
（7）謡曲「敦盛」は、岩波旧大系『謡曲集・上』による。
（8）謡曲「経盛」は、田中允『未刊謡曲集・二』（古典文庫第二〇四冊、一九六四年七月）、同・二十（第三〇四冊、一九七二年九月）、同・続九（第五四三冊、一九九二年二月）による。
（9）『申楽談儀』の本文は、岩波旧大系『歌論集・能楽論集』による。
（10）田中允前掲注8『未刊謡曲集・二』解題。
（11）田中允前掲注8『未刊謡曲集・二十』解題。
（12）西野春雄「元雅の能」（『文学』一九七三年七月）。
（13）三宅晶子「世阿弥からの出発―元雅・禅竹の時代―」（『能・研究と評論』一四号、一九八六年五月。『歌舞能の確立と展開』ぺりかん社二〇〇一年二月再録）。

（14）堂本正樹「番外曲水脈（一〇九）～（一一二）」（『能楽タイムズ』四三七～四三九号、一九八八年八～一〇月）。
（15）室木弥太郎『語り物の研究』第三篇第四章（風間書房一九七〇年一二月。増訂版一九八一年六月）。
（16）美濃部重克「「こあつもり」考」（『南山国文論集』九号、一九八五年三月。『中世伝承文学の諸相』和泉書院一九八八年八月再録）。
（17）『小敦盛』の本文は、岩波旧大系『御伽草子』による。
（18）幸若舞曲「敦盛」の本文は、岩波新大系『舞の本』による。
（19）小次郎直家の負傷に際して、覚一本では、「いかに小次郎、手おふたか」と気遣う父熊谷を描く。延慶本では負傷を描くのみで、父の反応は記さない。
（20）古浄瑠璃・説経の「こあつもり」と御伽草子『小敦盛』の関係については、室木弥太郎前掲15・美濃部重克前掲16論文、佐谷眞木人前掲注1書等参照。
（21）『平家物語評判秘伝抄』の引用は、田中庄兵衛・梅村弥右衛門版のマイクロ・フィルムにより、私意に句読点・濁点などを付した（振仮名は原本にあるもの）。なお、同書には近代活字版の翻刻もある（金櫻堂・明治一九年〈一八八六〉）。
（22）「一谷嫩軍記」は、三段目「熊谷陣屋の段」のみ岩波旧大系『文楽浄瑠璃集』によるが、その他は日本名著全集『浄瑠璃名作集・下』（日本名著全集刊行会一九二九年二月）を参照した。
（23）児玉竜一「「一谷嫩軍記」攷」（『演劇学』三二号、一九九一年三月）。
（24）内山美樹子「『一谷嫩軍記』と浄瑠璃の先行作品」（『早稲田大学大学院文学研究科紀要』四〇輯、一九九五年二月）。
（25）向井芳樹「身替りの論理」（『近松の方法』桜楓社一九七六年九月）。
（26）鳥居フミ子「土佐浄瑠璃の脚色法（八）―身替りもの『土佐日記』の位相―」（東京女子大学紀要『論集』三七巻一号、一九八六年九月。『近世芸能の研究―土佐浄瑠璃の世界―』武蔵野書院一九八九年四月再録）。
（27）原道生「「身替り」劇をめぐっての試論―逆説的な「生」の意義づけ―」（明治大学人文科学研究叢書『古典にみる日本人の生と死―いのちへの旅―』笠間書院二〇一三年五月）。
（28）「平家女護嶋」の本文は、岩波旧大系『近松浄瑠璃集・下』による。
（29）内山美樹子「「一谷嫩軍記」ノート」（『演劇学』三六号、一九九五年三月）。

（30）『明徳記』の引用は、和田英道『明徳記―校本と基礎的研究―』（笠間書院一九九〇年三月）による。
（31）『国史大辞典』「殉死」項（尾藤正英執筆）。
（32）『難太平記』の本文は、長谷川端（文責）「『難太平記』下巻」（『中京大学文学部紀要』四二巻二号、二〇〇八年三月）による。
（33）豊田武「封建制の成立に関する諸問題」（『史学雑誌』六二巻一〇号、一九五三年一〇月）、『日本の封建制社会』（吉川弘文館一九八〇年七月）。共に『豊田武著作集・八』（吉川弘文館一九八三年一二月）所収。
（34）吉永清「武士の主従関係―その集団論的一考察―」（『思想』四一五号、一九五九年一月）。
（35）早川由美「身替り悲劇の生成―満仲の伝承の変化をめぐって―」（『東海近世』一三号、二〇〇二年一〇月）。
（36）「大塔宮曦鎧」の本文は、日本名著全集『浄瑠璃名作集・上』（日本名著全集刊行会一九二七年一二月）による。
（37）『誹風柳多留』の本文は、『誹風柳多留全集・二』（三省堂一九七七年二月）による。
（38）『鹿苑日録』の本文は、続群書類従完成会刊本による。
（39）『言継卿記』の本文は、続群書類従完成会刊本による。
（40）小林健二「幸若舞曲とお伽草子」（『お伽草子百花繚乱』笠間書院二〇〇八年一一月）。
（41）小林英一「作品研究〈仲光〉」（『観世』六九巻二号、二〇〇二年二月）によれば、謡曲「仲光」の呼称は明治に復曲した観世流で用いられたもので、その他は「満仲」であるという。
（42）『謡曲大観・四』（明治書院一九三一年二月）。なお、謡曲「仲光」の本文も『謡曲大観』による。
（43）野口実「『仲光』にみる主従関係」（『銕仙』六〇三号、二〇一一年六月）。
（44）岡見正雄「説教と説話―多田満仲・鹿野苑物語・有信卿女事―」（『仏教芸術』五四号、一九六四年五月）。説教台本『多田満中』の引用はこの論文により、私意に改行を追い込み、句読点・濁点を付したものである。
（45）庵逧巌「舞曲『満仲』の形成」（『山梨大学教育学部紀要』五号、一九七四年一一月）。
（46）小林健二「幸若舞曲と『法華経』―説経台本「多田満中」と舞曲「満仲」―」（『国文学解釈と鑑賞』一九九七年三月。『中世劇文学の研究―能と幸若舞曲―』三弥井書店二〇〇一年二月）。
（47）古浄瑠璃「多田満中」は、『古浄瑠璃正本集・四』による。なお、原道生前掲注27論文は、この時期の古浄瑠璃を他に四作品挙げ、全体を「『忠臣身替物語』群」と称している。

(48)『徳川実紀』の本文は、国史大系により、私意に句読点などを付した。

(49) 大屋多詠子「馬琴の「人情」と演劇の愁嘆場」(『東京大学国文学論集』二号、二〇〇七年五月)。

(50)『胡蝶物語』の引用は、岩波文庫による。句読点は私意。

(51) 原題『Buchido, the soul of Japan』。アメリカで一八九九年に刊行された(刊行年は、次に記す櫻井訳丁未出版社に付された序文による)。本章の引用は矢内原忠雄訳の岩波文庫版によった。なお、櫻井彦一郎(鷗村)訳(丁未出版社明治四十一年〈一九〇八〉)では、章題は「忠節」。

(52) 新渡戸『武士道』の歴史記述の貧困に関する指摘は、津田左右吉(黄昏庵)「武士道の淵源について」(『日本新聞』明治三十四年＝一九〇一、『津田左右吉全集・二二』所収)、太田雄三『〈太平洋の橋〉としての新渡戸稲造』(みすず書房一九八六年二月)、西義之「Bushido 考―新渡戸稲造の場合―」(『比較文化研究』二〇輯、一九八二年三月)、同「Bushido 考―新渡戸稲造とB・Hチェンバレンそのほか―」(『比較文化研究』二一輯、一九八三年三月)、佐伯真一『戦場の精神史』(日本放送出版協会二〇〇四年五月)等参照。

〔付記〕本章の骨子は、本書のもととなった共同研究の場で発表したが、近世演劇の「身替り」の問題などに関する論述は、研究会の場で、大屋多詠子氏を初めとする共同研究参加者に多くの示教を得たことにより、発表時とは大きく異なるものになっている。ここに記して、感謝申し上げる。

第五章　馬琴の古典再解釈

――『椿説弓張月』と昔話・神話――

大屋多詠子

はじめに

西欧のルネサンスは文芸復興と言われるように「古典」が重視された時代であったが、日本の近世、江戸時代もまた、文学において「古典」の価値が見直された時代であろう。「古典」とは長い年月に渉り、多くの人々に読み継がれてきたものであり、江戸時代における「古典」とは何か、という問題はあるが、ここではとりあえず、江戸時代より前に成立した文学と考えておく。

江戸時代の学問においては、まず、国学の古典文学研究が想起されるだろう。たとえば、契沖の『万葉代《まんようだい》匠記《しょうき》』（元禄三年〈一六九〇〉成立）、『勢語《せいご》臆断《おくだん》』（元禄五年〈一六九一〉以前成立）、『古今《こきん》余材抄《よざいしょう》』（元禄五年〈一六九二〉成立）、賀茂真淵の『万葉考《まんようこう》』（明和五年～天保六年〈一七六八～一八三五〉刊）、本居宣長の『古事記伝』（寛政二年~文政五年〈一七八九~一八二二〉)、『古今集遠鏡《とおかがみ》』(寛政九年、文化一三年〈一七九七、一八一六〉刊)、『源氏物語玉《たま》の小櫛《おぐし》』(寛政一一年〈一七九九〉刊)等の業績である。国学者ではないが、北村季吟の『湖月抄』(延宝三年〈一六七五〉刊)以下の諸注釈も見逃せない。これらは、記紀や万葉、王朝文学がその主たる研究対象であったが、『大日本史』編纂を行った水戸藩は、史書編纂上の必要に逼られて、中世の軍記の諸本を調査し『参考源平盛衰記』(元禄二年〈一六八九〉刊)、『参考太平記』(元禄四〈一六九一〉年刊)、『参考保元物語』(元禄六年〈一六九三〉刊)、『参考平治物語』(元禄六年刊)を刊行している。このような研究を背景に、出版の隆盛も相俟って、江戸時代は古典が教養として庶民に広く浸透した時代であった(1)。なお、特に古代の古典研究を通じて日本人本来の精神を探ろうとした国学は復古思想に結びつき、水戸学は、歴史研究を通じて王政復古にたどり着く。

創作に目を向けると、演劇・文学もまた古典との関わりが深い。演劇においては、当代の事件をそのまま扱えないという制約下に、過去の時代に「世界」を移して上演するという方法が採られた。元禄時代の赤穂浪士の事件を扱った浄瑠璃『仮名手本忠臣蔵《かなでほんちゅうしんぐら》』(寛延元年〈一七四八〉初演)が『太平記』の時代と登場人物の名を借りるごとくである。歌舞伎作者が台本を書くための便覧である『世界綱目《せかいこうもく》』(寛政三年〈一七九一〉以前に原型が成立(2))には、歌舞伎の舞台背景となるさまざまな時代、「世界」をはじめ、その「世界」に登場する主要登場人物の「役名」と、参考文献である「引書」、さらに先行する「義太夫」浄瑠璃を列挙する。江戸時代、演劇で好まれたのはおそらく『平家物語』『義経記』『曾我物語』『太平記』といった軍記を利用した「世界」であろう。しかし国学が重んじた古代に限っても『世界綱目』の「歌舞妓時代狂言世界之部」には一五の「世界」がある。上演頻度はさておき、『世界綱目』に全部で四七ある時代狂言の「世界」のうち、約三分の一を古代が占めるというのは決して少なくない。はじめに「日本武尊」「神功皇后」「仁徳天皇」、次に「衣通姫」「浦島」「松浦佐用姫」の伝承、さらに「聖徳太子」「大職冠」「天智天皇」「大友皇子」と記紀に拠るだけでも一〇の「世界」が並ぶ。現在では専ら心中物が上演される近松門左衛門にも記紀に取材した作は多く、「日本武尊」「浦島」「聖徳太子」「大職冠」「天智天皇」の項でそれぞれ『日本武尊吾妻鏡《やまとたけるのみことあづまかがみ》』（享保五年〈一七二〇〉初演）、『浦島年代記《うらしまねんだいき》』（元禄一三年〈一七〇〇〉初演）、『聖徳太子絵伝記《えでんき》』（享保二年〈一七一七〉初演）、『大職冠《たいしょかん》』（正徳元年〈一七一一〉初演）、『天智天皇』（元禄二年〈一六八九〉初演）の作が先行の義太夫浄瑠璃として挙がる。

このように、演劇の時代狂言の「世界」は、記紀を初めとして、王朝文学、能、軍記、説話などから成立している。史書に拠るというよりは、基本的には、古典文学を経由して世界が形づくられているといえるだろう(3)。文学もまた演劇と同様の理由から、その時代背景を古典に求める。文学における時代背景は、必ずしも『世界綱目』の「世界」と一致するものばかりではないが、過去の「世界」に「趣向」として当代を持ち込むという考え方は基本的には同じであろう。演劇・文学は、当代の出来事も、古典の「世界」に読み替えることで、いわば、古典文学を再解釈しているのである。

このように江戸時代は、学問・創作の上で古典文学との関わりが非常に深い。本論では、江戸時代の後期を代表する作家、曲亭馬琴に着目して、彼の古典文学の再解釈の方法について考えてみたい。

一　馬琴の古典取材と考証

馬琴は読本《よみほん》と呼ばれるジャンルの作家として著名である。読本は、一般的には中国白話小説の利用が特徴とされるが、白話小説に限らず、古今東西の古典から織りなされたテクストであると言って良い(4)。馬琴の博覧強記はよく知られるところで、和漢の故事に精通し、自身の関心がある話柄について考証した『燕石雑志《えんせきざつし》』（文化七年〈一八一〇〉刊）、『烹雑《にまぜ》の記』（文化八年〈一八一一〉刊）、『玄同放言《げんどうほうげん》』（文政元・三年〈一八一八・一八二〇〉刊）といった随筆を残している。例えば『燕石雑志』巻末には、考証の際に利用した引用書目として史書・物語・和歌集・軍記・随筆・史論・俳諧書・地誌・中国の史書・和漢の小説・類書などに渉る二三八部が列挙される。

その馬琴が創作の際、作品の時代背景として選ぶのは、演劇と同様に中世の軍記の時代であることが多い。これは馬琴に限らず読本の一般的な傾向といえようが、古代や王朝時代を舞台とする作も例外的に見受けられる。これは古語を得意とする学者に多いようである。例として、国学者である建部綾足の『本朝水滸伝』（明和一〇年〈一七七三〉刊）や儒学者である五井蘭州の『続落久保物語』[5]が挙げられる。馬琴は『本朝水滸伝を読む并批評』（天保四年〈一八三三〉成立）を残しているが、『本朝水滸伝』に否定的で、特に本書が古語で書かれていることを批判する。同様の批判は『南総里見八犬伝』の序にも見える。

畢竟文字《ひつきやうもんじ》なき婦幼《をんなわらべ》の、弄《もてあそ》びにすなる技《わざ》にしあれば、故《ふ》りて風流《みやび》たる草子物語《さうしものがたり》は、取《とり》て吾師《わがし》に倣《な》すべくもあらず。（中略）この故に吾文《わがぶん》は、枉《まげ》て雅《が》ならず俗ならず、又和《わ》にもあらず漢《かん》にもあらぬ駁雑杜撰《はくざつづさん》の筆をもて、漫《そゞろ》に綴り創《はじめ》しより、世人謬《よのひとあやま》りて遐《とほさ》け棄《すて》ず。（中略）
恁《かゝ》れば昔の草子物語《さうしものがたり》は、此《こゝ》にも俗語もて綴れるを思ふべし。和漢その文異《こと》なれども、情態《じやうたい》をよく写し得て、その趣《おもむけ》を尽《つく》せる者、俗語ならざれば成すこと難《かた》かる、彼我同《ひがおなじ》く一揆《いつき》なり。然《され》ばとて、今此間《このあいだ》の俚言《りげん》俗語の、転訛侏離《てんかしゆり》の甚《はなはだ》しきを、そが儘文《まゝぶん》になすべからず。余《おのれ》が駁雑《はくざつ》の文《ぶん》あるは、この侏離鄙俗《しゆりひぞく》を遁《のが》れんとてなり。（中略）しかるに近世《ちかきよ》、建部綾足《たけべあやたり》が『西山物語《にしやまものがたり》』、及《また》『本朝水滸伝《ほんちやうすいこでん》』一名『吉野物語』は、をさ〳〵古言《こげん》もて綴るものから（中略）今の俗語もまじりたれば、木に竹を接《つぎ》たるやうにて、且時好《かつときのこのみ》に称《かなは》ざりけん、僅《わづか》に

二編にて、果《はた》さゞりけり　　（『南総里見八犬伝』第九輯下帙中巻第一九簡端贅言）

馬琴は、所詮婦女子が楽しむための小説なのであるから、「故りて風流たる草子物語」の「古言」を真似するべきではない、という。今の我々にとっては、風流に思われる言葉であっても、当時の作者にとっては俗語であったのであるから、今の我々が小説の文体として選ぶべきは今の俗語であるべきと論じる。だが、話し言葉そのままでは鄙俗すぎるので、和漢混交を選んだというのである。馬琴のこの発言はしばしば文体論として取り上げられるが、これは作品の時代設定とも関わっているのではないだろうか。「事はその時代を考るといへども、文はなほ山林の口気を脱れず。これ婦幼の耳目に解し易からんが為なり。画も又しかり」（『椿説弓張月』序）というように、馬琴は時代考証に留意したが、文体が「山林の口気」則ち「俗儒の文」（「山林ノ口-気謂二俗-儒ノ之文ヲ一」『古今類書纂要』巻一二）であるのは、婦女子のためであり、また挿絵も同様であると注記する。つまり、時代考証という面からは、本来、文体もその時代に使われた言葉に随うべきである。挿絵に描かれる風俗もまた然り。しかし右のような考え方からすれば、読者のために古語は避けるべきである。それゆえに馬琴は意識的に古代・王朝時代を背景とすることを避けてきたのではないかとも考えられる。

しかし、馬琴が作品執筆において古代・王朝時代やその文学を全く排しているわけではない。馬琴の読本の、特に伝説物と分類される作品群においては、しばしば輪廻の趣向が用いられる。例えば、『標注園《ひょうちゅうその》の雪《ゆき》』（文化四〈一八〇七〉年刊）、『松浦佐用媛石魂録《まつらさよひめせきこんろく》』（文化五年〈一八〇八〉刊）である。どちらも北条氏の時代、『標注園の雪』では歌舞伎の世話物の「薄雪」の「世界」を踏まえつつ、主人公の男女の前世を「小町」の「世界」の小野小町・深草少将とする。『松浦佐用媛石魂録』でも主人公の男女の前世を「松浦佐用姫」の「世界」の大友狭手彦・佐用媛とする。これらの作品では登場人物の前世を古代・王朝時代の演劇の「世界」に設定し、前世からの因縁が明かされることで、今生の騒動が説明される。また、『皿皿郷談《べいべいきょうだん》』（文化一〇年〈一八一三〉刊）の背景は足利義晴の時代であるが、継子苛めの趣向には『落窪物語』が用いられており（『著作堂旧作略自評摘要』(6)）、真間の手児女の霊が女主人公を慰める（作中『万葉集』の山部赤人の長歌を引用する）。

歴史に取材した史伝物においては、登場人物が、記紀の神々に擬えられることがある。例えば『南総里見八犬伝《なんそうさとみはっけんでん》』（初輯文化一一年〈一八一四〉刊）第四回、鯉がいない安房で鯉を釣る難題を与えられた里見義実を「千剣振《ちはやふる》神《かみ》の代《よ》に、彦火々出見尊《ひこほほでみのみこと》こそ、失《うせ》にし鉤《かぎ》を索《もとめ》つゝ、海竜宮《わたつみ》に遊び給ひけれ。又浦島の子は堅魚《かつお》釣り、鯛《たひ》釣かねて七日まで、家にも来ずてあさりけん、例《ためし》に今も引く糸の」と彦火々出見尊、いわゆる山幸と『万葉集』第九（一七四四・一七四五歌）の水江浦島子に擬える。後述するが、『椿説弓張月』（文化四〜八年〈一八〇八〜一一〉刊）の源為朝も日本武尊に擬される。神々に擬えることで人物は神格化されるわけであるが、記紀の神々は決して完全無欠ではない。失敗もする人間味を帯びたそれぞれの神々の性格が、登場人物に重ねあわされ、その造型は重層性を持つ。会話においては、記紀などの故事が、登場人物の知識を披瀝する際にも用いられる。

意匠・視覚効果としても古典が利用される。例えば『松染情史秋七草《しょうせんじょうしあきのななくさ》』（文化六年〈一八〇九〉刊）、これは江戸時代の「お染久松」の「世界」を南北朝時代にうつした巷談物であるが、本作の口絵では七人の主要登場人物に、秋の七草が当てられる。それぞれに七草を使った歌が『万葉集』から配されるが、筋や登場人物の設定と重ねあわされた選歌となっている。「秋七草第一」として挙げられるのは「芳萱《はぎ》」であり主人公の父、楠正元が配される。歌は「吾屋戸乃一村芽子乎念児尓不令見殆散都類香聞（わがやどの　ひとむらはぎを　おもふこに　みせでほとほと　ちらしつるかも）」（一五六九歌）である。萩に見立てられた、本作の正元は南北朝合体の後、足利義満暗殺を企てて失敗する。「思ふ子」とはここでは、正元の遺児である主人公であろう。主人公は密かに家臣に守られて生き延びるが、父が誰とも知らずに育つのである。

口絵の登場人物像に和歌が添えられるのはよく見られるが、『松染情史秋七草』では、読み仮名もなく、万葉仮名のまま『万葉集』を引用しているのが特徴的である。万葉仮名で記された歌は、当時の多くの読者にとっては、恐らく「故りて風流たる」意匠でしか無い。歌を正しく読んで、登場人物との取り合わせの妙を楽しめたのはごくわずかな知識人であろう。意匠としてだけでも十分楽しめるが、知識階級のより熱心な読者が解読すれば、口絵から登場人物や筋を予測する楽しみ、あるいは読了後に、人物に重ねられた選歌の妙を再度楽しめる仕掛けになっているわけである。

馬琴は、小説の時代背景には、読者に馴染みやすい武家政権の軍記の時代を選びつつ、輪廻の趣向や人物造型などに、古代・王朝の「世界」や文学を用いることで、作品に重層性を持たせようとしたのである。

二　「童話《わらべのものがたり》」の考証と古典

ところで、『世界綱目』には「浦島」の「世界」があった。「浦島」は謡曲や御伽草子でも伝わるが、その伝承は古くは『日本書紀』『万葉集』等に遡る。今では昔話としてよく知られるが、馬琴も「浦島之子」を「童子《どうじ》の話柄《ものかたりぐさ》」「童話《わらべのものがたり》」と位置づけ、『燕石雑志』巻之四（文化七年〈一八一〇〉刊）において考証している。馬琴は「昔より童蒙《わらはべ》のすなる物語も、おのづから根《もとづ》く所あり」と、和漢の故事や神話から昔話の典拠を探り、昔話に価値を見出そうとするのである。例えば「浦島之子」の典拠としては、右に挙げた二書の他、『捜神後記』『古事談』等が考証されている。馬琴にとって「童話」はいわば古典の集積の上に形づくられたものであり、だからこそ馬琴は「童話」を評価する。

「浦島」は『日本書紀』に拠るため、『世界綱目』では時代物の「世界」に数えられていたが、『燕石雑志』で馬琴は、「浦島之子」の他に、演劇の「世界」にはない「猿蟹合戦」「桃太郎」「舌切雀」「花咲翁」「兎大手柄」「獼猴生胆」を考証する。『燕石雑志』の「名るに燕石を以す。蓋人の捨て顧みざる所、我取て珍と為るの意なり」（山本北山序）という題意が示すように、学者にも顧みられない「童話」にも由ある典拠があるのであり、たわいないものと捨て去るべきではないと馬琴は考えているのである。

そもそも「童話」は、子供のための絵本である赤本の主要な題材であり、大人向けの絵本である黄表紙《きびょうし》・合巻《ごうかん》においても、いわば世界として用いられることは珍しくない。馬琴においても同様で、例えば、「浦島」の「世界」を使った黄表紙には、『竜宮　羶　鉢木《たつのみやこなまぐさはちのき》』（寛政五年〈一七九三〉刊・山東京伝作・馬琴代作）、『竜宮苦界玉手箱《たつのみやこくがいのたまてばこ》』（寛政九年〈一七八七〉刊）がある。その他、「猿蟹合戦」には、黄表紙『増補獼猴《さる》蟹合戦《かにかっせん》』（寛政一〇年〈一七九八〉刊）合巻『童蒙赤本事始《わらべはなしあかほんじし》』（文政八年〈一八二五〉刊）、「舌切雀」に関しては副題に「実方爵略縁起舌切雀根原録」とある『赫奕媛竹節話説《かぐやひめたけのよがたり》』（文化一二年〈一八一五〉刊）などがある。(7)

我々は昔話を口承文芸と考えるが、馬琴は「童話」を元は絵巻物であったと考えた。「猿蟹合戦、桃太郎物語、花咲の翁、兎の仇撃、鼠の嫁入などいふものも、みなはじめは絵巻物にてありけんかし」「いづれも作り物語にはあれど」（『燕石雑志』巻之四「浦島之子」）根拠があるのだと論じるのである。黄表紙・合巻においては、すでに世界として成立していた「童話」を考証し、その典拠を古典に求めることで、馬琴は「童話」の価値を見直そうとしたのであろう。

三　「桃太郎」の考証と『椿説弓張月』

その考証結果を馬琴は読本執筆にも活かしている。「童話」の考証のうち「桃太郎」は、読本『椿説弓張月』（以下『弓張月』と略す）の執筆と密接に関わっている。『弓張月』は源為朝に取材した読本であるが、馬琴は『燕石雑志』で『参考保元物語』「為朝鬼島渡并最期事」を引用して、「桃太郎」は源為朝の伝説に由来すると論じている（傍線部筆者。以下同じ）。

桃太郎が鬼ガ島へ到《いたり》て宝貨《たから》を得たりしよしは、為朝の事を擬していふなり。保元物語為朝鬼ガ島渡りの段に、御曹司は西国にて舟には能調練《よくちやうれん》せられたり。舟をも損せず押上て見給へば、長一丈余ある大童《おほわらは》の、髪は空様に取あげたるが、身には毛ひゝと生て色黒く、牛の如くなるが、刀を右に指て多く出たり云々《しかく》。亦云く実《げ》にも見れば、鳥の穴多し。その鳥の勢《せい》は鵯程《ひよどりほど》なり。為朝これを見給ひて件《くだん》の大鏑《おほかぶら》にて木に有を射落し、空を翔《かけ》るを射殺《いころ》しなどし給へば、島のものども下を振ひておぢ恐る。汝等も我れに従はずばかくの如く射殺すべしと宣へば、皆平服して従ひけり。身に著《き》る物は網の如くなる太布《ふとぬの》なり。この布を面々《めんく》の家より多く持出て、前に積置けり。島の名を問給へば鬼が島と申す。然れば汝等《なんじら》は鬼の子孫かさん候。さては聞ゆる宝あらば取出せよ見んと宣へば、昔正しく鬼神なりし時は、隠簑《かくれみの》、隠笠《かくれかさ》、浮履《うきくつ》、劔《けん》などいふ宝ありけり。その頃は船なけれども、他国へも渡りて、日食人《ひびにくらふ》のいけ贄《にゑ》をも取れり。今は果報尽て宝も失せ、形も人になりて、他国へ行ことも叶はずといふ。されば島の名を改《あらため》んとて、太き葦多く生《おひ》たれば葦島《あししま》とぞ名附《なづけ》ける。この島倶して七島知行《しちとうちぎやう》す。これを八丈島のわき島とす云々《しかく》。これは永万元年三月の事なりといへり。桃太郎が鬼ガ島渡り

は、全くこれより出たり。御曹司島めぐりといふ絵巻物世に行《おこなは》れしころ、それに擬してかゝる物語さへ出来《いでき》しならん。（燕石雑志）

馬琴は、保元の乱に破れた為朝が配流先で鬼ヶ島を従えたという伝説から「桃太郎」の「童話」が成立したのだという。さらに遡って為朝の島巡り譚は、義経の島巡り譚である『御曹司島渡』という絵巻物が読まれた頃、これに擬えて生まれたのであろうと推測する（傍線部）。

一方、文化四年（一八〇八）から馬琴は、『燕石雑志』に先行して『弓張月』を刊行中である。『燕石雑志』刊行時、前・後・続・拾遺・残編の五編のうち続編まですでに刊行しており、『燕石雑志』は拾遺編と同じく文化七年（一八一二）八月に刊行された。『燕石雑志』の「桃太郎」の記事は、『弓張月』続編執筆時までの間の考証が反映されているといえる。『弓張月』は五編に渉り、書き継がれるなか、新たな資料を得る度に少しずつ構想に変更が生じたことが指摘されるが、(8) 変更を加えつつも、全編にわたり「桃太郎」の影は変わりなく見え隠れする。「童話」の典拠研究と読本執筆がどう関わるのか、以下に『弓張月』に見える「桃太郎」のモチーフを確認してみたい。

①鬼ヶ島渡り

あらためて確認しておくと『椿説弓張月』は為朝の琉球渡航説に取材した作である。前編冒頭には、琉球渡航説について『本朝神社考』や『和漢三才図会』を引くが、『保元物語』にはこの説が見えないことを記す（傍線部）。

爲朝琉球へ渡り給ひしといふ説、原何《もといづれ》の書に出ることをしらず。しかれども神社考云、「爲朝八丈島より鬼界に行、琉球に亘《わた》る。今に至り諸島祠《やしろ》を建て島神とす」といふ。寺嶋が和漢三才圖會に又云、「爲朝大嶋を遁出《のがれいで》て琉球國に到り、魑魅《りみ》を驅《かり》て百姓《ひやくせい》を安くす。洲民その徳を感じて主とせり。爲朝逝去のゝち、球人祠をたて、神號《しんごう》して舜天太神宮といふ」といへり。愚按ずるに、保元物語に、爲朝島に于《おいて》自殺の事を載せて、琉球へ渡《わたる》の説なし。彼説をなすもの、いまだ何に据《よる》ことを詳《つまびらか》にせず。今軍記の異説古老の傳話を合せ考、且《かつ》狂言綺語をもてこれを綴る。（前編冒頭）

つまり、馬琴が「桃太郎」の典拠とする「保元物語為朝鬼ガ島渡りの段」は、本来『参考保元物語』には「為朝鬼島渡并最期事」とあるように、為朝が鬼が嶋に渡った後、大嶋で討たれる最期までを記し、実は脱出し生き延びたとする琉球渡航説とはそもそも関係がない。一方で『本朝神社考』には「爲朝八丈島より鬼界に行、琉球に亘る」と「鬼界」という言葉が見えており、馬琴は、為朝の大嶋脱出後を描く続編以降で、「鬼が嶋」に加えて、繰り返しこの「鬼界」について考証する。「鬼界」については拙稿[9]で取り上げたことがあり重複するが、ここでは「鬼が嶋」に関する記述とともに順に確認してみたい（表1）。

表1　『椿説弓張月』『俊寛僧都嶋物語』『燕石雑志』における「鬼が嶋」の記述

編次	脱稿	刊記	「鬼が嶋」の記述
前編	文化二年一二月一四日	文化四年一月	冒頭
後編	文化四年九月一九日	文化五年一月	一八回他
続編	文化五年八月一二日	文化五年一二月	拾遺考証・三二回
俊寛僧都嶋物語	文化五年八月三一日	文化五年一〇月	巻八附録（俊寛考）
燕石雑志	文化六年三月	文化七年八月	巻四の五
拾遺	文化六年冬	文化七年八月	なし
残編	文化七年五月	文化八年三月	引用旧説崖略・六七回・六八回・南嶋地名辨畧

後編（文化四年〈一八〇七〉成立）までは『参考保元物語』に拠って「鬼ヶ島」は「八丈島のわき島」の「葦島」（『燕石雑志』波線部参照）と考えられている。馬琴は女護が島に対して男だけが住む島が「大児《おに》が嶋」の「葦が嶋」であるとし、女護が島は、為朝にちなんだ「八郎嶋」が訛って「八丈」嶋となったとこじつける（傍線部）。

ふるくは大児《おに》が嶋《しま》ともよべり。かゝればおにとは悪鬼夜叉の謂にはあらで、大はらはとよぶ心なり。又、男の嶋とは、男児のみ住むをもて女護の嶋に對して呼ぶ。こは此の嶋の字《あざな》なり。なほこの外に、真《まこと》の鬼《おに》の栖嶋《すむしま》ありや。さる分別《わいだめ》はしり候はず　（七郎三郎の台詞・後編第一八回）

男女ひとつに住むときは、男の嶋といはんも称はず。この荒磯の周《めぐり》には、太やかなる葦の生《おひ》たれば、芦が嶋とも名づけよ　（為朝の台詞・後編第一八回）

女護といふ名を更めて八郎嶋と呼做《よびな》せしが、物換《かは》りゆく世のたゞずまひに、その故事を訛《よこなま》り、今八丈と称《となふ》るは、この荒磯とぞしられける　（後編一九回）

一方、続編（文化五年八月一二日擱筆）に入ると、「鬼界」についての説明が現れる（続編拾遺考証・続編三二回）。当初、「鬼界」は、平家打倒の陰謀が発覚して俊寛らが流された鬼界嶋であり、「鬼界を琉球《おき》の属嶋《こしま》」（続編「拾遺考証」）、つまり琉球に属する一島と考えられている。

しかし、続編執筆の約半月後に書き終えた『俊寛僧都嶋物語』（文化五年八月晦日擱筆）では、「南海の諸島を。鬼が嶋。又鬼界嶋と称せしよし。その辨南嶋志に精細なり」（巻末）というように、新井白石の『南嶋志』の閲覧を機に「鬼ヶ島」「鬼界」を一島の名称ではなく、南島の総称と考えるようになる。『燕石雑志』（文化六年成立）にも「鬼島は南島の総名なり」と記されている。

さらに残編（文化八年〈一八一一〉刊）では、『東鑑』を引き、「奇界」「鬼界」「鬼が嶋」は南嶋の総称であるとしつつ（「引用舊説崖略」）、さらに特に琉球を指すものとする（冒頭・残編六七・六八回）。

奇界乃鬼界にて、この國奇怪の事多かり。後に鬼界と書によりて、鬼が嶋とも唱ふめり。みな南嶋の總名にて、今なべていふ琉球也。（残編六七回）

そして、続編で俊寛らの配流地である鬼界嶋を、琉球の属嶋の一つであると考えていたことについては、『俊寛僧都嶋物語』以降、南嶋の総称であった「鬼界」が後にわずかに一島に残ったのであり、今となっては俊寛の配所がどこであったか定かではないと考えを改めている（残編「南嶋地名辨略」）。

残編末尾に付される「南嶋地名辨略」では、それまでの考証を整理した上で、「奇界」「鬼が嶋」は琉球のことであり、「この國往古妖神現して、奇怪の事多かり。故にこの名ありといふ」（残編「南嶋地名辨略」）と結論づける。

おそらく、前編執筆時の馬琴は『本朝神社考』の「爲朝八丈島より鬼界に行、琉球に亘る」の「鬼界」を琉球の属嶋と考えているに過ぎず、「鬼界」と「鬼ヶ島」を同一視まではしていなかったであろう。しかし、右に確認してきた通り、書き継ぐなかで考証が深まり、「鬼界」「鬼ヶ島」についての考えは少しずつ変化した。最終的に馬琴にとって為朝の鬼が嶋渡りとは、『参考保元物語』に拠る「八丈島のわき島」の葦島渡航だけではなく、琉球渡航をも意味するに到ったのである。後編一八回の七郎三郎の台詞に「真の鬼の栖嶋ありや」（二重傍線部）とあったが、敢えて残編で、琉球について「妖神現して、奇怪の事多かり」（「南嶋地名辨略」）と記したのも「鬼が嶋」の鬼退治と琉球渡航説を重ね合わせようという意図があったのであろう。

②狼の服属

「桃太郎」で欠かせないのは犬・猿・雉の供であるが、この三匹について『燕石雑志』では、「鬼ガ島は鬼門を表せり。これを逆するに、西の方申酉戌をもてす。これを四時に配するに、西は秋にして金気殺伐を主ればなり。その意いと深し」と述べる。陰陽五行説で、鬼門に当たる丑寅の方角に対し、金気の西の方角に位置する申酉戌を配置したという。その是非はともあれ、『弓張月』前編においては、「桃太郎」の三匹を想起させる動物が登場する。

まず犬の代わりに『弓張月』では狼が登場する。第二回、為朝は二頭の狼が鹿の肉を争って闘うところを仲裁する。

> 狼の子二頭《にひき》ありて、鹿の宍《しゝむら》を争ひ、嚼《かみ》あふて生死《しやうし》をかへりみず、互に半身血に塗《まみ》れ、勝らず劣らず見えしかば（中略）さらば助得《たすけえ》させんとひとりごち、すゝみ対《むか》ひて宣ふやう、「汝等は勇《たけ》き神なり。今食を争ひて、互に痍《きず》つき傷《いた》む事あらば、われ労せずして両《ふたつ》ながら獲《え》んも容易《いとやす》し。夫《それ》食は別に求《もとむ》るともなほ得《う》べし。生とし活《いけ》るもの一たび命をはりなば、求《もとむ》るに道なかりなん。とく退《しりぞ》けよ」　（第二回）

この箇所について従来典拠の指摘はないようだが、『日本書紀』欽明紀冒頭の次の故事に基づくと考えられる。天皇が若い頃、夢に「秦大津父」を家臣として寵愛すれば、天下を治めることができるという予言を得て、当人と対面した。その際、彼が山で二匹の狼が闘って血塗れになっているのに遭遇したという話を聞く。彼はいそいで馬を下りて、口や手を清めて、「汝《なん》じは是れ貴《かしこ》き神にして、楽《この》んで麁《あら》き行《わざ》す。儻《も》し猟士《かりひと》に逢ば、禽《とら》れんこと尤速けん」と両者の闘いを押し止めて血に塗れた毛を拭い洗って放し、「倶に命全からしむ」という[10]。欽明紀を利用したのは、作品冒頭において、為朝が天皇の力となる存在であることを暗に示す意図が働いたのであろう。

欽明紀を踏まえて、馬琴は狼を「勇《たけ》き神」（傍線部）とする。狼は『万葉集』でも「大口の真神」と詠まれ（一六三六、三二六八歌等）、三峯神社でも神として崇められる存在である。ちょうど『燕石雑志』が刊行される前年、文化六年（一八〇九）には合巻『三峯霊験御狼之助太刀《おいぬのすけだち》』（十返舎一九作）という合巻が刊行されている。本書は角書に「三峯霊験」とあり、「御狼」を「おいぬ」と読ませている。狼は「形大如犬」（『和漢三才図会』）、「犲《やまいぬ》」（『本朝食鑑』）とも同一視されたようである。犬を狼に読み替えたとしても不思議はない。「桃太郎」の犬を、神格化される英雄為朝に相応しく、神として祭られる狼に代えたのであろう。

この後、為朝に従うようになった二匹の狼は、主君の危機を知らせ（三・七回）、戦いの場面でも活躍する（五・九回）。

敵陣を夜討し給ふ時は、彼野風と呼べる狼、まず陣中に潜入り、夜巡りの兵士を啖殺して、主を引き入れまゐらせしとぞ　（第五回）

これは、『太平記』巻二二に登場する畑六郎左衛門の記事に拠ることが指摘されているが、[11]『燕石雑志』では桃太郎の犬が「敵の城を抜たる」例として、この『太平記』を挙げる。

犬をもて敵の城を抜たる事は、畑時能が事を擬したり。太平記に云く、畑六郎左衛門時能《ときよし》と申するは、武蔵国の住人にてありけるが（中略）犬獅子と名を付けたる不思議の犬一匹有けり。（中略）先づ件の犬を先立て、城の用心の様を伺ふに、敵の用心密《きびし》くて隙《ひま》を伺いがたき時は、この犬一吠々《ひとほえほえ》て走出、敵の寝入夜廻《ねいりよまはり》も止《やむ》ときは、走り出て主《しゅ》に向て尾を振《ふり》て告《つげ》ける間だ、三人共にこの犬を案内者にて屏《へい》を乗越、城の中へ打入て叫喚《おめきさけん》で、縦横無碍に切て廻ける間だ、数《す》千の敵軍駭騒《おどろきさわぎ》て城を落されぬはなかりけり。　（燕石雑志）

「桃太郎」の犬の典拠と考える記事を、『弓張月』の狼に用いているわけである。馬琴は「桃太郎」の考証を活かし、『日本書紀』を利用した狼を従える為朝に、犬を従える「桃太郎」像を重ねているのである。

③鶴の報恩と猿退治

次に登場するのは、鶴である。為朝の夢に、助けた鶴が（第三回）女性の姿で現れる。鶴は恩に報いるため、才色兼備の妻を得るための助言と「南海の果にて見えまゐらすべきこそ」（第四回）と予言を残す。雉から白鶴に変更したのは、助けた鶴の足に「源朝臣義家放焉」とある金の牌が付けられていたように（第三回）、義家が鶴を放生したという故事（宝暦一二年〈一七六二〉初演『奥州安達原』）を活かすためであったが、「鶴は仙禽にして、鳥の聖」（続編三二回）であり、また「鶴は仙人の驥《うま》」（続編三二回・『燕石雑志』五下）であった。狼と同じ理由で、より相応しいものと雉から鶴に変更されたのであろう。(12)

鶴に引き続き猿が登場する（第四回）。ただし飼い主は為朝の正妻となる白縫である。白縫が飼う猿が悪事を働いて寺の塔の上に逃亡、殺生が禁じられる寺社内で、この猿を仕留めたのは矢ではなく、為朝の放った鶴であった。そのまま「鶴は高く翔あがりて、南を投て飛去」る。上皇への鶴の献上を命じられた為朝は再び鶴を手に入れる必要に逼られて（第五回）、鶴が「南海の果て」での再会を予言した通り、琉球へ渡る（第六回）。

「桃太郎」の雉と猿の変奏として、馬琴は鶴の報恩と猿退治の回を用意した。猿については、『燕石雑志』で簡略に「猿の人に従ひし事は、和漢その例尠《すくな》からねば毛挙《かぞへあぐる》に遑《いとま》あらず」とされるが、桃太郎物の黄表紙ではしばしば猿は三匹の中でも悪に染まりやすい存在として描かれる。例えば、赤本『むかしく〵の桃太郎』でも、猿は欲深で、「日本一の黍団子、二、三十下されば供申しましょう」とねだり、「猿は欲の深い。ひとつ下されば供申さん」と言う雉とは対照的である。安永六年（一七七七）の黄表紙『桃太郎後日噺』（朋誠堂喜三二作）でも、猿は好色で、桃太郎に追放された後、犬に踏み殺される。「猿蟹合戦」をみても、猿は悪役に配されやすいようである。『弓張月』で「桃太郎」の猿が、退治される存在として描かれても不思議ではない。この猿の悪行が縁となって、為朝は正妻となる白縫に巡り会う。

さて再び鶴に話を戻すと、鶴は「南海の果」での再会を約し「南を投て」飛び去った。馬琴は『燕石雑志』で、「桃太郎」の雉と南との関係について力説する。

> 雉は瑞鳥也。その瑞桃太郎が宝を得て富に至るの前象とす。易離為スレ雉ト。傳玄雉賦《フゲンガキジノフ》云ク。稟《ウケテ》二炎《エン》離《リ》之正《セイ》気《キヲ》一。応《オウズ》二朱火禎祥《シュクワノテイシャウニ》一。云々。雉は南方火《ひ》に象《かたどれり》。鬼ガ島は南島の総名なり。この故に雉の鬼ガ島へ到て功あるよしをいへり。（燕石雑志）

「易離為スレ雉」（波線部）とあるが、新井白蛾著『易学小筌』（安永九年〈一七八〇〉板）を試みに引くと、「離為火　雉罹《キジカカル》二網《モウ》中ニ一之象　秋葉飄風之意」とあり、「此卦ハ離別ノ卦ナレハ親子《シンシ》兄弟或親《シタシ》キ朋友《ホウユウ》ナトニ別遠《トホサ》カル也」云々と説明される。「又此卦ハ先ハ凶ニシテ後ニ利《ヨロシキ》ノ義アレハ物ニヨッテ古事トスル意アリ」ともある。一旦の鶴との離別や、放った鶴献上の難題、後の解決といった『弓張月』の一連の筋は、この卦を表したものとも考えられる。また同書附録の「八卦ノ象広推」では、離を火とし、雉について「スベテ美事ナル鳥ノ類可推」とする。(13)南方の火に象られる鳥であるために雉は、南島の総名である鬼ヶ島に到ったものと馬琴は考えた（右傍線部）。

『弓張月』の鶴も琉球渡航に際して登場する。特に後編以降は、為朝の嫡子である舜天丸《すてまる》との関わりにおいて描かれる。馬琴は、前編冒頭に『和漢三才図会』を引用したように、当初、琉球の舜天太神宮は為朝を祀ったものと考えていたが、後編執筆時には、『中山傳信録』（一七二一成立）を閲し、『和漢三才図会』の記述は誤りで、祀

図１　続編口絵の舜天丸（国会図書館蔵本）

図２　黄表紙『桃太郎昔語』（八丁裏）の桃太郎（都立中央図書館蔵本）

られているのは為朝の子であることに気付く（左傍線部）。

為朝琉球ヘ渡リ玉ヒシトイフコト、神社考、及和漢三才図会ニ記載ストイヘトモ、フルクハ我邦ノ史籍軍記ニ見エザルヨシハ、スデニ前篇ニイヘリ。然ドモソノ論未尽ヲモツテ、再コヽニ弁ズ。余嘗元史類篇、中山傳信録ヲ閲スルニ、琉球中興ノ主、舜天王ハ、スナハチ為朝公ノ子ナルヨシ、其書ノ注ニ見エタリ　（後編冒頭）

後編では『参考保元物語』「為朝鬼島渡」通りに、為朝は伊豆諸島を従え、第一八回では、男ばかりの「大児が嶋」に渡り、鬼を服従させる。一方で、本来、為朝の一代記の構想であったはずが、『中山傳信録』の閲覧をきっかけに変更を余儀なくされ、後編では嫡子舜天丸をはじめ、庶子の外伝も用意されることが指摘されている。(14) 鶴もまた、琉球の「舜天太神宮」に祀られる、舜天丸との関わりの中で語られるようになる。「為朝鬼島渡」は「桃太郎」のような力尽くの「鬼退治」ではなかったが、続編以降の琉球篇では、いわゆる「鬼退治」の「桃太郎」の形象が、舜天丸に引き継がれてゆく。まず続編の口絵には舜天丸が禍獣《わざわい》を踏みつける図像が描かれる。禍獣とは「禍は、その形牛に似て、頭は虎のごとし。これを鬼門と号く。往古黄帝、神荼鬱塁をもて、これを捕て虎に餌しむといふ」（続編四四回）

と説明される妖異である（後述するが、『燕石雑志』でも「桃太郎」の考証で「神荼鬱塁」の故事を引く）。舜天丸の口絵はしばしば桃太郎物の赤本や黄表紙で、桃太郎が鬼を踏みつける、仁王像のような構図と類似する（図1・2）(15)。実際の本文は口絵とは齟齬し、続編四四回で禍獣は石碑に押しつぶされて死ぬが、続編以降、本文でも舜天丸に「桃太郎」の形象が加えられていく。

④桃と鬼退治

特徴的なのは、舜天丸と桃の関係である。幼い舜天丸は、父母とともに平家討伐のために船出するが、嵐で遭難（続編第三一回）、父母と生き別れ、老臣紀平治と孤島に漂着する。二人は、鶴の飼い主である福禄寿星に救われ、教えを授かる（続編第三二回）。

この山の南なる谷間に、ふりたる桃あり（中略）その枝を剪て三條の征矢を矧、（中略）主従旦暮《あけくれ》に祈念せば、その矢毒龍邪気《れうじやき》を征して、霊験響《ひゞき》の物に應ずるが如けん。それ桃は仙木にして、よく百邪を征す。往古《いにしへ》異朝《もろこし》黄帝のとき、神荼鬱塁《しんとうつらい》といふ兄弟あり。性《このんで》よく鬼を執《とら》ふ。黄帝桃板《もゝのいた》をもて、彼《かの》兄弟が形を画ゝ《ゑがゝ》せ、これを門戸に貼《はり》て、悪鬼を禦《ふせ》げり。今の桃符桃版《とうふとうはん》はすなはちその事なり。又漢の時、西王母は三千年に一《ト》たび子を締《むす》ぶ桃《もゝ》をもて、武帝に進む。この外《ほか》桃の徳枚挙に遑《いとま》あらず。かゝれば主従が命を繋ぐの糧《かて》、これにますものやはある。（続編第三二回）

福禄寿の教え通りに、舜天丸主従は桃の枝と鶴の羽で三本の矢を作り、孤島で神桃に命を繋いで時節を待つ。「桃をもて糧とすれば、七年が間この嶋にて、無益の殺生し侍らず。みな父母のおん為と、思ひ奉り侍るなる」（残編第五八回）と、桃から生まれた「桃太郎」ならぬ、殺生をせず桃のみを食して育った舜天丸が描かれる。(16)

『燕石雑志』の考証では「桃は仙木にして百鬼精物を殺すの功あればなり」として桃の効能を示す例として、『本草綱目』の「神桃ハ。主治《シュチ》。殺ス二百鬼精物ヲ一」、『日本書紀』の、黄泉から逃げる伊弉諾尊が桃の実を投げ、追手の雷等を退ける故事を引く。また『風俗通』からは「神荼鬱塁」の故事を引き、「これらの故事によりて、桃太郎鬼ガ島へ到りて鬼を殺し、その鬼王を擒にしたりとは作したるなり」と述べる。『弓張月』の為朝の台詞にも「桃は邪気を除くもの也。その事神代の巻にも見え、亦風俗通にもありとかいへり」（残編五八回）とその徳が繰り返される。

神を食べて育った舜天丸はやがて父母と合流し、曚雲という琉球国王を殺害し王位を奪った妖僧を、かの桃の矢で倒すことになる。

舜天丸は姑巴嶋《こはしま》にて、三所の神に斎祀《いはひまつ》りし桃の箭《や》に、義家と識《しるし》たる、黄金牌《こがねのふだ》をとりそえつゝ、弓を満月のごとく、彎《ひき》固めて、且く祈念し給へば、（中略）何処とはなく空中に、鶴の鳴く声聞えしかば、念願成就とたのもしく、弦音《つるおと》高く兵《ひやう》と射る。その箭流るゝ星のごとく、曚雲が吭砕《のどぶえくだい》て（略）（残編第六五回）

曚雲の正体は「このもの元来人倫にあらで、その長五六丈可《ばかり》なる、虬龍《みづちのたつ》」であった。為朝が「見るべしわが徒《ともがら》、みな桃に由て福を得つる事。これ曚雲を滅ぼすの前象なり」（残編五八回）とも言うように、琉球の虬龍を退治するためには桃の力が必要であった。残編では「鬼界」と「鬼ヶ島」が同一視されたことは確認した通りであるが、曚雲退治はいわば「桃太郎」たる舜天丸の鬼退治といえよう。

ところで黄表紙に描かれる「桃太郎」は、しばしば欲深である点が諷刺される。安永八年（一七七九）刊『桃太郎元服姿』では、桃太郎は鬼に宝を返そうとするも、打ち出の小槌は金銀に困らないために手元に残そうとする。天明二年（一七八二）刊『昔噺虚言桃太郎』では「さても桃太郎は鬼ヶ島にて鬼の宝物を奪い取り、故郷へ帰り、一期栄《いちが》えてしまいしが、宝の内にも打ち出の小槌より金銀を打ち出し、今は裕福に世を送りける。しかるに此うま味を忘れかね、又いづくなりとも行きて、宝をしてこまさんと欲心起こる」と次は竜宮の乙姫に色仕掛けで近づき、宝を得ようする（この桃太郎は元服して、浦島太郎になる）。噺本『鹿の子餅』でも「むかしむかしの桃太郎ハ、鬼か嶋へ渡り、もとで入らずに多くの宝を取たげな。これほど手みじかな仕事はない」（明和九年〈一七七二〉刊）[17]といった具合で、親しまれたからこそとはいえ、「桃太郎」の欲心に対する認識は一般的であったといえよう。これに対して、桃だけを食し、自ら無益な殺生を禁じ祈禱に明け暮れて育った舜天丸が、いわば琉球国の救世主として来訪、矇雲という琉球王を殺害し王位を簒奪した妖異を退治するという『弓張月』の琉球編は、言わば理想化された「桃太郎」であった。

たわいない「童話」である「桃太郎」の典拠を『参考保元物語』「為朝鬼島渡」と考えた馬琴は、読本『椿説弓張月』に右に見てきたような「桃太郎」のモチーフを取り込みつつ、執筆途中で得た考証の結果を『燕石雑志』にまとめたのであった。『参考保元物語』をなぞり、「桃太郎」が為朝に由来するという考証の結果を示した前後編に対し、続編以降では、為朝の子、舜天丸の造型を通して、理想化された「桃太郎」を再生したともいえるであろう。「童話」を織りなす和漢の古典を解き明かし、再び創作で作品に編み直したのである。

四　日本武尊と為朝

先に述べたような構想の変更に伴って、為朝の嫡子である舜天丸が登場する後編以降、主人公為朝が脆弱化することが指摘されている[18]。琉球編の矇雲討伐の主力を担う舜天丸に対し、舜天丸の助力がなければ矇雲を討伐することができない為朝。この脆弱化を補うかのように、後編以降、しばしば、為朝は『日本書紀』の神に比されることがある。

身丈《みのたけ》の高やかなる、腕の太やかなる、手力雄命《たちからをのみこと》めきたり　（後編第二五回）

昔大泊瀬《おほはつせ》幼武《わかたけ》天皇雄畧葛城山に御狩《みかり》して、みづから荒猪《あらしゝ》を殺し給ひけんも、かくやとおぼし　（後編第二六回）

「手力雄命」は天照大神が天岩戸に隠れた時、その御手をとって引き出し奉ったという神である。同様に葛城山に野猪を退治した雄略天皇にも擬えられる。これらは為朝の怪力を示すためであったが、琉球編の続編以降、為朝が比されるのは専ら「日本武尊」である。「日本武尊」が他の神々と異なるのは、為朝の人生と重ね合せるようにその故事が取り込まれていることであろう。「童話」の「桃太郎」とともに『日本書紀』の「日本武尊」のモチーフがどのように用いられているかを以下に確認する。

①白縫と弟橘姫

まず「日本武尊」が重ねられるのは、続編第三一回「為朝水行より京に赴く　白縫瀾を披て海に沈む」である。平家討伐を期して船出するも、為朝一行は嵐に遭遇、難破の危機に正妻の白縫が次のように語る。

御曹司、かくては万死に一生を得がたし。傳聞《つたへきく》景行天皇の四十年、日本武尊、東夷征伐の折から、相模より船出して、上総へとて赴き給ふに、暴風《あかしまかぜ》忽地に起りて、皇子の船漂蕩《ひやうとう》し、既に傾覆《くつがへ》らんとしたりしかば、その妃弟橘姫命、穂積氏忍山の宿禰の女　皇子に代り、入水してうせ給へり。さるによつて風波《ふうは》立地《たちところ》に軟《やはら》ぎて、御船恙なく岸に着くことを得たりとぞ。君が武勇、日本武尊《やまとたけのみこと》に劣り給はず。妾《はらは》が心操《こゝろばせ》、弟橘姫に及ばずとも、此身を犠《にえ》として、海神へ献らば、風の止《やま》ざる事やはある。　（続編第三一回）

白縫は日本武尊の妃、弟橘姫が入水して嵐を鎮めたことを例にとり、自ら入水を決意するが、その際、「君が武勇、日本武尊に劣り給はず」（傍線部）と為朝の武勇を日本武尊に擬える。日本武尊が西征・東征に赴いたように、為朝もまた西は九州一円を従え、東は伊豆諸島を掌握する。『参考保元物語』に描かれる為朝の活躍を、日本武尊に譬えた上で、史実にない琉球渡航説から為朝の後半生を虚構する際に、日本武尊の姿を要所要所で重ね合わせるのである。日本武尊は志半ばで故郷を遠く離れて亡くなるが、その子は仲哀天皇となった。国に尽力しつつも、冷遇されたまま、異邦で生涯を終えた英雄。しかしその子は頂点に上り詰める。これは為朝と舜天丸との関係に重なり合うのである。

②嶋袋の焼討と焼津の焼討

拾遺第五六回、為朝は、舜天丸とは生き別れのまま、朦雲と対峙するに及んで、再び「日本武尊」に擬えられる。

為朝は、朦雲の妖術に翻弄され、嶋袋に焼き討ちに遭う。その形勢《ありさま》は正に是、駿河の牧に田獵《みかり》せし、日本武尊《やまとたけのみこと》に似たり。されど吹かへす風もあらで、今はかうとおぼせしかば、鶚の丸の劒引抜つゝ、腹帯剪《きつ》て鎧《よろひ》投すて、天《そら》を仰ぎて嘆息し
（拾遺第五六回）

『日本書紀』には駿河焼津の焼き討ちの時、日本武尊の草薙の剣が自ら鞘から出て草を薙いだことを記している。為朝の「鶚の丸」（傍線部）も「嶋袋にて火を避たるも、みなこの劔の威徳とおもへば」（残編第六〇回）とあるように暗に「草薙の剣」と重ねられる。この鶚の丸が、朦雲討伐を中心に描く残編では、次第に重要な意味を持つことになる。

③鵜の丸

そもそも鵜の丸は、為朝の父、為義が崇徳院より賜ったもので、前編でその名がわずかに登場するだけであった（1傍線部）。

1　爲義朝臣今は已《やむ》ことを得ず、（中略）すべて六人の子どもを將て、白河殿新院の御一所を申すへ走《はせ》參る。新院御感斜ならず。（中略）二箇所を賜りて、即判官代に補し、上北面《しようほくめん》に候《こう》すべきよし、能登守季長をもて仰られ、鵜丸といふ御劍を下されけり。（前編第八回）

これが拾遺に入り、嶋袋の焼き討ちに遭う際の為朝の装束描写のなかに、この鵜の丸が再登場する（2傍線部）。

2　保元の合戦に、嚴父《おんちゝ》爲義朝臣が、新院より給はつたる、鵜の丸といふ、金作《こがねつくり》の圓鞘《まるさや》の名劍に、（中略）この國人《くにうど》は目に馴れぬ、武者態威《むしやぶりゐ》あつて猛《たけ》からず。天晴《あつはれ》大將軍や、とばかりに、身方も敵もおしなへて、感嘆せざるはなかりけり。（拾遺五六回）

そもそも前編第八回で、父、為義が賜った鵜の丸を、為朝が所持していたことについては、残編第五七回・残編第六〇回に至って、崇徳院の陵に詣でた際に（後編第二五回）夢に与えられたと、述懐する（3・4参照）。

3　曩に讃岐院の山陵に通夜せしとき、夢の中に感得したる、父が紀念《かたみ》の宝劍と、燧袋は今にあり。これも亦奇といふべし。（残編第五七回）

4　わがこの刀は源家の重宝、鬼切蒔鳩に異ならず。為朝いぬる嘉応二年の秋、讃岐國へ赴きて新院の山陵《みさゝぎ》に詣《まうで》たりける夜、君をはじめ奉り、父なりける廷尉《ていゐ》為義《ためよし》、兄なりける左衛門尉頼賢《よりかた》（中略）夢の中に姿を現じ、

世のなりゆくべき光景を、うち相語ひ給ふ程に、松ふく風に驚き、覚れば、枕辺に一口の宝剣あり。（中略）

（残編第六〇回）

さらにこの鵜の丸の威徳として、水難・火難（5参照）に加え、妖異をも打ち破る（5・6参照）ことを挙げる。

5　人にも告ずこの年来、腰に離すことなければ、往に風波の難に係りて、船の反覆《くつがへ》らんとせしときに、はやく帆綱を切ながせしも、又妖婦海棠《かいだう》を、只一刀《ひとうち》に砍《きり》たふせしも嶋袋にて火を避たるも、みなこの劔の威徳とおもへば

（残編第六〇回）

6　（亡霊は）この宝剣の威徳におそれて、しばしも影をとゞめあへず。不立文字《ふりうもんじ》の没字牌《もつじはい》、残る像見《かたみ》は正木《まさき》の卒塔婆《そとば》

（残編第六一回）

ただし、5の例に見える妖婦海棠は拾遺第五四回本文では刀で切られたのではなく、矢で射られているなどの齟齬がある。また鵜の丸の伝来について残編以降、詳述することについては、「為朝鵜丸の劔を感得し給ひし事、（中略）前に略して後に委《くわし》くす。敢漏《あへてもら》したるにはあらず」（残編冒頭）と言い訳めいた注記をする。これらの齟齬や注記は朦雲討伐の場面への収束に向けて、鵜の丸の威徳をことさら強調しようとした結果と考えられる。そして舜天丸と合流して迎えた朦雲討伐では、先に見たように舜天丸が桃の矢で朦雲の喉笛を射たところを、為朝が鵜の丸でとどめを刺す。

7　為朝は、真鶴《まなつる》と呼びかへたる、鵜の丸の宝剣をうち振りて、間ちかく走《はせ》よし給へば、宝剣の威徳にやおそれけん、朦雲猛に風を起し、雲を呼びて空中へ、登らんとするところを、舜天丸は姑巴嶋《こはしま》にて、三所の神に斎祀《いはひまつ》りし桃の箭《や》に、義家と識《しるし》たる、黄金牌《こがねのふだ》をとりそえつゝ、弓を満月のごとく、彎《ひき》固めて、且《しばらく》く祈念し給

へば、（中略）何処《いづこ》とはなく空中に、鶴の鳴声聞えしかば、念願成就と頼もしく、弦音《つるおと》高く兵《ひやう》と射る。その箭《や》流るゝ星のごとく、曚雲が吭碎《のどぶえくだい》て篦《の》ぶかにぐさと射込みたまへば、しばしも堪ず馬上より、仰《のけ》さまに瞠《どう》と堕《お》つ。為朝得《え》たりと馬より飛《とび》をり、彼《かの》宝剣をとりなほして、九刀刺徹《こゝのかたなさしとほ》し、怯《ひる》むところを押し伏せて、首を弗《ふつ》と掻落《かきおと》し給へば　（残編第六五回）

このように鵜の丸は拾遺第五六回、日本武尊に重ねあわされた嶋袋の焼打の場面で、前編第八回以来、久方ぶりに再登場し、次第にその重要性が強調される。鵜の丸は、最終的に琉球国の神器の一つとされるに到る（六八回）が、草薙の剣もまた日本の神器の一つであった。鵜の丸には日本武尊の草薙の剣の俤がある。

なお「九刀刺徹し、怯むところを押し伏せて、首を弗と掻落し給へば」の「九刀刺徹」とは、『平家物語』の源頼政の鵺退治の際に、猪早太が「柄《つか》も拳も透《とほ》れ透《とほ》れと、続け様に九刀《ここのかたな》ぞ刺《さ》いたりける」(19)とあるのに拠る。鵺退治の故事も重ね合わされ、曚雲が妖異であることを暗に示した表現となっている。

④死

曚雲の正体は「その長五六丈ばかりなる、虬龍」（第六六回）であったわけであるが、これに関して馬琴は、残編末尾の考証で、馬琴は『琉球神道記』の作者、袋中の琉球の毒蛇に関する説を引き、日本も琉球も蛇を恐れることは同じであり、鬼とも呼ぶことを記す。その際、日本武尊の死についても言及する（傍線部）。

袋中の説に、「南中畏るべきもの甚しきものは毒蛇也。昔その王大成《わうだいぜう》蛇害にあへることあり」といへり。天朝神代《かみのよ》に、山田《やまた》の大蛇《おろち》あり。この後日本武尊《やまとだけのみこと》、近江膽吹山《いぶきやま》にて毒蛇を砍たまひしが、蛇毒の為に薨《かく》れたまひき。かゝれば、天朝弁の古俗、毒蛇を懼畏るゝこと、南中に異ならず。今なほ畏るべき物に譬て、鬼といひ、蛇といふ、彼我その俗相似たり。　（「為朝神社并南嶋地名辨畧」）

『燕石雑志』では「上代には山賊を土蜘蛛と唱ふ、又大蛇ともいへる歟。日本武尊の胆吹山にて斬り給ふ大蛇は、山賊なるべしと一友人いひけり」（巻五下一四）とも記すが、『弓張月』では山賊説をとらず、毒蛇退治の末に、死に到ったとする。第六五・六六回に朦雲を退治した為朝は六七回に「速かに故国へ帰りて、讃岐院の山陵《みさゝぎ》にて、肚《はら》かき切るの外なし」と決意する。崇徳院をはじめ父為義ほか、白縫、兄弟らの霊に迎えられた為朝は「忽地《たちまち》雲にかき乗せられ、件の馬にうち騎給へば、為仲、白縫左右より、轡《くつわづら》を楚《しか》と取る。（中略）天の原、ふりさけ見れば八重雲の、霞にまぎれて見えずなりぬ」。さらに六八回では崇徳院の陵の前で為朝に似た武士が自害したこと、「彼死骸、ある夜忽然とうせて、遂に往方をしらず」と亡骸が消失したことが語られる。

生きながら神となり、神変不測の通力を得て、日の本へ飛帰り給ふといへども、なほ人間にありし日の、夙念《しくねん》を果さん為に、白峰の山陵《みさゝぎ》にて、自殺を示し、軀《やが》て脱仙《だつせん》して、天地に徜徉《せうよう》し、人の為に生を利し、死を救んと誓ひ給ふなるべし　（残編第六八回）

祖国へ飛帰った点と、その屍が残らなかったとする点は、『日本書紀』の日本武尊に似る。雲上を馬に乗って去った為朝と白鳥と化して去った日本武尊。馬琴は右の傍線部で「脱仙」という言葉を使うが、『故事部類抄』[20]という馬琴が作品執筆のために日本の故事を抄録、分類した類書のなかで、やはりこの故事を「仙仏部」の「脱仙」に分類する。

白き鳥と化《な》りて、陵より出玉ひて、倭の国を指て飛び玉ふ。群臣等《たち》、因て以、其の棺櫬《ひつぎ》を開て視玉ふれば、明衣《みそ》のみ空く留て、屍骨は無し　（『日本書紀』景行紀[21]）

このように、琉球編では舜天丸に「桃太郎」の形象が受け継がれたのに伴い、為朝には『日本書紀』の日本武尊の形象が重ねあわされたと考えられるのである。

おわりに

『弓張月』琉球編については、『水滸伝』『水滸後伝』[22]『狄青演義』[23]『西遊記』[24]の影響、謡曲「海人」の趣向等の指摘がある。[25]それに加えて、琉球国の神話と日本国の神話を結びつけ、舜天丸の琉球支配の正当性を示したことも指摘がある。[26]白話小説のみならず、軍記や神話が分かちがたく重なり合って『弓張月』の世界は成り立っている。

なかでも、主人公の造型に着目した時、「桃太郎」や『日本書紀』の日本武尊の形象が為朝・舜天丸父子に重ね合わせられていることを本論では確認した。

ところで日本武尊の「脱仙」を採録した『故事部類抄』は、『吾妻鑑』『平家物語』『太平記』等からも引用されるが、圧倒的に『日本書紀』が多いことが指摘されている。[27]他の資料と比して、古代は馬琴にとって書き写して、学ぶ必要がある古典であったとも言えよう。『弓張月』に関わる記載を確認すると、『日本書紀』の故事からは、日本武尊の「脱仙」の他、弟橘媛の入水（地部「海　風濤難」）、胆吹山の蛇（地部「泉」）、猪を踏み殺す雄略天皇（帝系部「皇后」）、彦火々出見尊（民業部「釣」）、狼の故事（毛鱗部「狼」）[28]が目に留まる。また『古事記』からは伊弉諾の桃（菓実部「桃実」）、『源平盛衰記』から為朝の事績についての摘要（技芸部「射」）、『太平記』から畑六郎左衛門の犬（毛鱗部「犬」）、『保元物語』から鵜の丸の記事（器用部「剣」）が採録される。馬琴は古代から中世に到る古典を摘録して学び、それを「童話」の考証、さらには創作に活かしているのであり、本論で確認したように、その一例が『弓張月』なのである。『弓張月』は、いわば、「童話」や神話の主人公を中世に読み替えた、古典の再解釈としての作品であるとも言えよう。

馬琴は史書からは分かり得ない史実の行間を虚構する。『燕石雑志』の「童話」の「浦島之子」の考証で、馬琴は次のように述べていた。

よしや史に載《のせら》るゝとも、浦島が子の事、夢野《ゆめの》の鹿の事などは、凡智《ぼんち》をもて量《はか》るときは、実事《まこと》ともおぼえず。いにしへも今も人はたゞ新奇を好むが世の習俗《ならひ》なり。彼に伝へこれに記すまゝに、文を餝《かざ》ることもあるべし。

古事記雄略天皇の段には、浦島が子の事見えず。

『日本書紀』にある「浦島」や「夢野の鹿」(29)は事実とは思われないと馬琴は言う。「夢野の鹿」とは『日本書紀』仁徳記及び『摂津国風土記』に載る夢合せの伝説で、牡鹿の夢を占った牝鹿の言葉通りに牡鹿が射殺されるというものである。目新しいものを好むのは人の常であり、史書であっても文を飾ることもあるだろうと。史実であれば記紀ともに採録するであろうが、史実ではないから「浦島」のことは『日本書紀』にはあっても『古事記』には見えないのだという。馬琴は、さらにこれらは「小説ならん」と述べている。

浦島が子の事、夢野《ゆめの》の鹿の事は小説《せうせつ》ならん。史に小説を収めたる事、唐土《もろこし》にもありや。答て云ふ、史記に秦の始皇《しくわう》を呂夫韋《りよふい》が子とす。これは秦を誹《そし》るものゝ所為《わざ》歟。当時の小説なるべし。例《れい》せば宗盛《むねもり》公を傘張《かさはり》の子なりとし、亦文徳実録巻の一に、嵯峨天皇を伊予ノ国神野《かみの》郡の沙門《しやもん》上仙が後身《こうしん》なりとまうし、檀林《だんりん》皇后を橘嫗《たちばなのうば》が後身《こうしん》なりとまうす説を載せられたるが如し。みないにしへの小説なるべし

（『燕石雑志』巻五下 一三）

「浦島」「夢野の鹿」をはじめ、秦の始皇帝は荘襄王の子ではなく、実は呂夫韋の子であるという説（『史記』巻六「秦始皇本紀」）、平宗盛は実は清盛の子ではなく、「唐笠ヲ張テ商フ僧」(30)の子と二位殿が語ったという説

（『源平盛衰記』巻四三）、天子として生まれ変わることを予言した上仙と、上仙の檀越で、財産を尽くして上仙を供養し、来世で一緒に生まれ変わることを願った橘嘉智子が、嵯峨天皇と檀林皇后の前世であるとする説（『日本文徳天皇実録』巻一）。馬琴は史書にみえるこれらの例は「みないにしへの小説」であるという。馬琴もまた史書に取材しつつも、「文を餝」ることで小説を書いた。その際、馬琴は記紀をはじめとする古典に学んだ故事や「童話」を織りなして「文を餝」ったのである。

注

（1）『浸透する教養　江戸の出版文化という回路』鈴木健一編、勉誠出版、平成二五年。

（2）『歌舞伎の文献6　狂言作者資料集（一）『世界綱目』『芝居年中行事』』国立劇場調査養成部・芸能調査室、昭和四九年。

（3）飯塚友一郎『歌舞伎細見』（第一書房、昭和二年）では、時代物を「稗史野乗篇」と分類する。

（4）前田愛氏は「稗史小説はいわば虚構のテクストである。（中略）馬琴の制作したおびただしい長篇物語の世界は、結局馬琴が読破した大量の書物からの引用、これが小説のなかの実としてあるのです。その実に支えられて、馬琴の想像力は飛翔する。そしてそこに、ある虚の世界、虚構というものがつくり出される。そいう構造になっているのです」と指摘する（「文学テクスト入門」『前田愛著作集』第6巻、筑摩書房、平成二年）。

（5）天野聡一「『続落久保物語』の思想性―「大和魂」をめぐって―」『江戸の文学史と思想史』ぺりかん社、平成二三年。

（6）神谷勝広・早川由美編『馬琴の自作批評―石水博物館蔵『著作堂旧作略自評摘要』』汲古書院、平成二五年。

（7）ちなみに、『赫奕媛竹節話説』はその序に「竹取の草紙は原《もと》是万葉集、第十六巻めの歌より出、舌切雀は宇治拾遺、又その先は唐山の楊宝が故事に本づく。今又これらを父母として、やつと産出す赤ぼんは」とあるように『竹取物語』と「舌切雀」の世界を綯い交ぜにしつつ、「実方雀の時代」、左遷された奥州で亡くなり、その魂が雀となった藤原実方の時代に設定した作品である。『竹取物語』は「物語の出で来はじめの祖」（『源氏物語』「絵合」）といわれるように文学史上、重要視される王朝文学である。馬琴も「古昔の草子物語、『竹採』・『宇通保』、『源氏物語』」と並記する（『南総里見八犬伝』第九輯下帙中巻第十九簡端贅言）。一方で今も「かぐや姫」は昔話として親しまれる。それと同じように、馬琴にとっても、王朝文学のなかでも、むしろ「舌切雀」と取り合わされるような、「童話」に近い存在であったのであろう。なお馬琴は「桃太郎」の考証において、桃から生まれた桃太郎は、竹から生まれたかぐや姫にも拠っていると考え、『竹取物語』の典拠についても言及する。

（8）大高洋司「『椿説弓張月』論─構想と考証」『読本研究』第六輯上、平成四年。

（9）拙稿「京伝・馬琴作品における辺境─外が浜と鬼界島」『環境という視座　日本文学とエコクリティシズム』（アジア遊学143）、平成二三年。

（10）書き下しは後述の『故事部類抄』引用の馬琴の訓点に従った。

（11）『椿説弓張月』上（古典文学大系60）、後藤丹治頭注、岩波書店、昭和三三年。

（12）『奥州安達原』（宝暦一二年〈一七六二〉初演）にも「鶴は仙家の霊鳥」とある。

（13）なお「傳玄雉賦」は『芸文類従』巻九〇に見える。

（14）石川秀巳「虚実の往還─『椿説弓張月』試論」『山形女子短期大学紀要』第一六集、昭和五九年三月。大高洋司「『椿説弓張月』論─構想と考証」『読本研究』第六輯上、平成四年。

（15）図2の他、赤本『むかし〳〵の桃太郎』や文化二年刊『昔話桃太郎伝』等がある。

（16）『南総里見八犬伝』の犬江親兵衛と舜天丸との共通性が指摘される（注18参照）。共通点としては、一番若い子であり（舜天丸も嫡子でありながら最後に生まれる）、一度息絶えるも再生すること、神仙の加護で育つこと、人を殺さないこと、最後に登場して華々しい活躍をすること、妖異を退治することなどがある。親兵衛は「童話に聞えたる、桃太郎にはあらずや」（『南総里見八犬伝』第百四回）とされ、親兵衛と似る舜天丸が「桃太郎」の形象を背負っていたとしても不思議ではない。

（17）『噺本大系』第9巻、東京堂出版、昭和五四年。

（18）石川秀巳「琉球争乱の構図㈦」『山形女子短期大学紀要』第一七集、昭和六〇年三月。

（19）『平家物語』上、講談社文庫、昭和四七年。

（20）「翻刻『故事部類抄』─曲亭叢書─（一）～（十）」『早稲田大学図書館紀要』四四～五四号、平成九～一九年）。

（21）書き下しは『故事部類抄』引用の馬琴の訓点に従った。

（22）『椿説弓張月』上（古典文学大系60）、後藤丹治解説、岩波書店、昭和三三年。

（23）徳田武「『椿説弓張月』と『狄青演義』」『日本近世小説と中国小説』（日本書誌学大系51）、青裳堂、昭和六二年。
（24）朝倉瑠嶺子『『椿説弓張月』の世界』八木書店、平成二二年。
（25）大高洋司「『椿説弓張月』の構想と謡曲「海人」」『近世文藝』七九、平成一六年。
（26）播本眞一「『椿説弓張月』論」『八犬伝・馬琴研究』（新典社研究叢書206）新典社、平成二二年。久岡明穂「福禄寿仙の異名―『椿説弓張月』試論―」『叙説』第三〇号、奈良女子大学国文研究室、平成一四年一二月。
（27）播本眞一「『故事部類抄』について―『南総里見八犬伝』との関連を中心に」『日本文学研究』第三三号、平成六年一月。『故事部類抄』の引用は「翻刻『故事部類抄』―曲亭叢書―（一）～（十）」『早稲田大学図書館紀要』四四～五四号、平成九～一九年）に拠る。
（28）その他、残篇六七回の仁徳記の人魚の逸話（帝系部「譲位」）も載る。
（29）夢野の鹿も『故事部類抄』に載る（毛鱗部「鹿」）。
（30）『源平盛衰記』慶長古活字版（古典資料類従）第六冊、勉誠社、昭和五三年。川柳にもしばしば詠まれる。

〔付記〕『椿説弓張月』の引用は岩波古典文学大系に拠った。特に注記のないものについては原本に拠った。引用に際しては、適宜通行の字体に直し、ルビを省略した。

本稿は平成二七年度科学研究費補助金（若手研究Ｂ：課題番号24720103）の成果の一部である。

第六章　近世村社会における文化の大衆化について
――西伊豆戸田湊に来る旅芸人を事例として――

岩田みゆき

はじめに

本プロジェクトでは、日本文学・西洋文学・東洋史・西洋史・日本史とそれぞれ多様な分野の中世から近世を専門とする研究者が集まったが、統一的に「近世」とはこういうものであるという結論を出すことを目的とせず、当面はそれぞれが「近世」を考えるためのいくつかの共通項を見出すことに努めた。本章では、日本近世史の立場から、特に演劇史や文学の研究者との関連性から、文化の「大衆化」「世俗化」「通俗化」といったことに共通項を見出して、地域史料の中から事例をあげることにした。なかでも、近世において特徴的な「村」、しかも人・もの・情報が集まりやすい「湊」が附属する地を選び、閉鎖的にとらえられがちな村社会における文化的交流の実態を具体的に明らかにしてみたい。

本章でとりあげるのは、西伊豆の主要な湊のひとつである伊豆国賀茂郡戸田村（現沼津市）である。分析の対象とするのは、戸田村の名主役を勤めた勝呂家が文化九年から嘉永五年にかけて記録した日記である。そこには戸田村に来訪する多様な人々が記録されているが、その中から特に旅芸人に注目して、村人との交流や受容の実態について明らかにし[1]、近世における文化の「大衆化」「通俗化」を考える素材を提供することにしたい。

一　近世戸田村の地域的特徴

まず、本章で検討する戸田村について、その概要をみておきたい。戸田村（現在沼津市）は、伊豆半島の西海岸に位置する。江戸時代の地誌にもとづいて編纂された『増訂豆州志稿』[2]によると「本村ハ南ニ峻峰ヲ負ヒ左右ニ高山ヲ控ヘ（南北長ク東西狭シ）北戸田港ニ面ス（港口東西十二町南北十二町船四百艘ヲ泊ス海運ノ便アリ）居民農漁及ビ工商ノ業ヲ取ル、物産魚介、薪炭、石材ヲ出ス」とあり、海運・農業・漁業・工業・商業が盛んな港町のようすが記されている。天保八年の「伊豆国君澤郡戸田村指出シ帳」[3]では、「江戸日本橋迄道法三拾六里、三嶋町ゟ道法八里、江戸品川迄海上七拾弐里」と、江戸日本橋、品川、三島までの距離が記され、また村高として「一高七百八拾石弐斗五升、此反別六拾七町壱反五畝廿六歩」このうち田方「高五百三十八石六斗七升壱合、三拾七町三反五畝四歩」、畑方「高弐百四拾壱石五斗七升九合、弐拾九町八反廿五歩」とあり、村高の約六九％を田方が占めている。このほか新田分として、高四二石九斗二合、反別五町一反七畝一歩があり、新田分を合わせると村高は八二三石一斗五升二合となる。このうち、沼津藩領二八一石八斗六升、旗本領小笠原順三郎知行所五四一石二斗九升二合余に支配関係が分かれていたことがわかる。また、すでに明らかにされているように、幕末期の村高の様子をみると、戸田村は伊豆国君沢郡の沿岸部の村の中でもっとも村高が高い村であり、また田方と畑方の割合をみても、田方のほうが圧倒的に多く、山が迫り耕地が狭く村高の低い村が多い西伊豆の村々の中では際立った特徴をもっている。(4)

戸田村の領主支配の変遷をみると、江戸時代初期から中期までは、天明五・六年に一時期浜田藩領になった以外は、すべて幕府直轄領であったが、文化九年に、村の北方（鬼川・小中島・大中島・新田・中上・平戸）が旗本小笠原領として分郷され、文政五年には残っていた南方の幕領分（南・舟山(5)・入浜・一色・小山田・上野・三道・中上・大上）が沼津藩領となり、以後幕末まで旗本小笠原領と沼津藩領の相給村であった。また、同じく天保八年の「伊豆国君澤郡戸田村指出シ帳」には、

一当村海辺西請山は北東南三方廻り有之候
一田地仕付五月中前後植付申候
一田方種入　壱反ニ付九升ゟ壱斗弐升迄
　　壱反ニ付麥壱斗弐升ゟ壱斗五升迄
一畑作麥粟稗大根植付申候
一男は耕作之間薪を取、浜辺之者は漁士水主等仕候而渡世送申候
一女は耕作之間野菜等取申候
一百姓薪取場　　奥山
一百姓郷林内山　是は百姓仕付之間渡世山ニ而他村入会無御座候
一秣取山　是ハ当村山ニ而所々ニ御座候、他村と入会無御座候

一野馬五拾疋程御座候　　野馬主弥三兵衛
是ハ百姓草苅山ニ居申候、年々増減有之候
一当村ヨリ近村江道法　　井田村江壱里、古宇村三里
小土肥村江弐里御座候
……（中略）……
一造り酒屋三軒
……（中略）……
一紀州様御石丁場五ケ所　　御石場預り　勝呂弥三兵衛
……（中略）……
水野出羽守領分
一　家数三百三拾弐軒　（百姓三百五軒　水呑弐拾壱軒　寺五ケ寺　村庵壱軒）
小笠原順三郎知行所
一　家数弐百八拾軒　（百姓弐百六拾六軒　水呑拾弐軒　寺弐ケ寺）
一廻船十艘　　是ハ御領主江役永上納仕候
一小揚船十艘　　右同断

一漁船十三艘　　右同断

とあり、戸田村の様子をさらに詳細に知ることができる。田では稲のほかに麦も作り、畑では麦・粟・稗・大豆などの雑穀類や大根を植え付けており、男は農閑期では山で薪を取り、浜辺のものは漁師や水主として働いていること、女は野菜などを作っていることなどが記されている。田畑のほかに百姓薪取山や郷林・秣取山があり、また野馬の放牧や、紀州家の石丁場などもあり、海や山での仕事も多様に存在していたことがわかる。家数は沼津藩領三三二軒（内百姓三〇五軒・水呑二一軒・寺五ヶ寺）、旗本領二八〇軒（内百姓二六六軒・寺二ヶ寺）併せて六一二軒とある。この年の人数は不明であるが、文政五年の村明細帳(6)によると、家数五九一軒人数二三一七人とあることから、これよりも多かったことが推察できる。天保八年には、造り酒屋が三軒とのみあり、その他の職業構成は不明であるが、文政五年の村明細帳には、医師一人・大工四人・船大工五人・鍛冶二人・木挽八人・座頭三人・造り酒屋二人とある。そのほか、廻船一〇艘、小揚船一〇艘、漁船一三艘もあったことなどから、海運・漁業に従事する村民もいて、農業・商工業も含めて多様な職業が存在する、西伊豆では際立った特徴をもつ湊の一つであったことがわかる。中でも戸田の廻船は戸田船と呼ばれ、江戸時代初期の幕領期には七〇艘余も存在していた。その後徐々に減少し、享保期には二〇艘余、文政期沼津藩領になってからは一〇艘前後ではあったものの、北は奥州津軽、西は駿河・三河・尾張・伊勢・志摩・紀州に至る上方と江戸を結ぶ太平洋沿岸の広い海域で活動していた(7)。ちなみに戸田村は、幕末期には、安政の大地震によって被害にあったロシア船ディアーナ号の代船を建造した地であり、戸田の船大工を棟梁として日本人が初めて洋式帆船の建造に成功した村としてもよく知られている。

二　戸田村を訪れる芸人たちとその特徴——勝呂家の日記から——

第一節でも概観したように、江戸時代の戸田村は湊があり、西伊豆の海上交通・流通の拠点でもあった。このような地理的・経済的位置にあることから、戸田村では人・もの・情報の動きが活発であったことが予測できる。勝呂家の日記は、文化九年から嘉永五年までほぼ残されており[8]、その中には村に出入りし、村の文化に影響を与えたと思われる人々の往来の記載がみられる。それによると、俳諧師、剣術師範、柔術家、家相家、儒者、算術師、画工、挿花や茶の湯の師匠、伊勢御師・富士御師などの宗教者、旅芸人など、多様な人々が戸田村に来訪し、村に文化や情報を伝えていることがわかる。本章では、この中から特に旅芸人に注目して、その来村と、村人との交流の実態について明らかにしていきたい[9]。

ところで、旅芸人といっても多様に存在する。勝呂家の日記をみると、戸田村には毎年祭礼をはじめとする村の行事に併せて、あるいはそれとは関わりなく、さまざまな芸人たちが来村している。ここでは文化期から幕末にかけて来ている①人形浄瑠璃、②芝居、③三味線浄瑠璃弾き語り・長唄・その他、④噺家、⑤軍談師、⑥相撲、について、それぞれみてみたい。

①人形浄瑠璃

人形浄瑠璃については、文化一一年九月一一日から一三日にかけ本堂の再建にともなって入仏供養が行われた三光寺においての興業が最初の記録である。「右入佛ニ付、人形操興行ひらがな盛衰記十一日ヨリ十四日迄、人形師匠清水惣重・三絃里川公大あたり」「一、三光寺棟梁大工忠左衛門世話人玄海と申僧始終世話致呉申候、其後玄海僧ハ、駿州三保浦妙福寺ニ住職、同寺ニ而卒ス、右ニ付三光寺旦中ニ而墓を建遣し申候、妙福寺江建申候間、三光寺旦中ト切付有之候事、合天井之菊形者三味線引清水濱里川公書申候」とあり、清水湊から人形師匠の清水惣重、三絃弾きとして里川公が来村し、ひらがな盛衰記を興行して大当たりだったこと、また、三光寺の再建にあたっては駿河国三保浦妙福寺の住職が世話をしていたことや、三味線弾の里川公が、三光寺の合天井の菊形を書いたことなどが記載されている。駿河国の人々とは往来が頻繁で文化的交流もさかんであり、また芸人の多才さも知ることができる。

翌文化一二年六月一四日の祇園祭礼でも、清水湊から芸人がきている。

祇園祭礼

一、祇園祭礼子供狂言、十四日三光寺ニ而興行、十五日鎮守ニ而興行、十六日三光寺ニ而興行、清水人形遣ひ之惣重忰藤吉を師匠とし、下かた里川公、長唄清水兵右衛門、花おどり新草摺拍子舞、箆根いさりあだ打大あたり

とあり、このときには、村の祇園祭礼に併せて、六月一四日・一六日には三光寺、一五日には鎮守で興行が行われている。芸人は前年来村した清水人形遣い惣重の忰藤吉が師匠、下方を里川公、長唄は清水の兵右衛門が勤めており、子供狂言も催され、賑やかな様子がうかがえる。

人形浄瑠璃は文政期にピークを迎えていたようで、文政七年の三月に催された興行はもっとも華やかなもののひとつである。

○人形操之事

申三月

一、正月半ゟ企三味線沼津宿鶴沢佐吉人形師匠清水惣重、此時惣重七十八才、浄るり大坂者ニ而竹本式太夫、当村浄留里水口治左衛門年齢七十七才、山下平治郎・荒川久兵衛・大門丈助を始若者共、三味線山下孫左衛門・沼津屋平七・沼津勝田屋佐四郎、当日助ケ惣十悴清水東吉来ル、絵本大功記大序朔日二日五日七日十日目、当日ニ相成かがミ山七ツ目扇部屋の段相勤申候事、人形尾上山下孫左衛門　おはつ午節出会ニ而当日出ス、

式太夫・佐吉両人出語り、敵打ニ相成、岩藤孫左衛門・太夫佐吉、出語り引取床ニ而岩藤おはつかけ合大あたり〳〵

三月六日七日両日操候様相定候処、五日迠雨天六日曇天ニ而仕組同様舞台ニ而初メ、七日晴天誠珍敷大入他村ヨリ参候事前代未聞

七日者晴天ニ而一日相勤候処、八日雨天九日晴天大入大あた里

十日朝曇天昼ヨリ大雨ニ相成、五段目阿野局物かたりニ而相仕舞、千秋楽うたう

十日夕方ニ相成鳩場伯母年齢八十才病死致候

十一日昼時葬礼、晴天ニ而相済、十一日昼ゟ操始六段目、十段目、七段目ニ而同日仕舞、右舞台ながし積ニ有之候処、今一日と被相望候

十二日晴天ニ而舞台なかし桟敷大入納

十三日大雨と相成、十四日曇天、十五日曇天清水惣十・東吉右親子帰ル

この年の三月の興行では、三味線は沼津宿鶴沢佐吉、人形師清水惣重、浄瑠璃大坂竹本式太夫であり、文化期

とは三味線弾きが変わっているが、人形師は同じ人物である。浄瑠璃太夫は大坂から呼び寄せており、本格的な興行であったようである。この興行で注目すべきは、こういったプロの芸人たちだけではなく、村人も演者としてかかわっている点である。村からは、浄瑠璃水口治左衛門、山下平治郎・荒川久兵衛・大門丈助を始めとする若者たち、三味線は山下孫左衛門・沼津屋平七・沼津勝田屋佐四郎らがつとめている。当日助けとして来た清水東吉は、惣重の悴である。このとき、絵本大功記大序などが上演され、大好評であった。また、人形は「尾上」は山下孫左衛門、「おはつ」は午節（野馬堂　勝呂敬忠）が出したとあることから、裕福な村人が購入し提供していたことがわかる。

三月の興行では、晴天だった七・九日に他村からも見物人が大勢きて大当たりだったとあり前代未聞の賑やかさだったようだ。十日は午前中だけ五段目阿野局物語が上演され千秋楽となった。ところで、勝呂家では一〇日夕方になって伯母が八十歳で病死した知らせがはいり、翌日昼に葬礼を行っているが、その日の昼から六段目の興行があり、十段目・七段目も行っている。この日で興行は終了の予定であったが、村人から「今一日」との要望があり、翌一〇日にも行っている。清水惣十・東吉親子が清水に帰ったのは一五日のことであった。いかに人形浄瑠璃興行が村人にとって、楽しみであったかがわかる。

文政一〇年になると、九月七日から一日の間の鎮守祭礼の時に芝居・人形浄瑠璃が催されている。

鎮守例年御祭礼取定之事

氏神祭礼

一、北南ニ而芝居致、北ニ而狂言花ノ上野誉石碑三幕并ねり、南ニ而操り人形七幕、いもせ山大序、受領之段、三島おせん之段、忠臣蔵七段目懸合、同十二段目大切、いもせ山、源七物語大序ゟ大切迄出語り、人形不残出遣ひニいたし候、人形師府中座ニ而直蔵悴永治来ル、俄芝居ニ而大あたり、南方ニ而手前取計を以金五両也若者江花呉レ申候、

九月七日八日両日南定居九日十日北狂言相続、天気九日朝少々小雨直ニ晴ル、十一日北ニ而舞台流し、鎮守ニおゐて興行、十二日南方拙宅庭ニおゐて舞台流しいたし候、

双方目出度千秋楽万歳、由良之助頭入七ニ而求、平右衛門頭手前ニ而求、府中横田長兵衛作也

この時には、村の北方と南方で競うように両方で芝居を行い、それぞれで出し物を工夫している。北では「狂言花ノ上野誉石碑三幕弁ねり」、南では「操り人形七幕」を出し、「人形不残出遣」とあることからみて、かなり大掛かりな出し物であったことがわかる。人形師は府中座から来ており、文化期とは異なっている。九月七日・八日は南、九・一〇日は北、一一日は北で鎮守にて舞台興行があり、この日で終了、一二日は南方の勝呂家の庭で舞台があり、この日で千秋楽となった。このように、南と北で七から一二日まで交互に毎日興行が行われたのである。この時に使用した人形の頭はいずれも府中横田長兵衛作のもので「由良之助」は入七が、「平右衛門」は勝呂家が購入し、提供したと記されている。今回の興行では、府中座の人形師の名前の記載はあるが、三味線や浄瑠璃を担当する外から来る芸人の名前の記載がみられない。そのかわり、若者を中心に村人が南北でそれぞれ演目を考え興行を行っている。これはそれまで外から師匠格の芸人の指導により行われていた興行が、プロを雇用しなくても、若者を中心とする村人の中で主体的に行える実力と経験が積み重ねられ、村の文化として定着しつつあったからであると思われる。人形の頭を提供した勝呂家や入七は村役人の家であり、「南方ニ而手前取計を以金五両也若者江花呉レ申候」とあるように、花代など資金面でも援助していることがわかる。

このように文政年間は、もっとも人形浄瑠璃をはじめ芝居興行が盛んにおこなわれていたことがうかがえるが、

人形操り興行の記載は、その後減少し、華やかさもなくなってくる。天保六年二月五日の日記には「一、二月五日初午若者俄あやつり山下孫左衛門宅ニ而致候」とあり、若者を中心に俄あやつりが山下孫左衛門方で催されているが、この日のみで、村人だけで行われていたようである。村人も見様見真似で人形が操れるようになっていたことがわかる。天保一五年一〇月二〇日にも詳細は不明であるが三光寺にて府中座文助による催しがあったとある。弘化二年九月十五日にも「一、人形操り北若者共先達而ヨリ仕組、内々宮ニ而夜興行忠臣蔵三段目、六段目、阿波鳴門、沼津段、千両幟　右五段」とあり、北の若者が主催して内々に宮で夜に興行を行っている。このころまでは、村でもほそぼそと人形操りを行っていた。しかし、弘化二年九月十七日には「一、人形　若もの内々宮ニ而致候ニ付、御改革之事ニ付今日切差留ル」との記載があることから、天保改革の余波により、人形操りは村でも禁止になっていることがわかる。幕府の風俗取り締まり令が芸人や村の文化に与えた影響が非常に大きかったことが改めて確認できた。

②芝居

芝居は、人形浄瑠璃がさかんだった文政期にも行われており、それは戸田村だけではなく、近隣の村々でも同様である。文政七年九月二三日には、

井田芝居

一、九月廿三日ゟ井田村祭礼芝居有之、近江源氏先陣館、廿六日家内一同見物ニ罷越候、此日大雨風芝居大あたり、八ツ目かがり火役大あたり、盛綱よし、是ハ高田義兵衛当村かし栄治郎弟也、金百疋惣若衆中へ遣ス、酒弐升高田義兵衛殿へ　酒壱升ヅツ弥吉殿・弥市殿・瀬平殿・久右衛門殿・定四郎殿

とあるように、井田村でも芝居が盛んで、勝呂家の人々も見物に出かけており、金百疋を惣若衆に、酒を高田義兵衛はじめ五名へ花代として遣わすなど、近隣の村々でもさかんに興行が行われていたことがわかる。しかし、①でもみたように弘化二年以降は、全般的に質素になり、人形浄瑠璃の村をあげての興行が一切みられなくなり、外部からの人形師一座の来訪はなくなる。だが、その一方で村の若者自身による俄芝居が小規模ながら継続してみられる。例えば弘化二年六月一〇日祇園社の祭礼で行われた「一、十日夜　北若者共宮ニおゐて芝居致候、忠臣蔵五段目、白井権八、鈴ケ森之段おこま才三、十一日夜師匠汐汲をおとり申候由」にあるように、村人が演じる芝居のみで質素になっている。ただし「師匠」とある人物は来訪していたようである。芝居そのものについてはこの後もさかんに行われたらしく、弘化三年九月二日には、「一、本善寺ニおゐてチャリ森蔵所作いたし申候、相手判木や初五郎、セキノト　源太　相生　廿四孝竹ノ子バ」とあり、チャリといわれる略式の一場面が上演されている。相手役が判木屋である点は注目できる。嘉永四年一〇月一八日には「本善寺ニ而乞食芝居へ行、彦山権現・友平切腹、箱根筆助館外壱幕見物」とある。また、同年一〇月一九日「本善寺芝居家内見物花賃礼遣、衣裳かし遣ス」、二二日「一、船山ニ而芝居為致よし、衣類壱ツ貸遣ス　七左衛門」、二二日「一、船山より衣裳壱つ若者持参、返却、樽壱ツ呉候ニ付、直様書付のしを付花として遣ス」との記載がみられ、村の有力者から花代や衣装などを提供していたことがわかる。

③三味線浄瑠璃弾き語り・長唄・その他

天保改革の余波で人形浄瑠璃が中止されると、その後村には人形なしの三味線浄瑠璃・長唄・軍談師・乱舞・噺家などの芸人が多く来村するようになる。いずれも、プロの芸人であり、村人が大勢参加できるようなものではなくなっていたようだ。村人は観客として芸を鑑賞する側になっていく。早い事例では、天保一二年九月八日、まだ村でも若者たちによって人形操りが行われていた頃でも「一北揚と云傀人来ル、至而浄留理上手ニ而八日十日弐夜儀太夫三味線弾かたり至而上手也、加州金沢之仁也」とあり、金沢の傀人北揚という人物が来村しているが、人形操りではなく義太夫三味線語りのみを二晩披露している。この人物はこれ以降出てこないが、弘化四年以降になると、三味線浄瑠璃弾き語りの芸人が多くなり、またその頻度も高くなってくる。弘化四年には七月から一一月まで九回、嘉永四年には四月から一〇月まで八回の記録がみられる。

弘化四年七月一八日は「一、三光寺ニ而浄留理久太夫、国八ゟ手紙持参、かし長江遣ス、おび屋　長右衛門出来、忠九　忠九中位、三味秀三郎弾」、一九日「一、久太夫三光寺ニ而浄留理　御殿場之前、遠目鏡チャリ、俊寛嶋内」、二〇日「一、本善寺ニ而久太夫浄留里」とあり、一八日から二〇日にかけて興行があった。一八日には三光寺で桂川連理柵の「帯屋」の段や「忠九」、一九日には「伊賀越道中双六」から御殿場之前、「遠眼鏡」チャリ、「俊寛」などが上演されている。二〇日は本善寺で行っている。浄瑠璃は久太夫、三味線は秀三郎で、かし長が世話役をしていることがわかる。

弘化四年八月三日には「一、三味線浄瑠り……梅川忠兵衛引かたり、時三郎・秀三郎浄るり、金ひら坊太郎引かたり」とあって、梅川忠兵衛・時三郎・秀三郎・金ひら坊太郎らが弾き語りを行っている。八月一五・一六日の両日は、一五日「一、三味線駿府時三郎、けいこ始嶋善六方ニ而」、一六日「一、夫より時三郎浄留里座敷致候、梅川忠兵衛、長蔵形八ツ目語ル、引がタり」とあり、駿府時三郎・梅川忠兵衛らが浄瑠璃の弾き語りを行っている。九月三〇日には「一、同夜江梨長兵衛と申もの三味線曳時三郎召連来り浄留里をかたる、長兵衛たき場、秀三郎・時三郎三人角力掛合をかたる」とあり、江梨村長兵衛というものが三味線弾き時三郎・秀三郎をつれて浄瑠璃を語っている。一〇月には、一三日「一、浄瑠り稽古ざらひ、三光寺忠臣蔵七段目かけ合」、一八日「一、三味線曳勝造と申て来ル、於三光寺浄瑠り昼七ッ時分至而上手之由評判」、一九日「かし長ニ而浄瑠り勝造　太閤記　お俊伝兵衛」とあり、三味線弾き勝造というものがきて浄瑠璃を語っており、三光寺や「かし長」が会場となっていた。駿府からきた時三郎も一一月六日「一、三味線時三郎召連戸田村浄留り連罷越申候」とあり、三味線弾き時三郎が浄瑠璃連を連れてきていることがわかる。このように弘化四年段階では、三味線弾きでは駿府からきた時三郎・秀三郎や勝造、浄瑠璃の太夫では久太夫、弾き語りでは梅川忠兵衛ら、世話役として「かし長」の名が頻繁にみられる。

嘉永四年には、四月一二日から一七日の六日間は、沼津会津屋と賀代太夫の興行の様子がみられる。四月一二日「一、賀代太夫三味線　沼津会津屋右弐人来ル」、一三日「一、浄留理賀代太夫　忠□会津屋あさがほ日記出語致候」、一四日「一、浄留里賀代太夫　白石七ッ目、近江源氏四ツ目　会津屋□津邊かし長ニ而アリ」、一五日「一、本善寺ニ而浄留理賀代太夫一ノ谷三切一段」、一六日「一、浄留理賀代太夫伊賀越八ツ目　会津屋　松王首シツケン、城の越　酒屋平八　逆船の段、三味線中一座頭　右三段アタリ」、一七日「一、賀代太夫三味せん政両人修善寺へ山越致候」とあり、賀代太夫はかし長・本善寺等を会場として浄瑠璃を披露し、三味線は座頭中一や政などが日替わりで勤めている。一七日三味線弾き政をともなって修善寺へ向かって出立している。

五月になると府中から惣七太夫が来村している。二四日「一、府中惣七太夫十三才之子連来り、ミせニ而浄瑠り」とある。七月には、二日「一、浄留理太夫大坂巴太夫弟子巴子太夫、三味せん鶴沢・兵治両人江梨長兵衛殿ゟ手紙持参ニ而来ル」、三日「一、浄留り巴子太夫　判官腹切　ど七又平語り申候、四日滞留五日朝乗船沼津へ渡」とあり、大坂の巴太夫の弟子巴子太夫が三味線弾き二名を伴って来村している。これらは弘化四年の日記にも登場した江梨村の長兵衛の紹介によるものであったことがわかる。四日間滞在して五日に沼津に出立している。

このように、弘化から嘉永にかけて、浄瑠璃太夫として久太夫・賀代太夫・府中惣七太夫・大坂巴太夫・巴子太夫、三味線弾きとして駿府の秀三郎・時三郎、梅川忠兵衛、勝造、鶴沢、兵治、座頭中一などが頻繁に来村していたこと、三味線弾き駿府時三郎のように三味線仲間で「連」を組んで大勢で来村することがあったこと、浄瑠璃太夫はこれらの三味線弾きと組んで芸を披露しているが、必ずしも固定しておらず、別の三味線弾きと組み替えることもしばしばであったこともわかる。また、会場を貸したり、芸人を引き連れてくるかし長や会津屋、江梨村長兵衛などの地域の世話人がいたこともわかる。

類似のものでは、このほか、長唄・住吉踊り・八人芸・乱舞・尾張漫才などの芸人・師匠の来村がみられる。長唄は、弘化四年六月二八日には「清水うた　一、廿八日清水湊松造り秀治郎来ル、長唄角兵衛師　あたご松唄ふ、至而上手也、三味せん馬込春之一弾、是も唄三味せん上手也」とある。このうち馬込村春ノ一は座頭であり、七月一七日にも来村している。座頭は三味線弾きとして頻出し、先にみた賀代太夫についた中一も嘉永四年三月二五日「一、中一座頭本善寺……けいこ始る」とあり、戸田村には頻繁に来ていたようだ。また弘化三年閏五月一七日「住吉おとり五人来ル　おとり候処面白キ事也」、弘化四年八月二〇日「一、八人芸　十九日夜本善寺ニアリ」、天保一四年四月一〇日「一、十日　江戸麻布之産山川権八郎と云乱舞森田流之笛謡之師来、十五日まで滞留同日土肥鈴木仁兵衛方迄行」とあり、住吉踊りの一行や八人芸、江戸の森田流乱舞の師匠なども来村していることがわかる。

文政一三年には、「船山大神楽　一、船山ニ而大神楽古来ゟ致来候処、暫中絶ニ付、此度けいこ致十九日当所へ参拙宅ニ而一日興行、廿日入七ニ而興行　おもしろき事也、金弐朱船山若者へ花遣ス、金弐朱かくら師匠へ花遣ス」とあり、舟山若者たちによる太神楽が復興している。このとき師匠を招き練習を積んでいることがわかる。

また、天保一〇年二月一四日には、尾張万歳の来村の記録がある。これによると、尾張国知多郡大高村からきた近藤松太夫という漫才師が、戸田村に来た時に土御門からうけた免許状紛失に気が付き、大騒ぎになり結局興行はできなかったようだが、その後再発行してもらえたようで、翌年紛失した免許状を探し回ってくれた礼として勝呂家に大平ひとつ持参し、親子で立ち寄ったとある。このような旅する芸人も時々村を訪れていた。

④噺家

噺家は、天保一四年ころから日記に登場する。一二月二日「一、二日はなしノ三蝶来ル」とあるのが最初で、このはなしの三蝶はその後も頻出している。つづいて弘化二年一〇月「はなし三蝶改かつら文女斎と相成、噺文吉・東玉と申もの引連三人ニ而来ル、同夜咄アリ、廿日三光寺廿一日若者宿、霜月四日安良里ゟ帰り泊り」とあり、噺家三蝶は翌年桂文女斎と改名し、文吉・東玉という噺家を引き連れて再び来村し、三光寺や若者宿で興行、その後安良里などの周辺村々を回り一一月四日に戸田村へ帰ってきている。

弘化三年閏五月には、江戸の印判師長楽斎がやってきて、怪談話をしている。一七日「一、江戸印判師長楽斎来、当時下田町仮宅之由」、二一日「一、同夜印判師長楽斎怪談落し噺致申候、至而面白事也、噺茂餘程致候様子ニ御座候、同夜大入」とある。長楽斎は当時下田に仮住まいをしながら興行をしていたようである。夜の興行で、大変面白く大入りだったとある。

弘化三年五月七日には、「一、はなし家楽吾来ル、八日沼津乗船」、六月一七日には「一、はなし秀三郎方、十六日かし長ニアリ　此噺家本善寺止宿」とあり、毎月各地の噺家が来村している。

嘉永四年五月一三日には、「一、はなし家江戸□□舟小蝶と申もの、女壱人シン内がたり壱人、右三人、同夜拙宅ニ於興行、大道具大しかけ功シ至て幽虚ヲ出す、おもしろく覚候、近頃でのはなし家ナリ」、一四日「一、はなし之小蝶一色長右衛門宅ニおゐてよせ有之候、三十弐文子供十六文との事也」とあり、江戸の噺家小蝶がシンナイ語りを連れて三人で来村し、夜勝呂家宅で大がかりな興行を行っている。「近頃でのはなし家ナリ」とあることから、新しいタイプの噺家だったのかもしれない。翌日一色の長右衛門宅でも寄席を行い、大人三二文、子供一六文の木戸賃をとっている。嘉永四年一〇月一九日には「一、噺之梅勝土肥へ越候」とある。

噺家の来村は、人形浄瑠璃が禁止になったころから増加し、戸田村にもさまざまな噺家が頻繁に来村している。また、寄席を開き木戸賃を払えば誰でも芸を鑑賞できるという点は、他の芸にはみられない方法であり、より商業化した、都市の文化や情報の流入といえるだろう。

⑤軍談師

軍談師の来訪の記録もみられるが、いずれも簡単な記述にとどまっている。具体的には、文政七年一〇月一四日「一、軍談師梅兄一〇月一四日来ル、霜月迄逗留」、天保六年一月一六日安良里村不動尊三三年開帳に併せて「アラリ軍談師慈子外壱人」とある。また、弘化四年九月二四日「一、三光寺ニ而軍談有」、弘化四年一〇月一五日「一、夜本善寺ニ而軍談アリ」、嘉永四年一〇月朔日「一、軍談浅草雷門前東山と申仁来ル、土肥村へ罷越候」、嘉永四年一〇月一七日「軍一、梅勝かし長ニ而銘々伝□読申候」などとあり、軍談師梅兄、安良里軍談師慈子、浅草雷門前東山・梅勝などの名前がみられる。梅勝は噺家としても名前が見られるが同一人物かははっきりしない。三光寺・本善寺・かし長などを会場として数日滞在し、近隣の村々を回って興行していたようである。

⑥相撲

相撲興行については、弘化四年の六月に記載がみられる。これによると、弘化四年六月一九日「一、平戸ニ而角力請申度申候処、角力之儀ハ十五年已前大縺有之已後無、平戸藤左衛門忰ゟ一色長右衛門へ相掛り候大縺ニ有之候、七月十四日ゟ十八日迄相掛事済ニ相成申候、其節惣若者ゟ書付差出候ハ、已来角力ハ勿論見物等にも罷出申間敷段南大浦船手若者小山田上野若者迄書付取置申候」「依之此度右書付御下ケ願ひ不申候而ハ角力見物も出来不申候事ニ付、惣若者中老相談之上先年之書付願下り之儀願度候事、右之書付下ケ候事ハ一切出来不申儀ニ御座候得共、左候而ハ人気ニ相拘り候事ニ付、書付入替先書付ハ下り遣候事、惣連名書付印形之證文取之候事秀三郎、友四郎、南　半右衛門、一色　佐兵衛」とあり、戸田村では、一五年前の天保初年に相撲について平戸藤左衛門忰と一色長右衛門との間で「大縺」があり、その時に今後相撲見物に出てはならないと村中の若者が書付を取置いたという一件があった。そのため、それ以後は相撲興行はもちろん見物も禁止されていたが、弘化四年六月になって、それでは「人気ニ相拘り候事」であるので、その書付を入れ替えて、古い書付を取り下げるように村中で決定している。おそらくこの時点で、相撲興行を行う計画があったのであろう。はやくも翌六月二一日には、「一、平戸ヤカン庄七郎兵衛両人来ル、右者角力此度請ニ付、万事宜願上候様ナル事」とあり、さっそく平戸で相撲興行が行われている。このときの行事は式守伊三太で、花代として片岡良朔・勝呂弥三兵衛両人から金二朱、行司伊三太へ二百文が遣わされている。九月になると、江戸から力士が来村し、相撲興行をしている。その時の様子が詳細に記録されている。

一、（九月）廿八日快晴

一江戸力持四人来ル　　鷲宮徳治郎・浦賀守吉・川崎弥五郎・大竹虎吉

右四人

右之もの力持いたし申度段内々願出候ニ付、内々ニ而差免遣ス　　願人平戸源助

南源右衛門

一色長右衛門

……（中略）……

一、廿九日曇天　八ツ時ヨリ雨降夜ニ入降

一、於本善寺力持興行　米拾俵貸遣ス

一、百六拾貫目之石

一、米三俵四斗入

〆

わしの宮右之石を足ニ受、米三俵を石ノ上ニのせて歌をうたひながら足をのひちゝめて藝をなす、川崎弥五郎米七俵をかつき歩行、又わしの宮桶を七ツ組上ケ、其上ニ壱人のせて柏木ニ而受とめ藝をなす、其外弐斗つきの臼を足にてとり、米を臼ニ入て両方ゟ杵を以つき、それをうけとめ、其外種々藝あり、当地末代末聞之藝事也

……（中略）……

（九月三十日）

一、力持本善寺アリ、小てんま壱艘ニ人七人乗せて両足ニてさしあける、わしの宮徳治郎腹ノ上ニ米弐俵の

せ、その上ニ板を置、夫ゟ八十貫目程之石を上ケ、その上へ米七俵つミ、その上ニ弐斗搗の臼を置、又その上ニて力士壱人米壱俵ノ曲取をなす、米都合十三俵人間業とハ不思、大入あたり

花

一、弐百文　　受元善右衛門　源介　　源右衛門　佐吉　　右四人遣ス

一、弐百文　　わしの宮へ遣ス　〆

相撲興行は九月二八日から三〇日にかけて賑やかに行われた。このとき江戸から来たのは鷲宮徳治郎・浦賀守吉・川崎弥五郎・大竹虎吉の四人の力士で、願人は平戸源助・南源右衛門・一色長右衛門の三名である。二八日は本善寺で興行があり、勝呂家から米一〇俵を貸し出ている。力士たちは、一六〇貫目の石と米俵・臼などを巧みに操り、歌を歌うなどして芸を披露している。このようなことは「当地末代未聞」とあることから、戸田村では初めての出来事だったようである。九月三〇日には本善寺にて小伝馬船に人七人を乗せて両足で持ち上げ、腹に米二俵のせ、その上に板を置き、その上に八〇貫目ほどの石を乗せ、その上へ米七俵を積み上げ、その上に二斗搗の臼をおき、さらにその上に力士一人が米一俵の曲取をするという前代未聞の曲芸を驚きをもって大勢が見物している。

この様子はすぐに三味線弾きたちによって語られた。九月三〇日の日記には「一、同夜江梨長兵衛と申もの三味線曳時三郎召連来り、浄瑠璃をかたる、長兵衛、たき場秀三郎、時三郎、三人角力掛合をかたる」とあり、戸田村に頻繁に来ていた三味線弾き秀三郎・時三郎、江梨長兵衛ら三人が相撲掛合をかたっている。こうして、相撲興行の様子はニュースとして即座に各地に広まっていったのであろう。

以上明らかになったように、文化期以降戸田村にはさまざまな芸人たちが来訪し、文化や情報を伝えていた。

ここでは、時系列でみる特徴、芸人たちの出身地域の特徴、村人の芸人たちの受容について整理しておきたい。

まず、文化九年から嘉永五年までの二六年間における芸人たちの来訪情況を時系列でみてみたい。表1は年代ごとに整理したものである。それによると、まず、人形浄瑠璃は、人形師・浄瑠璃太夫・三味線弾きの三人がチームを組んで披露する芸である。この人形操り一座については文化一一年から文政一〇年までがピークであり、それ以降は縮小の一途をたどっていることがわかる。人形師の来村は天保一五年の府中座を最後として以後全く登場しなくなる。既述のように、以降は村の若者を中心に、細々と継続していたようであるが、弘化二年を最後に中止されており、改革による風俗取り締まりのため、人形操りは禁止となり[10]、それ以降は村民たちの間でも全く行わなくなっている。その一方で、弘化二年以降、人形操り抜きの、一人ないし数人で巡業する三味線浄瑠璃弾き語り芸人が多く来村するようになる。清水うたと記載される長唄と三味線のコンビや五人連れの住吉踊り、八人芸など、それまでみられなかった諸芸も弘化二年以降村に来ている。相撲興行も弘化四年にみられ江戸から力士が来村している。このように改革の影響は如実にあらわれているが、弘化以降はそれに反発するかのように、来訪者の人数も、芸の種類も増加していることがわかる。また、初期には神社祭礼など、芸人が呼ばれる理由の記載がみられるが、後半になるにつれて、その記載がなくなり、祭りでないときでも芸人がきて芸を披露するように変化しつつある。

次に芸人の出身地の地域的広がりをみてみたい。表1からもわかるように、人形浄瑠璃に不可欠な人形操り師は、駿河国清水湊や府中から来村するものが多い。頭を作る人形職人も府中に多くいたようで、勝呂家らも府中から購入していたことが日記にみられた。いずれも主要な港町であり、文化の中心を担う城下町であり、湊々を出入りする廻船に乗って村に来たものと思われる。三味線弾きも、沼津や清水湊・府中から来ているものが多い。

三味線弾きについては、沼津近隣の村である馬込村の座頭春之一らの名がみられる。三味線弾きのすべてが座頭ではないが、この地域の記録に座頭が頻繁に登場していることから注目できる。(11)

長唄は清水湊から、浄瑠璃太夫は、江梨、沼津、府中、そのほか大坂や金沢からも来村している。こうしてみると、人形浄瑠璃・三味線浄瑠璃などは、駿河国清水湊・府中から来るものが中心で、特に浄瑠璃太夫はそれに合わせて大坂など遠方から来るものもいたことがわかる。一方噺家は、江戸からやってきたものがほとんどである。例外的に下田から来たものは、江戸の噺家が下田に仮宿を設けて営業をしていた事例で、そこから戸田に来たものである。軍談師は、江戸浅草雷門前など都市から来るものの他に、伊豆国賀茂郡安良里村などの近隣から来ているものもみられる。力士・乱舞とあるものはいずれも江戸から来たものたちである。万歳は尾張から来ている。このようにそれぞれ芸人の出身地域の広がりに特徴がみられるが、江戸・大坂など中央都市をはじめとして、府中や沼津などの近隣の城下町や東海道の宿場、清水湊などの海陸の交通の要衝など都市文化の中心地を中心として、そのほかにも馬込・安良里・下田など近隣の町村からも戸田村に足を運ぶ人々がいたことがわかる。いずれも海上交通・陸上交通によって結びつけられた都市と町村であり、都市の芸能文化が交通の要衝を拠点として地域社会に根づいていく様子をうかがうことができる。

ところで、これらの芸人たちの村側の受け入れ方についてみてみたい。特徴としていえることは、文化から文政期に盛んに行われた①人形浄瑠璃は、師匠の指導をうけながら、村人もともに練習して芸人として参加し、村全体が受け皿となり、村民同士が競い合って主体的に楽しんでいるという特徴がある。勝呂家や斎藤家などの村の有力者は、人形の頭や芝居の衣装を個人で購入して村人に貸与したり、花代を提供したりして興行を支えている。人形浄瑠璃がさかんに行われたのは文化から文政期にかけてであり、このころがもっとも豊かに村民に受け入れられ、都市文化が地域社会に浸透していった時期であろうと思われる。しかし、天保期から弘化期を境に大きく変化することは既にみたとおりである。

②の芝居は、人形浄瑠璃がさかんに行われていたころにも上演されているが、特徴的なのは村人による芝居、あるいは乞食芝居とのみあるもので、人形浄瑠璃が禁止されてから日記に多く登場してくることである。村の有力者から衣装を借り花代をもらって若者を中心に俄芝居が継続して行われている。質素ではあるが、村民だけで芝居興行ができるまでに都市文化が村の中で受け入れられ、成熟している姿をみることができる。

③三味線浄瑠璃と④噺家は天保改革の余波により人形浄瑠璃が中断したのち、多く登場する芸のタイプである。③は浄瑠璃義太夫と三味線弾きのコンビの形をとるもの、一人で三味線弾き語りをするもの、一座を率いて廻村するものなどの形態があるが、「かし長」などの世話人がいて興行や会場の手配などを行っている様子がうかがえる。④は寄席という形をとり、寺院を会場にするほか、木戸銭をとるなど、より商業的になっている。③④とも村人は自ら参加するというよりは、鑑賞する側にまわっている場合が多い。③④⑤は世話人が存在し、世話人宅や寺院を会場にして開催される。⑥も相撲興行を願う村人が主催し、村人全員が観客として楽しんでいるようすがうかがえる。

このように、幕末にむかうにつれて来村する芸人の数も種類も増えているが、弘化期以降木戸銭をとるなど、徐々にプロとしての商業的な芸人の来訪が多くなり、村人が観客にまわりつつあるという傾向がみられる。また相撲興行の様子をすぐに三味線弾きが題材にして掛け合いを披露するなど、文化情報の伝播も急速に進んでいた。

以上をみる限りでは、芸能文化に限ってみても、弘化期以降大衆化がさらに進み、その受容主体は必ずしも村の上層民だけでなく、身分や階層を越えてだれもが享受できる状況が、村や地域の中に成立していたことがわかる。

文化11	12	文政7	10	13	天保6	10	12	14	15	弘化2	3	4	嘉永4
○		○											
	○	○											
			○										
									○				
		○											
		○											
	○												
○	○												
		○											
													○
										○			
							○						
												○	
												○	
												○	
												○	
													○
													○
													○
													○
												○	
												○	
												○	
												○	
												○	
													○
													○
													○
													○
											○		
												○	
													○
								○					
				○									
						○							
										○			
										○			
											○		
											○		
													○
													○
		○											
					○								
												○	
													○
												○	

表1　時系列でみた特徴

	芸の種類	出身地	氏名
①　人形浄瑠璃	人形師	駿河　清水	惣重（惣十郎）
	人形師	駿河　清水	東吉（藤吉　惣重忰）
	人形師	駿河　府中座	直蔵忰永治
	人形師	駿河　府中座	文助
	浄瑠璃	摂津　大坂	竹本式太夫
	浄瑠璃	駿河　沼津宿	勝田屋佐四郎
	長唄	駿河　清水	兵右衛門
	三味線	駿河　清水	里川
	三味線	駿河　沼津	鶴沢佐吉
②　芝居	乞食芝居		
	師匠		
③　三味線浄瑠璃その他	傀人・浄瑠璃	加賀　金沢	北揚
	清水歌三味線	駿河　馬込	春ノ一
	清水うた長唄	駿河　清水	角兵衛
	浄瑠璃		久太夫
	浄瑠璃	伊豆　江梨村	長兵衛
	浄瑠璃	駿河　府中	惣七太夫
	浄瑠璃	摂津　大坂	巴太夫
	浄瑠璃	摂津　大坂	巴子太夫
	三味線浄瑠璃		賀代太夫
	三味線浄瑠璃弾き語り	駿河　府中	時三郎
	三味線浄瑠璃弾き語り	駿河　府中	秀三郎
	三味線浄瑠璃弾き語り		梅川忠兵衛
	三味線浄瑠璃弾き語り		金毘羅坊太郎
	三味線		勝造
	三味線		中一座頭
	三味線		政
	三味線	駿河　沼津	鶴沢佐吉
	三味線		平治
	住吉踊り		5人
	八人芸		
		駿河　沼津	会津屋
	森田流乱舞	江戸　麻布	山川権八郎
	舟山太神楽		かぐら師匠
	尾張万歳	尾張　知多郡大高村	近藤松太夫
④　噺家			三蝶（改かつら文女斎）
			文吉・東玉
		江戸（下田仮宅）	印判師長楽斎
			楽吾
		江戸	小蝶
			梅勝
⑤　軍談師			梅兄
		伊豆　安良里	玆子
		江戸浅草雷門前	東山
			梅勝
⑥　相撲	力士	江戸	鷲宮徳治郎・浦賀守吉・川崎弥五郎・大竹虎吉

三　戸田村で上演された浄瑠璃の演題について

ここでは、人形浄瑠璃、浄瑠璃などで上演された演目について検討してみたい。日記には、芸人たちによって上演された演目が記載されているものが多くみられるが、もともとの題名をほぼそのまま記載している場合と、略記している場合とがあり、記載があっても不明のものもあり、上演内容についてはそれほどはっきり確定できないものもあったが、日記の記載を手がかりとして、当時の戸田村の人々がどのような内容の演目を好み、楽しんでいたのかについて、その実態に少しでも接近してみたいと思う。表2は、戸田村で上演された演題について整理したものである。まず日記にどのように記載されていたかを示し、それが該当すると思われる演題を当てはめてみた。その作業によってひとまず二六の題名をあげることができた。これらについて、ここではひとつひとつ取り上げて説明をすることはしないが、大半が現在でもよく知られた演題であることがわかる。重複をいとわず、大まかなその特徴をあげてみると、

㈠仇討が主題になっているもの（2、5、9、13、21、22、23）

㈡時代物で、平家物語・源平盛衰記（1、3、24）、太平記（9）、北野天神縁起（15）などが題材となっているもの

㈢乙巳の変（4）、本能寺の変（6）、豊臣氏滅亡（7）、由井正雪の乱（13）、赤穂事件（9）、川中島の合戦（26）、など、歴史上の事件がテーマになっているもの

㈣加賀藩御家騒動（8）、伊達騒動（10）などの御家騒動が主題になっているもの

㈤三島おせん（11）、伊賀越道中双六沼津の段（2）箱根霊験躄仇討など地域がテーマになっているもの

㈥世話物で、庶民の密通（12）・心中事件（18）・復讐（19、20）などがテーマになっているもの

㈦その他

に分けることができる。これらのうち、もっとも多いのは㈠の仇討もので、いかに庶民に好まれたかがわかる。この中には、寛永一一年伊賀上野であった荒木又右衛門の仇討や、天正一一年の飯沼初五郎の仇討、元禄一五年赤穂事件など、江戸時代初期から前期に実際にあった仇討をモデルにしたものが多い。作品の中で特に人気があったのは、仮名手本忠臣蔵であり、三段目から七段目までと最後の大切が上演されている。これらは、単なる物語としてではなく、時代設定は異なるものの、過去にあった実話を題材にしているものとして庶民に受け止められ、それゆえに人気があったと考えられる。時代物では、平家物語や源平盛衰記、太平記、北野天神縁起などが題材になっているものや、また信長の死や豊臣家滅亡などの歴史上の事件が題材となっているものなどが多い。また御家騒動がテーマになっているものもある。世話物といわれるものもあるが、全体からみるとあまり多くはない。世話物も、享保一二年の白子屋お熊事件や、元禄一六年のお俊・庄兵衛の米屋心中事件など、やはり実話に基づいて脚色されたものが多い。また、三嶋・沼津・箱根など、戸田村近隣の地名が登場する出し物もみられ、身近な土地が舞台になっていることも人気の理由になっていたこともあったと推察できる。全体的には戸田村の村人たちは武家社会に関するものや、仇討ものなど、勇ましい内容のものが好みだったようだ。いずれにしても、人形浄瑠璃・浄瑠璃・芝居などから、戸田村の人々は、日本の歴史や文化、武家や町人社会を学び、共感し、多くの情報を得ていたのであろう。

ところで、これらの演目は、通しですべて上演されるわけではなく、村人が目にするのは一場面でしかない。

該当すると思われる演題		
演　題	作者	初演
安宅の松		1769（明和 6）江戸市村座
伊賀越道中双六　六段目沼津之段 伊賀越道中双六　八段目岡崎之段	近松半二・近松加作	1783（天明 3）大坂竹本座
一谷嫩軍記	並木宗輔ほか	1751（宝暦 1）大坂豊竹座
妹背山婦女庭訓　大序 妹背山婦女庭訓	近松半二ほか	1771（明和 8）大坂竹本座
浮世柄比翼稲妻	四代目鶴屋南北	1823（文政 6）市村座
絵本太功記 絵本太功記 絵本太功記　六月五日の段	近松柳・近松湖水軒・近松千葉軒	1799（寛　政 11）大坂豊竹座
近江源氏先陣館　八段目 近江源氏先陣館　四段目	近松半二・竹本三郎兵衛・三好松洛ほか	1769（明和 6）大坂竹本座
加々見山旧錦絵　（尾上部屋の段か）	容楊黛	1782（天明 2）江戸外記座初演
仮名手本忠臣蔵　十一段目大切 仮名手本忠臣蔵　七段目（大臣の錆刀） 仮名手本忠臣蔵　五段目（恩愛の二つ玉） 仮名手本忠臣蔵　三段目（恋歌の意趣） 仮名手本忠臣蔵　六段目（財布の連判） 仮名手本忠臣蔵　七段目（大臣の錆刀） 仮名手本忠臣蔵　四段目（来世の忠義）	二世竹田出雲・三好松洛・並木千柳	1748（寛延 1）大坂竹本座
傾城阿波の鳴門	近松半二ら	1768（明和 5）大坂竹本座
恋伝授文武陣立　五つ目三嶋お仙の段	奈川七五三郎	1790（寛政 2）
恋娘昔八丈　七段目鈴ヶ森之段	松貫四・吉田角丸	1775（安永 4）江戸外記座
碁太平記白石噺　七ツ目	紀上太郎、烏亭焉馬・容楊黛	1780（安永 9）江戸外記座
汐汲		

表 2　戸田村で上演された演題

	日記の記載		
	演　題	戸田村での興行年月日（興行場所）	興行形態
1	あたか松	弘化 4 年 6 月 28 日	長唄
2	沼津之段	弘化 2 年 9 月 15〜17 日（宮）	人形操り
	伊賀越　八ツ目	嘉永 4 年 4 月 16 日	浄瑠璃
3	一ノ谷　三切一段	嘉永 4 年 4 月 15 日（本善寺）	浄瑠璃
4	妹背山　大序	文政 10 年 9 月 7〜12 日（宮）	人形浄瑠璃
	妹背山	文政 10 年 9 月 7〜12 日（宮）	人形浄瑠璃
5	白井権八	弘化 2 年 6 月 10 日（宮）	芝居
6	大閤記	弘化 4 年 10 月 19 日（かし長）	浄瑠璃
	絵本大功記 五段目阿野局物語	文政 7 年 3 月 6〜15 日 文政 7 年 3 月 6〜15 日	人形浄瑠璃
7	近江源氏　八ツ目かがり火役盛綱	文政 7 年 9 月 23 日（井田村）	芝居
	近江源氏　四ツ目	嘉永 4 年 4 月 14 日（かし長）	浄瑠璃
8	かがみ山　七ツ目　扇部屋の段	文政 7 年 1 月 1〜10 日	人形浄瑠璃
9	忠臣蔵　十二段目大切	文政 10 年 9 月 7〜12 日（宮）	人形浄瑠璃
	忠臣蔵　七段目掛合	文政 10 年 9 月 7〜12 日（宮）	人形浄瑠璃
	忠臣蔵　五段目	弘化 2 年 6 月 10 日（宮）	芝居
	忠臣蔵　三段目	弘化 2 年 9 月 15〜17 日（宮）	人形操り
	忠臣蔵　六段目	弘化 2 年 9 月 15〜17 日（宮）	人形操り
	忠臣蔵　七段目掛合	弘化 4 年 10 月 13 日（三光寺）	浄瑠璃稽古さらい
	判官腹切	嘉永 4 年 7 月 2〜5 日	浄瑠璃
10	阿波鳴門	弘化 2 年 9 月 15〜17 日（宮）	人形操り
11	三島おせん之段	文政 10 年 9 月 7〜12 日（宮）	人形浄瑠璃
12	おこま・才三	弘化 2 年 6 月 10 日（宮）	芝居
13	白石　七ツ目	嘉永 4 年 4 月 14 日	浄瑠璃（かし長）
14	汐汲	弘化 2 年 6 月 10 日（宮）	踊り

菅原伝授手習鑑　四段目寺子屋の段	初代竹田出雲・並木千柳ほか	1746（延享3）大坂竹本座
関取千両幟	近松半二・三好松洛ほか	1767（明和4）大坂竹本座
高砂		
近頃河原達引	為川宗輔・筒井半二・奈河七五三郎	1782（天明2）江戸外記座か
積恋雪関扉（関扉）	作詞：宝田寿来　作曲初代鳥羽屋里長	1784（天明4）江戸桐座
生写朝顔日記	山田案山子	1832（天保3）大坂竹本座
箱根霊験躄仇討 箱根霊験躄仇討　七冊目	司馬芝叟	1801（享和1）
花上野誉石碑	司馬芝叟・筒井半平	1788（天　明8）江戸・肥前座初演
彦山権現誓助剣 彦山権現誓助剣　七段目	梅野下風・近松保蔵	1786（天明6）大坂竹本座
ひらがな盛衰記 ひらかな盛衰記	文耕堂・三好松洛ほか	1739（元文4）大坂竹本座
平家女護島　二段目	近松門左衛門	1719（享保4）大坂竹本座
本朝廿四孝　三段目	近松半二・三好松洛ほか	1766（明和3）大坂竹本座

参考文献：『日本古典文学大事典』岩波書店 1984・『国史大辞典』吉川弘文館・「広報みしま」平成13年2月1日

それでも、全体のストーリーの中でその場面を位置付けて楽しめるということは、それだけの知識や情報を村人が既にもっていたからであろうと思われる。それを裏付けるものとして、戸田村の廻船問屋太田家には、蔵書の中に、『菅原伝授手習鑑』や『仮名手本忠臣蔵』などがみられる。[12]このような書物は、興行の際に村人たちにも貸し出され活用されたであろうし、その存在はこの地域に芸人たちが来て、さかんに人形浄瑠璃や浄瑠璃が行われたこととも無関係ではないように思われる。

また、江戸から来る噺家は、浄瑠璃のような演目は具体的に日記に記載されないが、「怪談落し噺」などの娯楽性をもった話が語られていたことが知られる。相撲興行があったときには、三味線弾き

15	松王首シツケン	嘉永4年4月16日	浄瑠璃
16	千両幟	弘化2年9月15～17日（宮）	人形操り
17	相生	弘化3年9月12日（本善寺）	チャリ
18	お俊・伝兵衛	弘化4年10月19日（かし長）	浄瑠璃
19	セキノト	弘化3年9月12日（本善寺）	チャリ
20	あさかほ日記	嘉永4年4月13日	浄瑠璃
21	筥根いさりあだ打 箱根筆助館	文化12年6月14～16日（三光寺・鎮守） 嘉永4年10月18～19日（本善寺）	子供狂言・人形操り 乞食芝居
22	狂言花ノ上野誉石碑三幕并ねり	文政10年9月7～12日（宮）	狂言
23	彦山権現 友平切腹	嘉永4年10月18～19日（本善寺） 嘉永4年10月18～19日（本善寺）	乞食芝居 乞食芝居
24	ひらがな盛衰記 源太	文化11年9月11～14日 弘化3年9月12日（本善寺）	人形操り興行 チャリ
25	俊寛嶋内	弘化4年7月18～19日（三光寺）	浄瑠璃
26	廿四孝　竹の子バ	弘化3年9月12日（本善寺）	チャリ

たちが三人で相撲の掛合を即興で語っており、これらもまたニュースのひとつであり、芸人たちが即座に情報を伝えている。このように、幕末期には、こうした芸人たちの日常的な廻村によっても、すぐに庶民にまで情報が伝わる環境が整っていたことがわかる。

おわりにかえて

この章では、近世後期の戸田村に残された日記から、村に来る芸人たちと村人の受け入れの実態、さらに上演された演目について具体的に検討し、江戸時代における文化の「通俗化」「大衆化」を考える素材として提供した。

江戸時代の村に入ってくる文化や情報は、村役人をはじめとする村落上層民によってまず最初に受け入れられ、成熟し、発信されてきた。戸田村でも例外ではない。しかし、近世後期になると、村にやってくる芸人たちの芸を受容する主体をみると、必ずしも村役人などの上層民だけではなく、一般の村人や若者たちも中心となって祭礼や正月行事など村の行事の中で芸を享受し、ともに活動しているのである。また、寄席のように、身分や階層を問わず誰でも入場料を払えば、その娯楽を享受できるような環境も既に整っていた。このような状況は湊町として栄えた戸田村の地域的特性によるものでもあるが、戸田村が特殊な存在なのではなく、西伊豆だけをみても、沼津・清水湊・府中や江戸をはじめとして、上方から蝦夷地近辺にまで行き来する戸田船のような地域廻船をかかえる海村が多くみられ[13]、湊々を結ぶ海上交通の経済ネットワークが、そのまま文化や情報が伝播するネットワークと重なっていると考えられる。おそらく文化の「大衆化」「通俗化」を促進するのは、このような「村」社会を基礎とした地域経済の活発化にともなう地域ネットワークの形成と、庶民レベルでの基礎的な知識と教養、経済力の一定程度の確立が前提となる。それが近世後期における日本の村社会の一般的な姿であり、日本の近代化を底辺で支えていたといっても過言ではないであろう。

なお、本章で活用した史料は、戸田村史編纂の過程で閲覧・利用したものである。史料の利用をお許し下さった勝呂安先生・沼津市教育委員会文化財保護課の皆さんに感謝申上げたい。

注

（1）芸人・芸能に関する研究は多くあるが、近年では神田由築「芸能と文化」（『岩波講座　日本歴史　第13巻近世4』二〇一五年）、同「7文化の大衆化」（『日本史講座　第7巻近世の解体』東京大学出版会、二〇〇五年）、同『近世の芸能興行と地域社会』（東京大学出版会、一九九九年）、宮地正人「芸能と芸能民―地域の視座から」（『幕末維新期の文化と情報』名著刊行会、一九九四年）、横田冬彦編『シリーズ近世の身分的周縁2　芸能・文化の世界』（吉川弘文館、二〇〇〇年）などがあり、参考文献も多く示されている。また、幕末から明治にかけて小芝居を扱ったものに、佐藤かつら『歌舞伎の幕末・明治』（ぺりかん社、二〇一〇年）がある。戸田村については『沼津市史　通史編　近世』（沼津市教育委員会、平成一八年）、『沼津市史　通史編別編　漁村』（沼津市教育委員会、平成一九年）、『戸田村史』（沼津市教育員会、二〇一六年）などを参照されたい。

（2）戸羽山瀚『増訂豆州志稿伊豆七島志』長倉書店、昭和四二年。

（3）勝呂家文書・村差出帳は今日の村政要覧にあたるものである。戸田村では、文政五年・天保八年・明治四年のものが良く残されている。

（4）山口徹著『日本近世の海村の構造』吉川弘文館、平成一〇年、三七頁、表2参照。

（5）舟山については、分郷に際して、幕領と旗本領が入り組みになっている。

（6）勝呂家文書

（7）勝呂家文書　各年次「船差出帳」「勝呂家日記」。『戸田村史』を参照。

（8）勝呂家の日記については拙稿「幕末期における戸田村と異国船問題―ペリー来航以前」（『沼津市史研究』第十九号）の注を参照。

（9）この地域で関連する研究としては、拙稿「海村を往き来する人々について―豆州江梨村の村入用帳の記載から―」（『沼津市史研究』第十一号）がある。

（10）天保改革の影響については、神田由築「近世大坂における浄瑠璃興行―天保改革をめぐって」（塚田孝・吉田伸之編『近世大坂の都市空間と社会構造』山川出版社、二〇〇一年）などでも指摘されている。

（11）注（9）を参照。

（12）井田屋太田家文書

（13）拙稿「豆州西浦久料村の廻船について―幕末期を中心に―」（『青山史学』第二四号、二〇〇六年）、「近世海村における商業活動の一形態―豆州西浦久料村の場合―」（『青山史学』第二六号、二〇〇八年）を参照。

第七章　フランス人の見た文楽

秋山伸子

はじめに

二〇一三年、ベル・レットル社の《日本叢書》から刊行されたフランソワ・ビゼの著作 *Tôzai !... Corps et cris des marionnettes d'Osaka* は、二〇一六年にみすず書房より『文楽の日本』として翻訳が出された。原著の成立にあたって基礎資料の日本語からフランス語への翻訳にかかわったばかりでなく、『文楽の日本』の翻訳者としても日仏の交流について考える機会に恵まれたことを活かして、近世における日本の芸能が古典再解釈という視点から、現代のフランス、翻っては現代日本においてどのように受け止められうるのか、その通俗化・大衆化についても視野に入れつつ考察したい。

二〇〇四年に来日したビゼは、まず女義太夫の魅力にとりつかれ、ついで文楽にも心酔し劇場通いを始めるが、文楽との出会いは、西洋的な演劇観を見直すきっかけとなった。竹本越孝に師事して、義太夫語りを習うほどまでに夢中になった女義太夫、そして文楽について語るビゼの言葉は、日本文化論にもなっていて、大変興味深いものである。

一　異邦人と文楽の出会い

二〇世紀フランスの画家でもあり詩人でもあるアンリ・ミショー（一八九九〜一九八四年）は『アジアにおける一野蛮人』（一九三三年）において、女義太夫について次のように語っている。(1)

ただし、これは大劇場に特有の慣習だとは思わないでいただきたい。もっと小さな、本当に小っぽけな劇場に足を向けても同じなのだ。女義太夫を聞いてみるがいい。人形を使わず、ただ語られるだけなのに、同様の地獄がそこにある。舞台装置は素っ気なく、簡素で、常に人目を引く。二人の女性が観客の正面を向いて座っている。一人は上手、もう一人は下手に。二人の女性。一人は語る、というよりむしろどなり声を上げる女性、もう一人は伴奏者、というよりは、雌鶏が鳴くような音を立てる。

語りの女性はヒステリックに叫び、座ったまうなり、叫ぶ。けれどずっと座ったままである。神経質で上っ面の大騒ぎが長時間ずっと続くけれども、それは心を揺さぶるものではない。せいぜい、感情の装飾的琴線に時たま触れることがある程度である。もう一人の女性は三味線で伴奏をつけるが、ペーパーナイフのようなもので弦を激しくかき鳴らし、のこぎりを引くような音を出す。のこぎりの音が、ほぼ二〇秒ごとに繰り返される。絶望的な音だ。音が止んだと思ったら、その二〇秒後にまた鳴り出す。こんな調子で二五分から三〇分続く。三味線を弾きながらこの女性は雌鶏のような鳴き声を立てる。「ガン」（ギャン、リャン、ニャン）と鳴いたと思うと黙り、今度は「オン」と、続いて「オ」と短く、口をすぼめて声を出す。身体を少し浮かせるようにして、滑稽な調子で、まるで鼻をすするように、悪意でもあるのかという調子で否定的に、不機嫌に、そしてとりわけ恐ろしいほどに厳格に形式ばったやり方で。

アジアにおける野蛮人と自らを規定したミショーは、中国演劇を賞讃し、自分の目で見たり聞いたりした新しいものを西洋演劇批判に積極的に結び付ける姿勢を示していたにもかかわらず、女義太夫に対して激烈なまでの拒否反応を見せているのはなぜか、ビゼはまずそこに注目する。軍国主義が高まりを見せていた当時の日本の状況に対する拒否反応が、芸術的評価と混同されてしまったものと説明したうえでビゼは、どのようなレトリックが駆使されて、女義太夫を不当に貶める言説を生み出しているのか、そのメカニスムを鮮やかに説明する。ミショーが義太夫節を「不協和音、縁日芝居」と貶めるのは、ミショーがいかに西洋的規範に縛られているかを裏書するものであり、「悪意」「否定」の感情が、文章の上でも表れていることが指摘される。すなわち、ここで義太夫節を語る他者は、もはや人間扱いされず、「雌鶏」に貶められ、その声は、意味不明の音とされ、「滑稽な調子」が付与されるのだが、ここで他者のイメージに押し付けられている「悪意」とは、この文章を書くミショー自身の悪意を映し出すものに他ならず、ミショーの目に映った女義太夫の語り手の「否定的」で「不機嫌」な調子は、この文章の語り手の胸の内を暴き出すのだという。

アンリ・ミショーが目にしたのは、人形を使わない女義太夫だが、これがたとえ人形浄瑠璃であったとしても、同じような偏見に満ちた言葉が飛び出したのではないか。文楽に対して比較的好意的であると思われるポール・クローデル（一八六八～一九五五年）でさえ、三味線奏者の発する声について、「うめき声、叫び、動物的な音」

と評しているのだから。[2]

人形浄瑠璃が生まれた一七世紀、フランスで人形芝居はどのように捉えられていたのか。一六九〇年に刊行されたフュルティエールの『辞書』では「人形」(marionnette)は次のように定義されている。

バネ仕掛けによって動く小さな人形。人形を操る大道芸人がこの人形に命を吹き込み、小さな舞台で喋ったり、演じたり、跳びはねたりさせて、子供たちや民衆を喜ばせる。小柄な女性のことを、皮肉を込めて「お人形さん」と呼ぶこともある。デカルトによれば、獣は人形のような動きしかしないという。というのも、獣の血が騒いで、それが人形のバネ仕掛けのような働きをするためだ。デカルトに言わせると、獣が見せるちょっとした器用さも、大時計の仕掛けと同じであって、時を刻むという人間にはできない技をやって見せはしても、そこに魂の働きはないのだ。

モリエールの戯曲『タルチュフ』(一六六四年)において、人形芝居は、田舎者のタルチュフの村における軽蔑すべき娯楽として語られる。「まずその小さな村の社交界に紹介されて、お代官夫人とか税務官夫人のお宅にご挨拶に伺うと、見すぼらしい折りたたみ椅子を勧めてもらえるでしょうね。カーニバルには、ダンスパーティーがあったり、楽隊が来たりしますよ、きっと。楽隊と言っても、バグパイプが二本あればいいほうでしょうけど。運がよければ猿のファゴタンも来てくれて人形劇も見られるかもしれませんよ」。[3] 人形劇は、猿の見せる芸と同列に扱われているのだ。

一六九四年版の『アカデミーの辞書』初版においては「仕掛けやバネによって動かす小さな人形」とあるのみで、一七六二年に刊行された第四版では「人や動物をかたどった小さな人形で、仕掛けやバネによって動く」という定義に加え、「人形は子供たちを楽しませる」という例文が添えられていることからも、人形芝居が大人向けのエンターテインメントになり得るという可能性はここには見出せない。一八三五年に刊行された第六版では「人形は民衆と子供たちを楽しませる」となり、ようやく大人向けの娯楽という側面に光が当てられる。一九九二年に刊行が始まり、二〇一六年一〇月現在 resservir までの項目が出ている『アカデミーの辞書』第九版では、この語が聖母マリアをかたどった像や人形を示すものであったという由来を紹介しつつも、「木またはボール紙、布で作られた人形で、人や動物を表し、人形遣いによって操られる」という素っ気ない定義で、例文としては、「差し込み式の人形」「糸操り人形」「棒の先につけた人形」「横木につるした人形」に加え、「指人形（ギニョル）はリヨンの人形芝居における伝統的人物である」とか、「ジョルジュ・サンドがノアンの館で見せた人形芝居」といったものが挙げられているにとどまる。同じ『アカデミーの辞書』第九版では「歌舞伎」や「能」の項目が立てられているのに対し、「文楽」「人形浄瑠璃」「義太夫」の項目は見当たらない。

アントナン・アルトー（一八九六〜一九四八年）は『演劇とその分身』（一九三八年）において、バリ島の人々について次のように語っている(4)。

彼らは踊る。彼らは自然の無秩序の形而上学者となり、音の原子一つ一つを復元してくれ、今にも原初の状態に戻りそうになっている断片的知覚の一つ一つを復元してくれる。動きと音の間に彼らが創り出していく継ぎ目はあまりに完璧で、空ろな木、響きのよい太鼓、空洞の楽器から出る音は、空洞の肘を動かして踊る彼らの身体、空ろな木でできた手足から流れ出ているように思えるのだ。

「空ろな木でできた手足から流れ出ているような」音に注目したアルトーのこの考察に触発されるようにして、ビゼは文楽の登場人物について考察し、文楽の登場人物の特性を「場所理論」に求めることで、日本文化論へと視野を広げていく。「私」というものが、あらかじめ確固とした形で存在するのではなく、他者との関係においてはじめて規定されていく「私」を舞台上で見せてくれるもの、それが文楽の舞台ではないかという仮説が提示される。「なぜなら、文楽の舞台に登場するのは」「人と人との関係なのだから」(5)。「太夫から太夫へと引き継がれ」「人形遣いの手」にゆだねられ、「三味線のリズム」に翻弄される文楽の登場人物のこのようなあり方は、西洋的な俳優のあり方とはまったく違うものとして捉えられることをビゼは指摘する。「俳優の身体というこの宿命的な「意味作用を持つ全体」を迂回することを可能にしてくれるもの、それが文楽ではなかろうか(6)」として、「文楽の人形は新しいタイプのモノで、外からやって来た一人の演出家が人形の下に人形遣いたちを取りまとめるというのとも違う(7)」。こう述べて、ビゼは加藤周一の説を紹介する。

文楽における全体は、様々な要素から秩序立てて構成された総体としては現れてこない。したがって、これを分解することもできない。加藤周一は、日本における時間と空間の特異性について述べるとき、全体を構成する一部分として「ここ」と「今」を扱うが、全体は部分に先立って存在するわけではないことに注意を喚起している。「ここ」の一つ一つ、「今」の一つ一つが、それぞれ全体に対して、同等の地位を占めるのだ(8)。

自らも狂言をたしなむことで知られているドナルド・キーンの手になる『文楽』についての書物は吉田健一によって翻訳され、講談社学術文庫『能・文楽・歌舞伎』に再録されて、格好の入門書となっているが、その中でキーンは次のように述べている。

文楽は、西洋の芝居のいくつかのものが感じている誘惑とは無縁である。つまり、目の前のものは芝居ではなく、現実なのだと観客に信じさせたいという誘惑とは無縁なのだ。

この発言と、著書のつくりとの矛盾にビゼは着目し、次のように述べる。

ところがドナルド・キーンは、こうした写真を自らの文章の脇にとり合わせることを正当化することで、先に引用した文章との矛盾を露呈している。この書物に掲載された写真は、人形遣いの姿を徹底してファインダーの外に押しやることで、文楽の本質を捉えることに成功していると言う。ここでキーンの頭にある文楽の本質とは、人形の自律性に基づく完璧な幻影のことなのだ。(9)

キーンの著作を彩る写真は、人形のみを対象として、これを操る人形遣いの姿が無視されていることは、キーン自身の言葉と矛盾する態度ではないかというのだ。キーンもまた、「目の前のものは芝居」だと観客に信じ込ませるという「人形の自律性に基づく完璧な幻影」、つまり、模倣《ミメーシス》に基づく西洋的な「芝居の幻影」という考え方に縛られているのだという。

二　フランソワ・ビゼ『文楽の日本』の独創性

ロラン・バルト（一九一五～八〇年）の『記号の国』（一九七〇年）には、文楽を扱った三つの章があるが、バルトはブレヒト的「異化効果による美学」を文楽の中に見た。ただし、バルトもまた、西洋的二分法の呪縛のせいで、「複層的で並列的な文楽の舞台特有の共感覚から目をそらし」、「感覚世界を根底から揺さぶるほどの全面的衝撃を引き起こす文楽の特質」(10)を捉えることはできなかったのだ、とビゼはいう。

ビゼは三〇ほどの文楽作品について分析を行っているが、その中でも特徴的な例をいくつか挙げておこう。『妹《いも》背《せ》山《やま》婦女《おんな》庭訓《ていきん》』（近松半二、松田ばく、三好松洛他合作、一七七一年）では、細部へのまなざしが、西洋的ドラマツルギーに対する問題提起を引き起こす。

> 切り落とされた雛鳥《ひなどり》の首は向こう岸で愛する男の首と一緒になる。けれどその雛鳥の首には奇妙な付き人が伴っている。そう、雛道具が雛鳥のお伴をしている。今でも三月三日雛祭りに女の子のために飾られるあの雛道具が、琴に乗せられた愛のしるしの雛鳥の首、死んで動かなくなってしまった雛鳥の首と隣合っているのだ。〔中略〕この細部、雛道具と文楽の人形が並べて置かれているというこの細部には、人類学的価値があるのではないかとも思われ、お祓いの儀式が舞台上に残像として現れたものとも見える。とにかく、この細部が途方もない劇的な力を持つことは間違いない。というのもこの細部こそが、物語世界の内部に「命あるものと命なきもの」という二つの補完的原理の組み合わせを持ち込んでくれるからである。「命あるものと命なきもの」というこの組み合わせこそが舞台空間を支配していることを考えると、この細部は突如、舞台の中の舞台を浮かびあがらせる。人形の人形？　死んだ雛鳥は、身体から切り離され、三人の人形遣いの手を離れてなお、雛鳥である。だが、雛鳥が雛鳥たるには、私たち観客が彼女に少し命を吹き込んでやり、彼女を取り囲むモノから彼女を区別してやる必要がある。こうして、雛鳥が向こう岸に着くまでの間、最後まで、物語の虚構を維持してやらねばならない。(11)

このように、ビゼの考察は、細部に寄り添いながら、演劇において、物語の虚構がどのように取り扱われるかという視点から、西洋演劇のドラマツルギーと文楽の劇作術を比較していることが特徴的である。

もうひとつ特徴的な例を挙げよう。『源平布引滝《げんぺいぬのびきのたき》』（並木千柳、三好松洛作、一七四九年）三段目「九郎助住家《くろすけすみか》の段」についてビゼは次のように述べる。

> 小万の亡骸とそこから切り離された腕は、その子太郎吉によって、私たち観客の目の前で文字通り継ぎはぎされる。腕を亡骸にくっつけるというこの仕草によって、私たちは、夢の最も暗い闇の中へと投げ込まれ

る。夢の中に投げ込まれた私たちは、蘇りは可能であるという喜ばしく、えも言われぬ確信を授けられる。それと同時に、私たちは、劇場の作業場へと投げ込まれもする。そこでは、ほんのちょっとの糸の作用によって、人形に命が吹き込まれるのだ。こうして小万は息を吹き返す（三人の人形遣いが小万の人形の周囲に再び現れる）。だがそれもほんの束の間、語り始めたかと思うとすぐに、今度こそ本物の死がやってきて、その語りを中断してしまう。このような合間があって、物事の合理的な進行にひび割れが生じてやっと、私たちは世界と舞台両方の裏側を垣間見ることになるが、小万の後をうまい具合に引き取って養父の口から語られるのは、源氏の白旗を守って死んだ小万は、じつは源氏側の人間ではないという事実である。捨て子の小万を見つけたとき、小万は、合口《あいくち》と書付《かきつけ》を握っていたが、これらの品は、彼女が平家側の血を引く者であることを示す動かぬ証拠だ。血の過酷な掟までもが、まるで手袋のように簡単に裏返されてしまう。[12]

フランスの哲学者ドゥルーズ（一九二五～九五年）は『意味の論理学』（一九六九年）においてルイス・キャロルやアントナン・アルトーらの著作を分析しつつ、固定的な〈意味〉を超越した物の見方を追及した。ドゥルーズによれば、表面と深さという一見相反するように見えるものがじつは表裏一体になっており、表面をずっとたどっていくことによって反対側に行きつくことができるのだという。『不思議の国のアリス』をめぐる考察を見よう。

> どこまでもずっと横滑りしていけばもう一つの側に出ることになるだろう。もう一つの側とは、反対側（反対の意味）に他ならない。幕の後ろには何も見るべきものはないのだということは、すべて目に見えるもの、（いやこう言ったほうが正確か）可能なすべての知は、幕にそってあるのだということであり、その幕をずっとたどっていけばよいのだ。幕に密着し、その表面をたどっていけば、表は裏となり、右は左となり、

裏は表となり、左は右となる。(13)

ドゥルーズのこの考えを文楽において応用したものがビゼの著作の魅力の一つとなっているように思われる。谷崎潤一郎は、文楽の人形の「激しい立ち廻り」について述べているが、この一節に触発されるようにしてビゼは『伊勢音頭恋寝刃《いせおんどこいのねたば》』（近松徳三作、一七九六年に歌舞伎として初演され、一八三八年に人形浄瑠璃に脚色された）の十人斬りの場面について次のように述べる。

十人斬りの場面では、首が切断され、手がもぎとられる。その手はついさっきまで、燭台を持って先導役を務めていたというのに。鳥小屋で喉を搔っ切られる鴨のように、すぱっと切り落とされる足。切断された身体はすべて、舞台前面、一列目の客席のほとんど目の前に投げ出される。ダメ押しのようにしてこれ見よがしに観客の目の前に突き出された身体の断片は、舟底に飲み込まれていく。(14)

こうしてビゼは、「文楽はなぜ、これほど無邪気に切り刻まれた身体を好むのか(15)」と問題提起をする。細部へのまなざし、これは、美術批評家ダニエル・アラスもまた特権的扱いをしているところである。ダニエル・アラスは言う。

細部は抗いがたく隔たりを生み出す。絵画の中の行為の親密なしるしとしての細部は、絵を見る人に自ら合図を送り、絵に近づくようにと呼びかける。〔模倣《ミメーシス》の原理に基づく〕表象装置の関節を外し、細部に注目するようにと仕向けるのだ。(16)

十人斬りの場面の劇的効果、演劇の幻影は、流血の写実的描写によってではなく、これをあえて遠ざけて、エクリチュールに移し替えることで、胸を刺す痛みとなるのではないかとビゼは考察する。

福岡貢《みつぎ》は、阿波の国の主君のために取り戻し届けるべき名刀が偽物にすり替えられたと思い怒り狂うが、そのときの装束は白色である。貢が切り捨てていく犠牲者の数が増えるにつれて、貢の着物は不幸な犠牲者の血で少しずつ汚れていき、しまいには紅に染まる。血？　いや、血と見えるものは、小さな赤い布切れで、無邪気なまでの血の幻想を与える。〔中略〕本物の刀ではないものに切られて生身の人間の身体ではないものから噴き出すこの偽の血は、本物の血を使った公演では望むべくもない喜びを私に与える。〔中略〕この場面は〔歌舞伎から〕文楽に移されることでその劇的効果がさらに高められたとさえ思える。幻影というのは、血糊に絡め取られるよりむしろ、これ見よがしに遠ざけてこそ十全に味わえるのだから。真っ白なページには死のしるしが溢れ、そこにあるのは血ではなくエクリチュールであり、流血ではなく胸を刺す痛みであって、ゆっくりと静かに進行する仕掛けによって深いところから長い廊下が立ち現れてきて、大虐殺の最後を飾る闘技場と化す。(17)

この考察には、ロラン・バルトの写真論に見られる「刺すもの（プンクトゥム）」を思わせるところもあり、ビゼがバルトの著作に強い愛着を持っていることをうかがわせる。バルトの写真論『明るい部屋』（一九八〇年）では細部への眼差しが刺すもの《プンクトゥム》に結び付けられている。刺すもの《プンクトゥム》とは、塚本昌則の言葉を借りるなら「自分から写真のなかに探しにいくものではなく、写真のほうから矢のように発し、〈私〉を刺し貫くもの」であり、「鋭くとがった道具によって確かに傷つけられるのだが、その傷が何に由来するのか明確に名づけることができない(18)」ものである。バルトは写真と俳句の間に関連を見て次のように述べる。

「写真を現像する」という表現には「畳んであったものを広げる」という意味の動詞 développer が用いられる。けれど現像液によって現像されるものは、本来「広げる」ことが不可能なものである。それは、〔傷の〕本質であって、その本質は変わることはなく、（執拗な視線によって）執拗に繰り返されるしかない。その意味で写真は（といってもすべての写真がそうだというわけではないが）俳句に近いものがある。俳句のありようもまた、それ以上広げることは不可能だから。すべてがそこに与えられていて、これを修辞的に広げようとする欲望も可能性さえも引き起こすことはない。写真も俳句も、「生き生きとした不動性」ということが言える（言うべき）かもしれない。ある細部（ある起爆剤）によって爆発したその不動性は、テクストや写真のガラス窓に小さな星を作る。[19]

バルトのこの考察は、文楽における身体についてのビゼの次の考察と重なり合うように思える。

文楽におけるこれらの身体は、人物の形をとって舞台に現れるものというよりむしろ、ジル・ドゥルーズがフランシス・ベーコンの作品を評して言う「絶対的形象」に近いものを持つ。この「絶対的形象」とは、「感覚に直接働きかける感覚的形態」なのだ。それは、すぐさま発動し、脳であれこれ考える暇も与えず、まるで電気ショックのように、神経に直接作用する。[20]

ビゼは谷崎潤一郎の著作についても親しんでいて、福岡貢の十人斬りの場面に関して、谷崎潤一郎の『蓼喰う虫』（一九二八〜二九年）の一節を引用して、淡路島の文楽においては「伊勢音頭では十人斬りのところで、ちぎれた胴だの手だの足だのが舞台いちめんに散乱する」、「そういうやつを見なけりゃあ話にならない」[21]と述べる老人の姿を紹介する。そして、文楽の持つこの残酷な場面をドゥルーズの言う「器官なき身体」と結び付ける連想を促すものとして、幕末から明治初めにかけて活躍した町絵師、絵金《えきん》（一八一二〜七六年）の作品にまで思いをはせる。絵金は人形芝居の一座と生活を共にした時期があったとみられ、浄瑠璃の場面を描いた屏風絵があるが、そこでは、「切り落とされる頭、えぐり出される臓器、罪なき者たちの毒殺や虐殺」[22]の場面が描かれてはいるものの、そこに描き出される世界は、非現実的なとまで思われる激しさがみなぎる世界、その激しさゆえに、文楽の本質がそこにうかがわれるような世界だという。

ビゼは言う。「文楽の人形は〔中略〕我を忘れて振る舞う身体となり、激しい怒りに身を任せ、様々な変身を見せ、どんな逸脱もやってのけ、あらゆる無秩序に引き寄せられる身体としてそこにあった」(23)と。ドゥルーズの言う「器官なき身体」は、絵画においてはイギリスの画家フランシス・ベーコン（一九〇九～九二年）の「輪郭のない身体、内臓が外に向かって裏返されているような表現(24)」とも通じる。『仮名手本《かなでほん》忠臣蔵《ちゅうしんぐら》』（竹田出雲、三好松洛、並木千柳合作、一七四八年）の歌舞伎公演（一九二九年、二代目市川左団次一座による）を見たソ連の映画監督エイゼンシュテイン（一八九八～一九四八年）は、文楽の断片化された演技を歌舞伎役者の演技の中に見て、これが映画におけるモンタージュの可能性へと結び付いた可能性についてビゼは指摘する。エイゼンシュテインは『修善寺物語』において市川左団次が演じた夜叉王の娘役について次のようにコメントしている。

〔市川左団次は〕それぞれが互いに関連を持たない独立した要素を演じた。右腕だけの動き。片足だけの動き。首だけの動き、頭だけの動き。死に瀕した娘の苦悶が、それぞれの部分の独奏の「パート」へと解体されて、両足のパート、両腕のパート、頭のパートという具合に分断されて別々に演奏されたのである。解体の連続。交互に演じられるそれぞれのパートは、死という不幸な結末が近付くにつれ、より短くなっていった(25)。

このように、文楽を現代の芸術や哲学潮流とも結び付けて考察するビゼの著作は断章形式のエッセーとして書かれているが、同じように断章形式で文楽の魅力について語っている詩人高橋睦郎がビゼの著作に強い関心を示すのは必然の成り行きであった。『文楽の日本』に深い共感を覚えた高橋睦郎の呼びかけによって、二〇一六年六月二一日、d-labo ミッドタウンにて、高橋睦郎とビゼの公開対談が実現し、その詳細については、月刊『みすず』に掲載予定だが、高橋睦郎の著作から、共鳴する二つの魂について考察してみたい。

三　響き合う魂——フランスと日本の詩心の出会い——

高橋睦郎とビゼの対談において、高橋睦郎は、一九七四年にロラン・バルトの『表徴の帝国』(『記号の国』)と出会ったときの衝撃を語り、これと同種の、いやより強烈な読後感を持ったと語ったが、そもそもこの対談自体、ビゼの著書に深く心を動かされた高橋睦郎の情熱によって実現したのである。他方、高橋睦郎の詩に深い感銘を受けたビゼは、ジャン・ジュネ(一九一〇〜八六年)の『花のノートル＝ダム』(一九四四年)や『薔薇の奇蹟』(一九四六年)のイメージを高橋睦郎の詩に重ね合わせる。

『日本芸能独断』において、詩人高橋睦郎は、能、狂言、歌舞伎と並んで文楽についても一章(「匂う魂魄」)を設けて、断章形式で語っている。この書物の中で高橋睦郎は「虚構性を忘れさせるのでなく、虚構性を認識させることが、浄瑠璃の演出の出発点なのである[26]」と述べているが、これはまさにビゼの著作の根底を流れる精神と、はからずも一致している。西洋演劇においては、舞台上の幻影をできるだけ完璧なものにしようとする力が働くが、文楽においては、むしろ、舞台上の虚構を際立たせようとするのだ。ビゼは言う。「文楽における演劇術は、〔西洋演劇において〕不可能とされる幻影を鋳造するものではなく、幻影が不可能であるということ自体を楽しむよう仕向けるものであって、舞台が続く間ずっと、舞台上で、虚構とその表象を生き生きと保つことであり、皮をはがれ、解剖されるに任せておくことなのだ[27]」。まさに、高橋睦郎の言葉にあるとおり、「あらかじめ虚構性を認識したうえでの観劇は以後、突然のあらたな虚構性の認識に妨げられることなく、安心しての陶酔はかえって深い」[28]のである。

木村敏を援用しつつビゼは日本的音楽の特徴について次のように述べる。

木村敏は「あいだ」〔中略〕の性質について説明しようとする。〔中略〕そのためにヨーロッパのオーケストラの編成を例にとり、同じ楽曲には三種類の演奏方法があるとする。第一はメトロノームを用いたもの、第二は指揮者に導かれるもの、第三は、何にも導かれることがないもの。当然のことながら、第三の場合こそが理想的な「仮想空間」となり、そこでこそ、音楽が自然に流れるアンサンブルが生じ、「あいだ」が出現する。じつに興味深いことに、ここで木村敏が日本的音楽の構成原理を再発見するにあたっては、西洋のオーケストラを、超越的存在、その頭とも言うべき指揮者から解放することが必要であったのだ。[29]

これを補足するかのようにして、ビゼとの対談において高橋睦郎は言う。

文楽は太夫の語りと三味線弾きの三味線演奏と人形遣いの人形操作の三つのどれが主でどれが従でもない演技によって成立しており、演出家という存在はありません。演出家という存在がなく申し合わせによる演技で舞台が成立する点では歌舞伎や能も同様ですが、歌舞伎では座頭《ざがしら》が中心になり、能では大鼓方《おおかわ》が音頭を取るという慣習があります。

また、高橋睦郎は「歌舞伎が見るものなら、浄瑠璃は聞くものである」[30]とも述べているが、これもまた、ビゼの主張の根幹をなすものである。ビゼもまた、聴覚が特権的な扱いをうけるところに日本の芸能の特異性を見ている。ビゼによれば、「アリストテレスからブレヒトに至るまで、演劇は、こうした視覚的な対面の理想的な場としてあった」[31]が、「日本の主体が舞台に求めたものは、「共鳴すること」であった」[32]という。ビゼは現代フランスの哲学者ジャン=リュック・ナンシー（一九四〇年生まれ）の著作『耳を傾けて』（二〇〇二年）の一節を引いて、

「音が響き合う場所であり、張り詰め、跳ね返る音と音とが無限に交錯する空間」[33]として日本の主体を定義する。さらに、ポール・クローデルの絵画論（一九四六年）の表題にあるように『眼は聴く』ならば、耳には何が見えているのか」[34]と問いかける。ビゼはさらに言う。

文楽においては、舞台を見ると同時に耳から音が入ってくる。音を聴くと同時に舞台を見る。〔中略〕目が耳の中に潜り込み、（ときには過激なやり方で）入り込む（エイゼンシュテインは「音を見る」と述べた）。あるいは目の中に耳が入り込む（「光を聞く」）ということさえ起きる。[35]

フランス大使として赴任した日本で能に魅了され文楽に魅了されたポール・クローデルは、次のように述べている。「人形に命を吹き込むのは一人ではない。二人、あるいは三人がかりなのだ。彼らの身体も顔も問題にならない。彼らは黒い衣に身を包み、手も顔も黒で覆われている。影のような黒布の中心となるのが人形であり、人形を共に動かす共謀者たちの存在はやがて忘れ去られる」[36]。このように黒衣はそこにないものとして扱われるのが常だが、高橋睦郎は言う。「人形遣いの黒衣の意味は「見えるけれども見えない」ではなく、かえって「見えないけれども見える」であろう」[37]。これは、人形遣いのうち主遣いだけがなぜ素顔をあらわにしているのかについてのビゼの考察とも重なり合う。ビゼもまた、「主遣いの顔を見る度に観客の視線は、目の前の舞台が作り物であることを思い起こさせられ、その度にまた舞台を見つめ直すことを余儀なくされる」[38]事実に着目している。

文楽の人形について、高橋睦郎は言う。「観客は、魂を抜かれた肉体にかえって魂を見、抜かれた魂にかえって肉体を見る」[39]。また、別の著作ではこうも言う。「歌舞伎においては役者の「生身《しやうじん》の人の芸」は強みだが、また弱みでもある。「生身の人の芸」は役者その人の生身を離れることができない。「正根《しやうね》なき木偶《にんぎやう》」はあらかじめその弊から免れている。「正根なき木偶」には逆にどんな性根を入れることも可能なのだ」[40]。ここもまた、ビゼの主張と響き合う。だから「死んだ雛鳥は、身体から切り離され、三人の人形遣いの手を離れてなお、雛鳥である。だが、雛鳥が雛鳥たるには、私たち観客が彼女に少し命を吹き込んでやり、彼女を取り囲むモノから彼女を区別してやる必要がある」[41]。

そして魂なき人形に命を吹き込むのは音楽である。『夏祭浪花鑑《なつまつりなにわかがみ》』（一七四五年、並木千柳、三好松洛、竹田小出雲合作）で団七が舅義平次《ぎへいじ》を殺してしまう場面についてビゼは次のように述べる。

> 三味線の張り詰めた皮に打ち付ける撥《ばち》の音、木の床にたたきつける乾いた音の雨、その一つ一つが耳に響き渡らせるのは、身体が身体に加える暴力的な作用、突き出され、ねじられ、よじられ、震え、ほどけていく身体の音なのだ。この瞬間における人形の姿こそ、最も古風な意味における悪魔つきなのだ。そう、人形は、気圧の谷とも言うべき場所となり、中心から外れ、もはや重力を持たず、そこには猛スピードで突風が吹き荒れる。人形は、むしばまれ、腰が砕け、関節が外れ、リズムに翻弄され疲れ果て、音によって地面から持ちあげられたかと思えば、強烈になっていく音によって地面にたたきつけられ、空中で打ち砕かれ、さらに揺さぶられ続ける。クレッシェンド、スタッカート、アッチェレランド。トランス状態を構成するすべての条件がここにある。ただしそこに血と肉がないだけだ[42]。

人形にしかできない動きというものがあり、それが歌舞伎にも取り入れられているのだとビゼは言う。

荒事のように、江戸歌舞伎のトレードマークとなるはずのはちきれんばかりの荒々しさは、文楽への参照なしには構想され得なかった。どんな激しい動きもこなす人形の姿、地に足をつけることなど考えもせず、究極の動きを求めて並はずれた動きを見せる人形の姿に接した歌舞伎役者は、自らの枠を踏み越える身体、身体的限界を打ち破る身体に出会ったのである[43]。

また、こうも言う。

文楽が歌舞伎に及ぼす影響は二〇世紀初頭でも目に見えて顕著であったし、今もなお、手足をばらばらに自在に動かす歌舞伎役者の演技にその痕跡を見ることができる。身体は、一つの統一的な有機体、階層化された有機体ではなく、空間をあらゆる方向に横切る概観や細部の無限の連続なのだ。それはちょうど、歌舞伎役者の（手足を東西南北および天地の六方向に動かして誇張的に歩く所作）六方《ろっぽう》の動きに現れている。この動きは、文楽の人形の機械的な動きの可能性から一部着想されたものだ。文楽の最大の功績の一つは、歌舞伎役者の身体に、人形の分節的な動きを少し取り入れさせたところにあるのではないか。[44]

これに対して対談で、高橋睦郎は言う。

江戸歌舞伎ことに市川団十郎家の特徴である荒事が、人形の自由な身体の影響だという、ビゼさんのご指摘は、これまで荒事を江戸歌舞伎の発明だと思いこんでいただけに、目からウロコの思いでした。

高橋睦郎はさらに続けて、「鶴屋南北の残酷ものも人形の影響なくしては生まれなかった、といえるのではないか」と示唆するが、そのような考察を促すものとして『文楽の日本』が機能することで、この書物のフランス語の原題にあるとおり、「東西」の文化がここに交わり、東洋の心と西洋の心が通い合う現場に立ち会うことができた喜びが今も蘇る。

歌舞伎俳優について高橋睦郎は言う。「生身の人間でありながら生身の生ぐささを避けるにはどうすればよいか。生身でありながら生身のありようを超えること、たとえば女でありながら男に、男でありながら女に変身することだ」[45]。女形芳沢あやめの「常に磨きをかけた男女両性のどちらとも決めがたい魅力」[46]は、高橋睦郎修辞による『王女メディア』海外公演において主役を演じた平幹二郎の演技に対する現地劇評で絶賛された「愛、絶望、復讐といった感情を、男性のものでもない、女性のものでもない、「人間」としての状態に純化し凝縮していく彼の能力[47]」と通じるところがあるようにも感じられる。

近松門左衛門の心中物が当時人々の興味をかきたてた理由のひとつとして、高橋睦郎は「見物ひとりひとりの深層に眠っていた、原始古代以来のヒトガタの記憶が呼び覚まされたこと[48]」を挙げる。「すなわち人間の代行として罪汚れを背負わされて、流し捨てられた人形の記憶が、義太夫の語りに沿って動かされる人形の恋人たちと重なって、見物の感受性を揺り動かしたのではないか。人形浄瑠璃の人形たちは、そしてまた、人形によって演じられる心中物の恋人たちは、当時の見物にとって、自分たちの罪汚れ、またその結果としての不幸を背負って流されるヒトガタだったのではないか、ということだ[49]」。『妹背山婦女庭訓』において雛鳥の首が吉野川を通じて悲恋の相手久我之助《こがのすけ》の元に流されていく場面についての考察でビゼもまた、このヒトガタに着目する。「雛道具が、琴に乗せられた愛のしるしの雛鳥の首、死んで動かなくなってしまった雛鳥の首と隣り合っているのだ。流し雛の習慣はおそらく平安時代に遡り、さらには中国の唐朝にまで遡るとされる。人々は人形《ひとがた》をした形代《かたしろ》にあらゆる穢れを吹き込んで、自分の身を守ろうとした。穢れをこすりつけるようにしてから川に流された人形は、イグサで編んだ小さな籠に乗せられて流れていった[50]」。

「人形浄瑠璃も歌舞伎も題材的に古いと新しいとの差はあれ、流れやまない川のほとりの河原の舞台で、流浪漂泊のあげくに死んだ死者の劇を演じることが、そのまま死者の祓い清め＝鎮魂に繋がり、現実の死者たちの鎮魂、そして生者たちの慰安になったということは、注目に値する[51]」という高橋睦郎の言葉に呼応するかのようにビゼは語る。

『宇佐八幡宮放生会縁起《うさはちまんぐうほうじょうえんぎ》』によれば、七二〇年九州において隼人《はやと》族の反乱軍を鎮圧するため、朝廷軍は、反乱軍の七つの要塞の城壁の上で芝居を見せたという。反乱軍は、この芝居にすっかり心を奪われて見張りがおろそかになり、朝廷軍の襲撃を防ぎきれなかった。その後、帝その人の命令により、朝廷の政治的宗教的権力を正当化し強化することを目的として、このような見世物的側面を鎮魂の儀式のうちに取り入れて、隼人族を屈服させたこの戦いを再び演じさせることとして、「水に竜頭の船を浮かべ、地上には獅子狛犬を走らせ、空に鷁《げき》鳥を飛ばし、仏法の二十八部衆に傀儡《くぐつ》舞《まい》を舞わせ」たという。[52]

文楽についての考察のみならず、高橋睦郎の詩に見られる美意識もまた、ビゼの著作と響き合う。文楽の細部にこだわるビゼは「男の人形には六種類の足があるが、女の人形には一つしかない」ことに注目する。『曾根崎心中』（近松門左衛門作、一七〇三年）において、縁の下に身を隠した徳兵衛が抱き締めるお初の片足についてビゼは「この場面のイメージの美しいこと」と感嘆の声をあげて、こうコメントする。

> 人形の後ろには黒衣が控えていて、お初の足を足遣いの手に滑り込ませる。その足はお初の着物の下へと消え、最後には、徳兵衛の手の中に収まって、徳兵衛の喉笛で愛撫された後、黒衣の手に返され、闇に葬られる。
>
> この小っぽけな足は、女の人形の足としての稀少な例だが、今夜は（ルイス・ブニュエル〔スペイン生まれの映画監督、一九〇〇～八三年〕の映画）『黄金時代』（一九三〇年）の彫像の足の親指を思わせる強烈な白い輝きを放っていた。[53]

これは高橋睦郎の長詩〈頌《ほめうた》〉の一節を連想させる。

> 快楽と死の地平線へ反りかえる足指
> 頑固な足指　わがままな足指　厚顔無恥な足指[54]

自らの詩を朗読することにも重点を置く詩人高橋睦郎の詩「声」の後半部分を見よう。

沖で、朝が生あくびをかみ殺している。はれたような腿のかくしに手をつっこみ、頭部をこころもち前につき出して、かれは歩いていく。かれの声を従えて。

いや、むしろ声がかれを喚起する。

闇にうかぶのど。ふくれる弾力ある声帯。筋肉の光、かくされた膕《ひかがみ》と太腿。快楽の延長線へ反りかえる顎。

破線で描かれたかれは、次第に生きた肉でもって充たされる。

——むしろ、声がかれの主人である。(55)

主導権はむしろ声にあり、声が存在そのものを喚起するという転覆が起きる。『文楽の日本』においても、「声」が果たす役割はきわめて重要である。太夫の声こそが文楽の要なのだとビゼは言う。

ここに、古典的俳優に求めるものを求めるべきではない。古典的俳優においては、一つの身体において、一つの心理が凝縮されて現れるのだから。これに対し太夫は、民衆にもなれば、どよめきにも暴動にもなる。かといって、身をよじってアクロバット的な動きを見せるのではない。すべては太夫の声によってなされるのだ。腹、胸、声帯、喉頭、口蓋、頬、鼻、舌、唇、歯、すべてを動員して、まるで火山の噴火のようだ。(56)

そして女義太夫の師匠竹本越孝の語りに初めて接したときの衝撃をビゼは次のように語る。

エディット・ピアフを思わせるほど小柄な二人の女性が、私に容赦なく襲いかかってきたのだ。刀と旗を翻し、軍勢を引き連れて。二人の女性が四〇分の間惜しげもなく与えてくれた音の洪水は、『オーソン・ウエルズのフォルスタッフ』におけるシュールズベリーの戦いにも匹敵するものだった。速度がめまぐるしく変わっていき、気を失ってしまいそうな快感、激しさとコントラストの絶妙な組み合わせ、すべてがウェルズの映画と共通していた。天才的な節回し。そして天才的な劇センス。まったく新しいものが私の目の前に現れた。ダイドー役で歌うジャネット・ベイカーの姿、マリー役のイヴリン・リアーの姿に思わず身を震わせたこともあった私にとってまったく新しい体験だったのだ。これはまだ始まりに過ぎない。もっと強い揺れがやってくる。声が私の喉元に飛びかかってくる。音が圧倒的な質感を持って迫ってくるというこの感覚は、私の耳には音以外のものはほとんど何も入ってきていなかったため引き起こされたのかもしれない〔中略〕。それはもちろんあり得ることだ。太夫の語りの意味にどんなとっかかりもひっかかりも持てないのである以上、他の領域、つまり声そのものに好奇心を向ける以外にはなかったということもあるだろう。けれど、あれから何年も経った今となっても、あのとき心を揺さぶられた経験が少しも損なわれることなく、心が根底から覆されるような思いとともに蘇る。あの舞台で起こったことは、何か登場人物を演じるとか、その人物の運命を演じるといったことを越えて、もっと根本的な何かなのだ。演技を越えたところで何かが起きたのだ。(57)

そして高橋睦郎が「小夜曲　サヨコのために」で詠んでいるように、まさに「化粧術は死者をよみがえらせ／衣裳術は蘇生者を立ちあがらせる」(58)。ビゼもまた言う。

梅ケ枝は、彼女の代役を務める布の裏地なしでは存在し得ない。実際に、私たち観客を陶酔させる効果は、彼女の身体を取り囲む布によって、布の寄せ集めによって生み出される。(59)

そして大胆かつ魅力的な仮説を提出する。

そう、文楽は布地の演劇なのだ。竹本義太夫は、浄瑠璃とは何かを描写するにあたり、一六八七年の時点で縫物の比喩を使っていたのではなかったか。絹、絹綾織物、綿織物、刺繍を施したもの、空気のように軽い素材、これらのものは解剖学的な形態をとらない。そうではなくて、中身が空ろな人形の周囲に整えられ、集められ、浮遊して、柔軟さや固さを喚起して、無数の姿態を歌いあげる。三人の人形遣いは黒い衣装を身に付ける、あるいはそのうち一人だけが顔を出す。いずれにせよ、ここに織物の対話が始まる。巨大な布がまるで命を得たかのように動き出し、震え、広がり、収縮し、あらゆる方向へと進み、常に中心点がズレていく。(60)

おわりに

最後に、近世の日本の芸能である文楽が、古典の再解釈という観点から現代にどのような影響を及ぼしているかについて簡単に見ておきたい。文楽は歌舞伎にも移し替えられて、より通俗化・大衆化して、日本人の心を楽しませてきた。『近江《おうみ》源氏《げんじ》先陣館《せんじんやかた》』（近松半二、三好松洛他合作、一七六九年）は文楽として初演されたわずか一年後に歌舞伎に移されているが、とりわけ有名な「盛綱陣屋《もりつなじんや》の段」は、『文楽の日本』においては首実検をめぐる考察の対象として取り上げられている（一〇四〜一〇八頁）。この場面の主眼は、首実検にさきがけて父親高綱《たかつな》の打ち首がたしかに本物であることを高綱の子小四郎《こしろう》の切腹によって強く印象づけることで、じつはこれが偽首であることに気付いた盛綱の口を封じることにある。戸板康二はこの作品にとりわけ愛着が深かったらしく、盛綱陣屋で重要な役を演じる小四郎の祖母微妙《みみょう》の役を、歌舞伎俳優中村雅楽《がらく》に演じさせる設定の探偵小説（探偵役を務めるのはこの中村雅楽である）を書いている。『グリーン車の子供』（一九七五年）では、微妙役をぜひ引き受けてほしいと要望されたものの、小四郎役の子役にいまひとつピンとこない雅楽を説得するため、小四郎役の子役が祖母微妙の目を欺いたのと同様の見事な手際で雅楽を幻惑し、そのことに気付いた雅楽は、その子役の才能を認め、微妙役を引き受ける決意をするというつくりになっている。現代日本文学におけるエンターテインメントにおいてまで文楽は深い影響を及ぼし続けているのだ。

シェイクスピアの戯曲『テンペスト』は、『天変斯止《テンペスト》嵐后晴《あらしのちはれ》』として文楽に脚色され国立文楽劇場と国立劇場で公演された（一九九二年）が、これは近世イギリスの古典が日本において再解釈され、文楽の通俗化・大衆化にも寄与した格好の例であると言えよう。井上ひさしはモリエールの喜劇『守銭奴』（一六六八年）をＮＨＫのラジオ放送用に脚色した文楽台本『金壺《かなつぼ》親父《おやじ》恋達引《こいのたてひき》』を書いた（一九七二年）が、この台本に基づいたものが人形劇団プークによって一九九九年に初演され、二〇〇七年、二〇一六年にも再演されている。これに加え、二〇一六年七月に大阪の国立文楽劇場で文楽として初の公演が行われた。このように、近世の芸能である文楽は、新たな鉱脈を得て、ますます豊かになっているのである。

現代日本ばかりでなく、世界演劇にも文楽は着想を与え続けている。ビゼによれば「俳優の身体というこの宿命的な「意味作用を持つ全体」を迂回することを可能にしてくれるもの」（『文楽の日本』一一七頁）としての文楽は、演出家アリアーヌ・ムヌーシュキンと作家エレーヌ・シクスーによる『堤防の上の鼓手』（一九九九年初演）において、生身の俳優を人形にみたて、黒衣に扮した俳優たちが、これを操って見せるという具合にとりこまれていた。この公演は二〇〇一年に新国立劇場で公演されたこともあって、多くの日本の観客の目に触れる機会を得た。ジャン・ジュネの戯曲『屏風』（一九六一年）のフレデリック・フィスバックによる演出の舞台は、江戸糸あやつり人形結城座、世田谷パブリックシアターとフランスの国立劇場による共同制作として二〇〇二年四月にパリで初演された後、同年七月には世田谷パブリックシアターでも公演が行われ、世田谷パブリックシアターでは二〇〇四年に再演されている。

カナダ、モントリオールを拠点とする人形劇団の主宰者である演出家アントワーヌ・ラプリーズの最近の作品としては、福島の悲劇を出発点とした人形劇がある。演出家ジゼル・ヴィエンヌは二〇〇七年京都のヴィラ九条山で研修を受けているが、その際、大阪の国立文楽劇場に足繁く通い、その成果は二〇一四年に静岡の「ふじのくに↓↑せかい演劇祭」で上演された舞台『ジャーク』に反映されている。『ジャーク』では、きわめて初歩的な人形の動きや腹話術といった、一般にはマイナーとされている二つの芸術がその根幹をなしている。

義太夫節を自ら習っているフランス人ビゼによるユニークな文楽論『文楽の日本』の日本語版の刊行、文楽の要素を取り入れた新たな作品が次々と登場していることなどに見られるように、近世の日本の芸能である文楽は今もなおその豊かな再解釈の可能性を示し、芳醇な創造力を発揮し続け、ますます多くの人々を魅了してやまない。

注

（1）Henri Michaux, *Un Barbare en Asie*, Paris, Gallimard, « L'Imaginaire Gallimard », 1967, p. 201. 小海永二訳（『ミショー全集』第三巻（青土社、一九八七年）所収）を参照しつつ拙訳を示す。

（2）『朝日の中の黒い鳥』一九二九年、Paul Claudel, *Connaissance de l'Est*, suivi de *L'Oiseau noir dans le soleil levant*, Paris, Gallimard, « Poésie », 1974, p. 210. 内藤高訳（講談社学術文庫、一九八八年）を参照しつつ、拙訳を示す。

（3）第二幕第三場、『モリエール全集』第四巻、秋山伸子訳、臨川書店、二〇〇〇年、二〇一頁。

（4）Antonin Artaud, *Le théâtre et son double*, Paris, Gallimard, « folio essais », 1964, p. 99. 安藤信也訳（『アントナン・アルトー著作集』第一巻（白水社、一九九六年）所収）を参照しつつ拙訳を示す。

(5)『文楽の日本』二三〇頁。
(6)『文楽の日本』一一七頁。
(7)『文楽の日本』二三一頁。
(8)『文楽の日本』二三三頁。
(9)『文楽の日本』一二六頁。
(10)『文楽の日本』二二六頁。
(11)『文楽の日本』九八頁。
(12)『文楽の日本』一一四〜一一五頁。
(13)Gilles Deleuze, *Logique du sens*, Paris, Les Éditions de minuit, 1969, p. 19. 小泉義之訳『意味の論理学』(河出文庫、二〇〇七年)を参照しつつ、拙訳を示す。
(14)『文楽の日本』七八頁。
(15)『文楽の日本』七八頁。
(16)Daniel Arasse, *Le Détail. Pour une histoire rapprochée de la peinture*, Paris, Flammarion, « Champs arts », 1996, p. 14.
(17)『文楽の日本』八〇〜八一頁。
(18)塚本昌則『フランス文学講義』中公新書、二〇一二年、一九七〜一九八頁。
(19)『明るい部屋』Roland Barthes, *La Chambre claire: Notes sur la photographie*, Paris, Gallimard, Le Seuil, « Cahiers du cinéma », 1980, pp. 81-82. 花輪光訳(みすず書房、一九八五年)を参照しつつ、拙訳を示す。
(20)『文楽の日本』二三〇頁。
(21)谷崎潤一郎『蓼喰う虫』岩波文庫、一九四八年(一九七〇年改版)、二〇七頁。
(22)『文楽の日本』七五頁。
(23)『文楽の日本』一二〇頁。
(24)『文楽の日本』一二一頁。
(25)『文楽の日本』一一八頁。

(26) 高橋睦郎『日本芸能独断』大和書房、一九七二年、六三頁。
(27) 『文楽の日本』一二五頁。
(28) 『日本芸能独断』六三頁。
(29) 『文楽の日本』二三四頁。
(30) 『日本芸能独断』六九頁。
(31) 『文楽の日本』一六二頁。
(32) 『文楽の日本』一六二頁。
(33) 『文楽の日本』一六二頁。
(34) 『文楽の日本』一六三頁。
(35) 『文楽の日本』二三三頁。
(36) 『朝日の中の黒い鳥』、Paul Claudel, *édition citée*, p. 210.
(37) 『日本芸能独断』六五頁。
(38) 『文楽の日本』一二七頁。
(39) 『日本芸能独断』七一頁。
(40) 高橋睦郎『遊ぶ日本　神あそぶゆえ人あそぶ』集英社、二〇〇八年、二六九頁。
(41) 『文楽の日本』九八頁。
(42) 『文楽の日本』九六〜九七頁。
(43) 『文楽の日本』八六〜八七頁。
(44) 『文楽の日本』一一八〜一一九頁。
(45) 『遊ぶ日本』二六七頁。
(46) 『文楽の日本』一三五頁。
(47) 高橋睦郎『王女メディア』小沢書店、一九九八年、一三四頁。
(48) 『遊ぶ日本』二七〇頁。

(49)『遊ぶ日本』二七〇～二七一頁。
(50)『文楽の日本』九八頁。
(51)高橋睦郎『読みなおし日本文学史—歌の漂泊—』岩波新書、一九九八年、一七九頁。
(52)『文楽の日本』一一五～一一六頁。
(53)『文楽の日本』八七頁。
(54)『続・高橋睦郎詩集』思潮社、一九九五年、二九頁。
(55)『高橋睦郎詩集』思潮社、一九六九年、三四頁。
(56)『文楽の日本』三五頁。
(57)『文楽の日本』五〇～五一頁。
(58)『続続・高橋睦郎詩集』思潮社、二〇一五年、一一五頁。
(59)『文楽の日本』一三八頁。
(60)『文楽の日本』二三六～二三七頁。

編者あとがき

二〇一四～一五年度の二年間、青山学院大学総合研究所で「〝近世〟とは何か――世界史的考察――」というテーマのもと、共同研究が行われた。メンバーは本書の著者諸氏である。初年度は私が代表者となり、一五年度は事情により武内信一先生に務めていただいた。およそ月一度の研究会を開き、各自持ち回りで本書各章についての発表を行ってきた。この種の共同執筆の本というものは、ことに人文科学では、内容的に統一の取れたモノグラフにしようとしても、どうしても各自の実証論文の集成となってしまうことがしばしばだ。研究者はいつも自分の研究の深度を深め、過ちを犯さないように努めるから、それはある程度仕方ないのではあるが、本書のように文学から歴史まで、西洋から日本までという広さを扱おうというのに個別研究に陥ったのでは共同研究の意味をなさない。よって本グループでは当初から、最終的な刊行物に内容的統一性を持たせようとメンバー全員が常に意識してきた。

ところで二〇一五年度に私から武内先生に代表を代わってもらった事情であるが、それは私が同年四月一日から一六年四月一日まで、在外研究でケンブリッジ大学のクレア・ホールに滞在していたためである。西欧の古い大学での見聞は、これまでほとんどアジアと米国しか知らなかった私にとっては「世界史」「近世」を考える無二の機会であったので、これについて少々書かせていただきたい。

中国学専門家である私としては初めての英国長期滞在であったが、幸いにも選考に通って同大の教員メンバー（フェロー）の身分を得ることができたため、常日頃教員同士で昼・夜の食事をともにしつつ、多くの研究者と知り合えた。クレア・ホールは、分野を問わず世界のシニア研究者をフェローとして受け入れ、共同生活を営みながら研究する機会を与える小さなホール（カレッジとほぼ同義）で、ここを中心に私が知り合った研究者の数は軽く五〇人を下らないし、また分野的にも歴史、文、法、哲、言語、人類、心理、経済、経営、音楽、美術、犯罪、ナノテク、理論物理、人工知能、生物、生命、地質とおよそあらゆる方面にわたった。出身国もコモンウェルス各国、欧州各国、南北アメリカなど様々だった。お互いの分野のことは分からないし、出身も様々だが、フェロー同士が専門家として尊敬しあう、大変良い雰囲気の場所だった。その中でことに米・独の研究者たちとは、英国（イングランド）社会談義に花が咲いた。彼等は、なまじ英国に言語的あるいは地理的に近いため、却って我々アジア人以上に英国の社会に違和感を感じるらしい。彼等のみならず、英国に滞在した人が口を揃えて言うように、まず同国ではなにかと人脈や権威が物を言う。日本や台湾、欧米とは異なり、英国では図書館や銀行などでも担当者によって対応が変わり、はじめ首尾が悪くとも人脈や権威があれば大いにうまくゆく。例えば歯医者に行こうと電話したら予約が一週間後――英国ではそれでも早いほうだ――だった、ということを晩餐のテーブルで話したところ、周りに居た先生方が、「青木先生はフェローなんだから、カレッジの所長を通じて大学に言えば、歯医者に電話して明日にでもねじ込んでくれる。そうしなさい」と勧めてくれ、驚いた。ある米国人学者は、英国税関に取られた関税を取り戻す手続きで、所長の手紙や顧問弁護士の力が物を言ったという。古い金持ちカレッジでの夕食では、何種類もの高級ワインが校費でふんだんに振る舞われるので、隣のアメリカ人学者とひそひそ「米国や日本ではあり得ないな」と話した次第だ。非公式な権力が強く、担当者やその時の運で物事が不首尾になるのは中国も同じだが、ただ英国ではある程度慣習的秩序が存在するようであり、中国的な絶望的不安定さは感じられない。「Town and Gown」という言葉がある。勅許を得て法的な特権を持ち、ガウンを着て町で狼藉に及ぶ大学人と、地元の人々の間の数百年の対立の歴史を意味し、それは二〇世紀前半まで続いていた（Rowland Parker. *Town and Gown: the 700 Years' War in Cambridge*. Cambridge: Patrick Stephens, 1983 参照）。ガウンの大学人が権威をふりかざせば、タウンの歯医者に融通が利くということなのだ。

また、言うまでもなく貴族は大学でもやはり別の存在で、カレッジの創設者は大概貴族だし、各カレッジには爵位を持った政治家・官僚など出身者の肖像画が所狭しとかかっている。大学のみならず社会全体がそうであることは言うまでもない。執筆時現在、英国航空のマイレージ会員入会ページの称号欄は「ミスター、ミセス、ミス、ミズ、マスター、キャプテン、教授、博士、デイム、レディー、卿、閣下、ラビ、師、サー、男爵夫人、男爵、伯爵、伯爵夫人」からの選択となっている。

そして財務的なことだが、オックスブリッジは経済的には地主なのである。財務諸表を見ると、古いカレッジが持つ不動産は莫大だ（*Cambridge University Reporter: Accounts of the Colleges*, Special No 10, Vol CXLI, 2002, 内部出版）。ケンブリッジでもひとり圧倒的財政規模を誇るトリニティや、それに次ぐセント・ジョンズなどのカレッジが裕福なのは、産業革命やその後の経済変動の中で、所有する土地や港にうまく投資できたからである。よく出入りしていたセント・ジョンズでは、ほんの数年前まで、年一回借地人を招いて慰労会をしていたそうだ。修道院を想起するといい、メンバーはそこで生活を共にし、組織は大土地所有者である。前近代の領主制が目に見える形で存続している。

英国は近代的共和制を実現したような市民革命を経験していない。オックスブリッジには一九世紀に一連の近代化の大改革があったが、その基本的構造はそれほど変わっていない。身分制が払拭され、社会が近代的に組織された日・台・韓や米・仏・独とは明らかに異なる。築四、五百年ほどの建物でガウンを着たフェローたちが夜な夜な蠟燭をともし、ラテン語で祝詞を上げて食べ始める晩ご飯に参加していると明らかに時代感覚がおかしくなる。「ハリー・ポッター」の映画などという愚にもつかぬことを話題に出すと、大概は一息置いてから、「ハリー・ポッターのラテン語版が出ていましてねえ。ホビットもラテン語版がありますがね」（＝あなたはラテン語が読めるんですか？）といった答えが返ってくる。万事が古くさく、フェルメール描く「窓辺で手紙を読む女」の一七世紀オランダのほうが、中国磁器の下にキャラコがあるだけむしろモダンとも言える（同絵画についてティモシー・ブルック（本野英一訳）『フェルメールの帽子――作品から読み解くグローバル化の夜明け』岩波書店、二〇一四）。このように英国のお国柄として、新しいものを避けるが、これは確固たる価値観によるのではなく、新しい物事の良さを識別する能力や新たな選択肢を受け入れる勇気の問題である。とすれば一八世紀からの産業革命がなぜ英国に発したのか。往年の大議論だが、少なくとも海外市場に加え、人的にも欧州大陸の労働力（川北稔「国境なき民衆のライフサイクル」前川和也編『空間と移動の社会史』ミネルヴァ書房、二〇〇九）があったればこそ、それが英国で起きた、といった点に妙に得心がいった。とかく東洋史の世界に浸りがちで、近世から近代に激変を遂げたアジア全体という目まぐるしい世界史しか知らなかった私にとって、文学を含む本書のメンバーと議論を重ね、英国の古い大学に滞在したこの期間は、いかに自分が非東洋史的意味での近世について不勉強であったか、さらに方法論として、人文学のかけ離れた分野への知識が貴重なのかを痛感した二年であった。

本書はそのような、「かけ離れた」分野の人文学者たちの集いの記録である。「世界史のなかの近世」という途方もない問いかけに対して、本書の成果はあまりに小さいかも知れない。しかし日頃研究討論を交わす機会が稀な文学・歴史学、西欧・日本の研究者であっても、二年間共通の意識のもとに熱意を注いで議論を重ねればそこから何かを得ることができるということだけは、十分に示せたと著者一同、自負している。最後に編者と言うより私個人として、私の不在期間代表をつとめていただいた武内先生はじめ、様々なことを教えてくれた秋山・岩田・大屋・狩野・佐伯・渡辺諸先生（あいうえお順）、またなにより手際よく編集出版の労をとってくださった慶應義塾大学出版会の飯田建氏に、心よりお礼を述べたい。そしてまた、このメンバーで仕事ができたらと願っている。

青木 敦

二〇一七年一月

編者・執筆者紹介

編者

青木 敦（あおき あつし）

青山学院大学文学部教授。中国宋代史。

東京大学大学院人文科学研究科博士課程単位取得退学。博士（文学）。

主要業績に、『宋代民事法の世界』（慶應義塾大学出版会、2014 年）、「「地狭人稠」と「地曠人稀」——宋朝疆域の土地人口比率のイメージ」（渡辺節夫編『近代国家の形成とエスニシティ——比較史的研究』勁草書房、2014 年）、「地方における法の蓄積とその法典化——五代～宋の特別法をめぐって」（山本英史編『中国近世の規範と秩序』研文出版、2014 年）、「ユーラシアの近世・中国の近世」（『歴史評論』763、2013 年）、などがある。

執筆者（掲載順）

武内信一（たけうち しんいち）

青山学院大学文学部教授。英語文化史。

東京都立大学大学院人文科学研究科英文学専攻博士課程中退。教育学修士（ICU）。

主要業績に、『英語文化史を知るための 15 章』（研究社、2009 年）、「イギリス・ルネサンス期の言語観」（佐藤紀子編『イギリス・ルネサンス期の言語と文化』英宝社、2010 年）、キャロリー・エリクソン『中世びとの万華鏡』翻訳（新評論、2004 年）、ルドー・ミリス『天使のような修道士たち』翻訳（新評論、2001 年）、などがある。

狩野良規（かのう よしき）

青山学院大学国際政治経済学部教授。イギリス文学・演劇学・映像論。

東京外国語大学大学院外国語学研究科修士課程修了。

主要業績に、『ヨーロッパを知る 50 の映画』（正・続、国書刊行会、2014 年）、『スクリーンの中に英国が見える』（国書刊行会、2005 年）、『シェイクスピア・オン・スクリーン』（三修社、1996 年）、「王権を支えた歴史解釈——テューダー朝の正統史観とシェイクスピア史劇」（渡辺節夫編『王の表象——文学と歴史・日本と西洋』山川出版社、2008 年）、などがある。

渡辺節夫（わたなべ せつお）

青山学院大学名誉教授。ヨーロッパ中世史。

東京大学大学院人文科学研究科（西洋史専攻）修士課程修了。パリ第一大学第三期博士課程修了、博士号取得。

主要業績に、『フランスの中世社会——王と貴族たちの軌跡』（吉川弘文館、2006 年）、『フランス中世政治権力構造の研究』（東京大学出版会、1992 年）、『王の表象——文学と歴史・日本と西洋』編著（山川出版社、2008 年）、*A propos des actes d'évêques*（éd. M. Parisse), P. U. Nancy, 1991（共著）、などがある。

編者・執筆者紹介

佐伯真一（さえき しんいち）
青山学院大学文学部教授。日本中世文学。

東京大学大学院人文科学研究科博士課程単位取得退学。博士（文学）。

主要業績に、『平家物語遡源』（若草書房、1996年）、『戦場の精神史―武士道という幻影―』（日本放送出版協会、2004年）、『四部合戦状本平家物語全釈・巻六～巻十』共著（和泉書院、2000–2012年）、『平家物語大事典』共編（東京書籍、2010年）、などがある。

大屋多詠子（おおや たえこ）
青山学院大学文学部准教授。日本近世文学。

東京大学大学院人文社会系研究科博士課程満期退学。博士（文学）。

主要業績に、「馬琴と近松」（『読本研究新集』7、2015年）、「曲亭馬琴の「武国」意識と日本魂」（田中優子編『日本人は日本をどうみてきたか　江戸から見る自意識の変遷』笠間書院、2015年）、「『南総里見八犬伝』の大鷲」（『鳥獣虫魚の文学史　日本古典の自然観2鳥の巻』三弥井書店、2011年）、「京伝・馬琴作品における辺境」（『アジア遊学』143、勉誠社出版、2011年）、などがある。

岩田みゆき（いわた みゆき）
青山学院大学文学部教授。日本近世史、幕末社会史。

お茶の水女子大学大学院人文科学研究科修士課程修了。博士（人文科学）。

主要業績に、『幕末の情報と社会変革』（吉川弘文館、2001年）、「第一編　近世」（『戸田村史通史編』沼津市教育委員会、2016年）、「江戸時代における文書行政の実態と特質―幕末期の在地社会を中心に―」（小名康之編『近世・近代における文書行政―その比較史的研究―』有志舎、2012年）、「幕末の対外情報と在地社会―「風説留から見る」―」（明治維新史学会編『講座明治維新』第1巻、有志舎、2010年）、などがある。

秋山伸子（あきやま のぶこ）
青山学院大学文学部教授。フランス文学。

京都大学大学院文学研究科博士課程研究指導認定退学。パリ第四大学文学博士。

主要業績に、『フランス演劇の誘惑』（岩波書店、2014年）、フランソワ・ビゼ『文楽の日本』翻訳（みすず書房、2016年）、『新日本古典文学大系明治編14巻　翻訳小説集一』共編・校注（岩波書店、2013年）、『モリエール全集』共同編集・翻訳（全10巻、臨川書店、2000–2003年）、などがある。

青山学院大学総合研究所叢書
世界史のなかの近世

2017年3月31日　初版第1刷発行

編　者――――青木　敦
発行者――――古屋正博
発行所――――慶應義塾大学出版会株式会社
〒108-8346　東京都港区三田2-19-30
TEL〔編集部〕03-3451-0931
〔営業部〕03-3451-3584〈ご注文〉
〔　〃　〕03-3451-6926
FAX〔営業部〕03-3451-3122
振替　00190-8-155497
http://www.keio-up.co.jp/
装　丁――――鈴木衛（東京図鑑）
印刷・製本――株式会社理想社
カバー印刷――株式会社太平印刷社

Printed in Japan　ISBN 978-4-7664-2409-6